Bioenergy Industrial Ecosystem

生物能源
产业生态系统研究

赵 军 著

科学出版社

北 京

图书在版编目(CIP)数据

生物能源产业生态系统研究/赵军著.—北京：科学出版社，2015.1
ISBN 978-7-03-042350-4

Ⅰ.①生… Ⅱ.①赵… Ⅲ.①生物能源-产业发展-研究-中国
Ⅳ.①F426.2

中国版本图书馆 CIP 数据核字（2014）第 253909 号

责任编辑：侯俊琳　朱萍萍　乔艳茹/责任校对：张怡君
责任印制：赵　博/封面设计：无极书装
编辑部电话：010-64035853
E-mail: houjunlin@mail.sciencep.com

科学出版社 出版
北京东黄城根北街 16 号
邮政编码：100717
http://www.sciencep.com

北京厚诚则铭印刷科技有限公司 印刷
科学出版社发行　各地新华书店经销

*

2015 年 1 月第　一　版　　开本：720×1000 1/16
2025 年 2 月第五次印刷　　印张：12 3/4
字数：202 000

定价：78.00 元
（如有印装质量问题，我社负责调换）

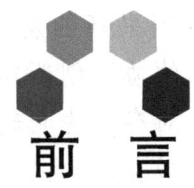

前　言

　　生物能源产业生态系统理论源于对国际国内生物能源产业发展历史、现状和趋势的深度思考。随着经济与社会的不断发展，世界各国对能源的需求持续增长。中国是能源消费大国，能源问题已成为制约我国社会可持续发展的"瓶颈"，煤炭、石油等常规能源日益枯竭，因此开发利用可再生能源迫在眉睫。一般认为，生物能源是一种可再生的清洁能源，发展生物能源产业有利于解决能源危机、保护环境、发展低碳经济、带动相关产业发展，对于优化国家能源产业结构、改善生态环境乃至保障国家能源安全都有重要意义。

　　近些年，生物能源产业在各国政府的大力扶持下迅速发展，但与此同时，伴随发展生物能源产业而来的经济、社会和环境等问题不断浮出水面。这些问题包括发展生物能源引起的粮食安全问题、与其他能源相比成本偏高而市场竞争力不足的问题、过度依赖政府扶持的产业政策问题、技术研发和生产存在的亟待突破的瓶颈问题，以及可能引起的环境和生态问题。我国在技术、原料、政策体系设计等方面存在一系列问题。毋庸置疑，发展生物能源产业已不是单一层面、单一领域或某一部门的问题，需要社会各部门、各环节分工、协调和合作，因此需要一个系统的生物能源产业理论来指导产业健康、稳定、持续发展，促进我国生物能源产业的合理整体布局和可持续发展。所以，将既有的生态学思维、复杂系统科学与生物能源产业实证分析相融合，对全球化大背景下日趋复杂的"生物能源产业生态系统"进行探索成为本书研究的主题。

　　从我国实际情况出发，借鉴美国、巴西等生物能源产业发达国家的成功经验，遵循战略性新兴产业发展的客观规律，发挥政府、企业、科研机构等多个主体的协同创新作用，在构建生物能源产业生态系统理论框架的基础上对存在的问题提出相应的发展战略及政策性建议是本书的目标。本书各章的主要内容简述如下。

第一章，绪论。本章概述了世界生物能源的发展情况，分析了发展生物能源产业面临的突出矛盾，还介绍了本书的研究意义、研究对象、研究内容及研究方法。

第二章，相关概念和理论综述。根据研究内容，从组织生态、企业生态系统、产业生态系统、生物能源产业相关研究、中国生物能源产业发展五个方面系统梳理了与生物能源产业生态系统研究相关的国内外研究进展。

第三章，生物能源产业生态系统构建的可行性。主要从学术思想渊源（理论）和生物能源产业发展的现实条件（实践）两方面的支撑条件入手，阐述了构建"生物能源产业生态系统"这一新系统的可行性。

第四章，生物能源产业生态系统的构建。对自然生态系统和产业生态系统进行了总结和对比，在此基础上着手构建了生物能源产业生态系统，研究了系统概念和内涵，界定了系统边界，并对系统构成和特征进行了分析和总结。

第五章，生物能源产业生态系统的演化及案例研究。对产业生态系统的演化过程和动力机制进行了归纳研究，对巴西、美国及我国生物能源产业的演化过程开展了案例研究，并介绍了案例研究的启示。

第六章，生物能源产业生态系统评价体系的构建。分析了战略性新兴产业生态系统评价的重点及原则，总结了生物能源产业生态系统健康性内涵，构建了生物能源产业生态系统健康性评价指标体系和关键种企业成长性评价模型，并对我国生物能源产业生态系统的健康状态和关键种企业成长性情况进行了评价。

第七章，我国生物能源产业生态系统实证分析。对我国生物能源产业生态系统面临的形势、发展现状及存在问题进行了深入剖析，对我国生物能源产业生态系统的稳定性、可持续性和关键种企业的成长性进行了实证研究，选取了国内三个关键种企业开展了案例研究。在此基础上，提出了我国生物能源产业生态系统的发展战略及相关政策性建议。

第八章，结束语。对主要研究结论和创新点进行了总结，并提出了下一步深入研究的方向和重点。

实际上，生物能源产业还处在快速发展时期，生物能源产业生态系统还在不断演变。受能力和时间所限，笔者仅做了一些抛砖引玉的初步探索，尚有许多问题有待深入研究。

本书的研究内容得到了国家发展和改革委员会（以下简称国家发改委）、科学技术部（以下简称科技部）和中国科学院原高技术研究与发展局的有关领导和同志的鼓励和帮助，他们对调查研究、数据收集整理等工作给予了有力支持。中国科学院科技政策与管理科学研究所曹效业研究员、张思光博士，中国科学院微生物研究所高福院士、李寅研究员、王晓亮博士，中国科学院过程工程研究所邢建民研究员，中国科学院学部工作局席亮同志等从不同角度和不同方面对本研究给予了很多指导或帮助，在此一并表示由衷的感谢！

本书在撰写过程中参阅了大量的中外文献，对一些重要的相关理论和实证数据进行了必要的引述，并尽可能在书后参考文献中列出，但难免有所遗漏，在此也向所有参考文献的作者表示感谢。

赵 军

2014年12月于北京

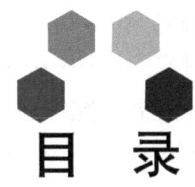

目 录

前言 ··· i

第一章 绪论 ·· 1

第一节 世界生物能源发展概况 ·· 1
第二节 发展生物能源产业面临的突出矛盾 ····························· 4
一、与生物能源有关的粮食安全问题 ································ 4
二、与生物能源有关的市场问题 ······································ 5
三、与生物能源有关的产业政策问题 ································ 5
四、生物能源的技术研发和生产问题 ································ 6
五、与生物能源产业有关的环境问题 ································ 6
第三节 研究意义、对象、内容及方法 ·································· 8
一、研究意义 ·· 8
二、研究对象 ·· 9
三、研究内容 ·· 9
四、研究方法 ·· 9

第二章 相关概念和理论综述 ·· 14

第一节 组织生态理论研究综述 ·· 14
第二节 企业生态系统理论研究综述 ···································· 16
第三节 产业生态系统理论研究综述 ···································· 19
一、国外研究回顾 ··· 19
二、国内研究回顾 ··· 21
第四节 生物能源产业研究综述 ·· 24
一、与粮食相关问题的研究 ··· 24
二、经济贸易方面的研究 ·· 25

- v -

三、政策法规方面的研究 …………………………………………… 26
　　四、生态环保方面的研究 …………………………………………… 26
　第五节　中国生物能源产业发展研究综述 …………………………… 27
　第六节　小结 ……………………………………………………………… 28

第三章　生物能源产业生态系统构建的可行性 …………………… 31

　第一节　产业生态系统构建的理论依据 ……………………………… 31
　　一、生态学理论在经济和产业研究中的运用和发展 ……………… 31
　　二、产业生态系统构建有关理论 …………………………………… 33
　　三、产业生态系统评价有关理论 …………………………………… 35
　　四、产业生态系统构建的总体目标 ………………………………… 37
　第二节　现有理论构建生物能源产业生态系统的适用性分析 …… 37
　　一、适用性 ……………………………………………………………… 37
　　二、局限性 ……………………………………………………………… 39
　第三节　构建生物能源产业生态系统具有很好的实践支撑 ……… 41
　　一、能源供需矛盾日益突出 …………………………………………… 41
　　二、构建生物能源产业生态系统是现实战略需求 ………………… 41
　　三、全球生物能源产业蓬勃发展 …………………………………… 43
　　四、其他产业生态系统实践已有良好范例 ………………………… 46
　　五、构建生物能源产业生态系统是系统工程 ……………………… 48
　第四节　小结 ……………………………………………………………… 49

第四章　生物能源产业生态系统的构建 …………………………… 51

　第一节　自然生态系统及其特征 ……………………………………… 51
　　一、自然生态系统及其构成 …………………………………………… 51
　　二、自然生态系统的主要特征 ………………………………………… 52
　第二节　产业生态系统及其特征 ……………………………………… 54
　　一、产业生态系统的构成 ……………………………………………… 54
　　二、产业生态系统与自然生态系统的相似性 ……………………… 54
　　三、产业生态系统与自然生态系统的差异性 ……………………… 57
　第三节　生物能源产业生态系统的定义及边界 …………………… 58
　第四节　生物能源产业生态系统的构成 ……………………………… 60
　　一、按照系统组成成分划分 …………………………………………… 60

二、按照系统功能划分 ·· 60
　　三、按照群落组成划分 ·· 62
第五节　生物能源产业生态系统的内涵 ·································· 64
第六节　生物能源产业生态系统的有关特征 ·························· 64
　　一、分散性强 ·· 65
　　二、价值网复杂 ··· 65
　　三、与生态环境的高度直接关联性 ································ 66
　　四、利益多重性 ··· 66
　　五、差异性大 ·· 66
　　六、存在关键种企业 ··· 67
第七节　小结 ·· 67

第五章　生物能源产业生态系统的演化及案例研究 ·············· 69

第一节　产业生态系统的演化过程 ·· 69
　　一、开拓期 ··· 71
　　二、扩展期 ··· 71
　　三、成熟期 ··· 72
　　四、重塑期 ··· 72
　　五、调整期 ··· 73
第二节　产业生态系统的演化机制 ·· 73
　　一、内部和外部动力机制 ··· 74
　　二、关键要素推动机制 ·· 75
第三节　巴西生物能源产业生态系统演化过程研究 ················ 76
　　一、开拓期 ··· 76
　　二、扩展期 ··· 78
　　三、调整期 ··· 80
　　四、成熟期 ··· 81
第四节　美国生物能源产业生态系统演化过程研究 ················ 90
　　一、开拓期 ··· 90
　　二、调整期 ··· 91
　　三、扩展期 ··· 93
　　四、二次调整期 ··· 98
第五节　我国生物能源产业生态系统演化过程研究 ·············· 103

一、开拓期（"十五"阶段） ……………………………………… 103
　　二、调整期（"十一五"阶段以来） …………………………… 105
　第六节　案例研究的启示 …………………………………………… 108
　第七节　小结 ………………………………………………………… 112

第六章　生物能源产业生态系统评价体系的构建 …………………… 113

　第一节　生物能源产业生态系统评价的必要性 …………………… 113
　第二节　战略性新兴产业生态系统评价的重点及原则 …………… 114
　　一、系统的成长性 ………………………………………………… 114
　　二、系统的可持续性 ……………………………………………… 115
　　三、系统的影响力 ………………………………………………… 115
　第三节　生物能源产业生态系统健康性评价体系的设计 ………… 116
　　一、生物能源产业生态系统评价原则 …………………………… 116
　　二、生物能源产业生态系统的当前发展目标 …………………… 117
　　三、生物能源产业生态系统健康性内涵 ………………………… 117
　　四、生物能源产业生态系统健康性评价关键指标 ……………… 119
　　五、生物能源产业生态系统健康性评价指标体系建立 ………… 121
　第四节　我国生物能源产业生态系统健康性评价 ………………… 125
　　一、样本选取 ……………………………………………………… 125
　　二、实证方法 ……………………………………………………… 126
　　三、实证结果及分析 ……………………………………………… 127
　第五节　小结 ………………………………………………………… 133

第七章　我国生物能源产业生态系统实证分析 ……………………… 134

　第一节　我国生物能源产业生态系统发展面临的形势 …………… 135
　　一、积极的政策环境给生物能源产业带来发展机遇 …………… 135
　　二、严峻的能源挑战使发展可再生能源势在必行 ……………… 136
　　三、减排压力和环境保护问题必须采取有效措施应对 ………… 138
　　四、发展生物能源是解决"三农"问题的重要方向 …………… 139
　　五、粮食安全问题是绕不过的现实门槛 ………………………… 140
　第二节　基于健康性评价体系对我国生物能源产业生态系统的
　　　　　总体分析 …………………………………………………… 142
　　一、我国生物能源产业生态系统的稳定性 ……………………… 142

二、我国生物能源产业生态系统的可持续发展性 …………… 144
　　三、我国生物能源产业生态系统关键种企业的成长性 ………… 146
第三节　我国生物能源产业生态系统当前的突出问题 …………… 156
　　一、原料资源难以得到保障 ……………………………… 157
　　二、政策体系的系统性不强 ……………………………… 157
　　三、产业开放性不够 ……………………………………… 158
　　四、技术支撑体系不健全 ………………………………… 159
第四节　我国生物能源产业生态系统的发展战略及政策建议 …… 160
　　一、发展战略 …………………………………………… 160
　　二、政策建议 …………………………………………… 160
第五节　小结 …………………………………………………… 164

第八章　结束语 ……………………………………………… 165
　　一、主要结论 …………………………………………… 165
　　二、主要创新 …………………………………………… 167
　　三、未来研究 …………………………………………… 168

参考文献 ………………………………………………………… 169

附录 …………………………………………………………… 176
　　附录Ⅰ　巴西、美国和中国生物能源产业发展大事记 ………… 176
　　附录Ⅱ　生物能源产业综合评价 ………………………………… 182
　　附录Ⅲ　我国生物能源现行政策概览表 ………………………… 187

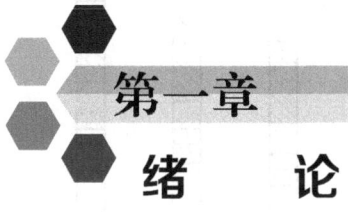

第一章 绪 论

第一节 世界生物能源发展概况

人类进入工业时代后创造的物质财富比以往总和还多，但同时地球资源消耗也急剧加速，其中石油消耗最明显。随着全球工业化快速发展和汽车数量持续增加，人类对石油需求急剧增加，并在未来相当长的时间内将持续增加，见图1-1。而全球化石能源储量日益减少，特别是近年来石油价格持续攀高，对全球经济和人类社会发展产生了巨大影响，能源供需矛盾日渐突出，甚至已经成为全球共同面临的严峻挑战。如果不改变这种发展模式，未来不仅会严重影响经济增长，还必将引起各种社会问题，甚至可能会导致人类社会消亡。改革开放后，按可比价格计算，我国GDP已连续多年保持10％左右的增长。但是，在经济高速增长的背后，却暗藏着极大的隐患：资源短缺、环境恶化及生态失衡现象在我国尤为突出，以高投入拉动、高消耗支撑、高排放维系为特征的增长方式，不仅加重了我国资源不足的矛盾，还污染和破坏了经济和社会发展赖以生存的自然环境。21世纪以来，我国能源消费总量逐年攀升，见图1-2。

在此背景下，寻找可替代生物再生资源、发展生态循环经济已成为世界各国努力的目标。因此各国大力发展各种可再生能源，来自生物质、太阳、水、风、潮汐和地热等的可再生能源正逐步替代传统的矿产化石能源。与其他可再生能源相比，生物能源总的特点是清洁化、可再生性和总量丰富。它是太阳辐射经植物光合作用加工转化后形成的以生物质为载体的一种化学态能量，具有所有物理态清洁能源不具备的诸多特点，如既稳定又储能，原料

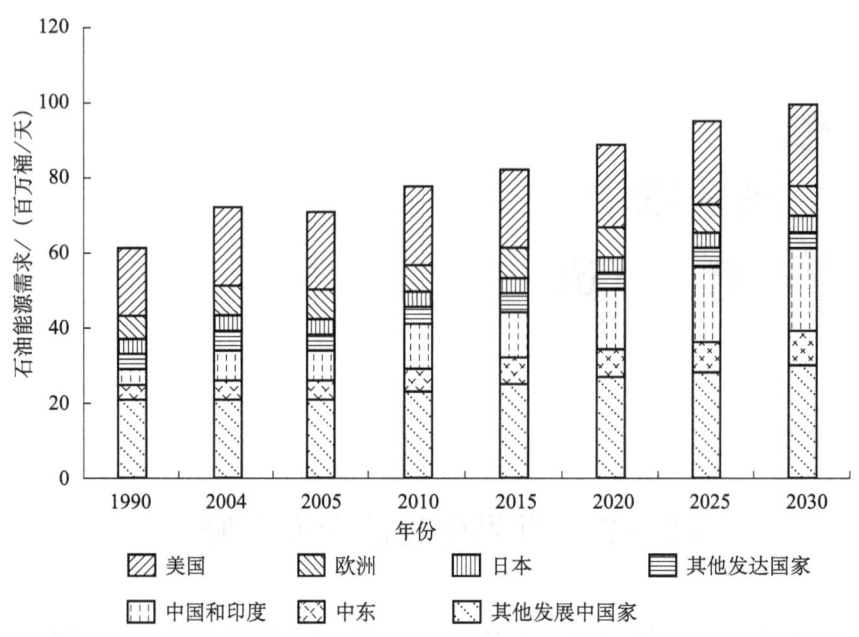

图 1-1 世界主要国家和地区 1990～2030 年石油能源需求变化情况
资料来源：美国能源部（DOE）

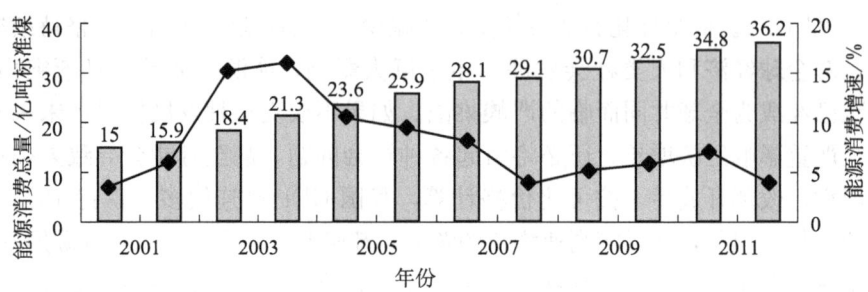

图 1-2 2001～2012 年我国能源消费总量及增速情况
资料来源：中国国家能源局 2013 报告

包括各种水生植物、草、纤维和城市垃圾废弃物等，比较容易获得，现代加工转化技术与途径多样，产品既有热与电，又有包括生物乙醇、生物柴油、生物气体、生物制氢在内的呈固、液、气三态的多种能源产品，以及塑料、生物化工原料等众多非能生物基产品。生物燃料通常分为第一代、第二代和第三代生物燃料。第一代生物燃料是指以糖类、淀粉和动植物油脂为原料，以传统生物能源利用方式生产的生物乙醇、生物柴油等生物燃料，原料大多来自粮食作物。第二代生物燃料是指以纤维素物质、农林废弃物等非粮原料生产的生物燃料。第三代生物燃料目前国际权威机构还没有一致的定义,一般认为第三代生物燃料有两种:一种是以海藻为原料生产的乙醇、丁醇、生物航煤和柴油,另一种是以生物质为原料通过气化合成生产的汽油、生物航空煤油(简称生物航煤)和柴油。[1]一般把第二代和第三代生物燃料称为先进生物燃料。美国2007年颁布的《能源独立与安全法案》将先进生物燃料标准描述为"寿命周期内温室气体排放比参考基准减少50%以上"。国内目前把以木薯、甘蔗、甜高粱等经济作物为原料的非粮乙醇称为1.5代生物燃料。根据国际能源署(International Energy Agency,IEA)有关研究,2007年全球能源消费总量约为4.9×10^{20}焦耳,2050年预计会超过10^{11}焦耳,而全球可开发为能源的生物质资源的生产潜力到2050年可望达到$1.1 \sim 1.5 \times 10^{21}$焦耳,这就意味着,生物能源如果能得到充分利用,理论上到21世纪中期有可能满足世界能源需求。此外,生物质能源的生物性使它与农业和农民有密切关系,可以帮助农民增收,促进农村经济发展,这也是所有物理态清洁能源做不到的。[2]

正是由于具有这些特点以及其可能产生的巨大社会、政治和经济效益,生物能源的开发利用受到高度重视,全球有50多个国家将生物能源作为可再生能源的重要发展方向,纷纷制定发展目标、出台扶持政策,并加强相关领域的资金投入,全球生物能源的产量也迅速增长。根据国际能源署有关数据,2000年全球生物燃料(包括生物柴油)的产量大约为1 440万吨,2007年迅速增加到4 800万吨,2009年则达到7 449万吨。生物燃料生产主要集中在美国、巴西和欧盟,其中,美国占43%,巴西占32%,欧盟占15%。燃料乙醇产量2002年后出现"井喷",2009年全球燃料乙醇产量达到5 859万吨,巴西和美国的合计产量一度超过了世界燃料乙醇生产总量的90%,巴西2009年乙醇产量为2 367万吨,替代了全国56%的汽油,美国乙醇产量也超过了2 000万吨。[3]对于我国这样的发展中国家来说,生物能源作为可再生的清洁能源,将成为未来能源的重要组成部分,在建设环境友好的和谐社会、发展生态文明的进程中将扮演十分重要的角色,同时对于加强国家能源安全及实现能源多样化等方面也有非常重要的作用。2006年,在全国生物能源开发利用工作会议上提出了我国生物能源总体发展目标:到2020年,我国生物质发电装机容量达到3 000万千瓦,生物液体燃料达到1 000万吨,沼气年利用量达到400亿立方米,生物固体成型燃料达到5 000万吨,生物质能年利用量达到一次能源消费量的4%。实际上,到2013年,全国已有28个省(自治区、直辖市)开展生物质自然发电,其上网容量达7 790兆瓦,这相当于

2012年一年风能发电量的1/3，太阳能发电量的3~4倍。在2014年第八届中国新能源国际高峰论坛上，两院院士石元春对于目前国内新能源的发展继续持乐观态度，他认为，新能源一直担负着调整能源结构和节能减排的使命，"现在看来，新能源发展已在中国形成气候，其作用不容小觑"。

第二节 发展生物能源产业面临的突出矛盾

尽管生物能源产业近些年在各国政府的大力扶持下得到迅速发展，但伴随发展生物能源产业而来的经济、社会和环境等问题也不断浮出水面。

一、与生物能源有关的粮食安全问题

各国生物能源的发展使国际粮价不断面临上涨压力，美国是世界上最大的玉米生产国，2007年玉米总产量达到3.4亿吨，占世界总产量的43%左右，同年美国20%的玉米被用于生产酒精，这直接导致国际玉米价格扶摇直上，而粮价大幅上涨已在不少国家引发了抗议和骚乱，联合国粮食及农业组织（以下简称联合国粮农组织，Food and Agriculture Organization of the United Nations，FAO）估计全世界约有9.25亿人营养不足。[4]联合国粮农组织专家琼·齐格勒猛烈抨击发展生物燃料导致全球粮食价格猛涨，将粮食转化燃油行为视为"反人类罪"，粮食安全问题再次引起广泛关注。在此背景下，以非粮乙醇、纤维素乙醇和生物柴油为代表的第二代生物燃料应运而生，也顺势成为近几年各国政府扶持和发展的重点。尽管第二代生物燃料主要使用非粮作物，但可能存在"与粮争地"问题，如非粮乙醇的主要原料为非食用淀粉类，包括木薯、甜高粱、杂交甘蔗和杂交甜高粱等，种植这些作物也同样需要耕地。尽管有专家称可以利用盐碱地来种植这些作物，而真正有多少盐碱地可以用来种植，需要认真计算。虽然淀粉类的树木（如橡树等）可以利用荒山来种植，但可利用的荒山资源还需要进一步调查。中国人口超过13亿，但人均耕地面积仅是美国的1/6、巴西的1/3，人均淡水资源是美国的1/4、巴西的1/14，可耕地化肥消耗量是美国的2.7倍、巴西的2倍。目前，中国农作物消耗总量中，2/3的大豆、1/3的棉花、1/6的甘蔗都依赖进口。中国是始终把粮食安全问题放在重要位置的人口大国，因此在"不与人争粮"和"不与粮争地"的原则下，如何有效、合理地调度和使用有限的土地资源及如何大力发展生物能源，是我国需要面对的重大课题。

二、与生物能源有关的市场问题

生物能源（特别是第二代生物燃料）产业虽然远景美好，但是目前其生存空间面临很大压力。一方面，从原料上看，由于产业规模越来越大，而种植原料的土地资源相对有限，导致原料价格不断上涨，生产企业面临很大的成本压力，生产玉米燃料乙醇75%的成本为原料部分。不少人认为第二代生物燃料主要利用秸秆等废弃物，所以不愁原料问题，但我们应当看到，目前作为废弃物的秸秆成本低，一旦形成产业规模生产后，秸秆将是重要的生产原料，其价格上涨是可以预见的，同时秸秆的运输、初步加工和储存都会有相应的成本。另一方面，燃料乙醇企业是否能够盈利，目前仍受到原油油价的直接影响，油价变化将有可能导致玉米乙醇厂家无利可图甚至亏损。就目前的技术水平而言，非粮乙醇成本过高不具备竞争力。另外，其他新能源，如核能、太阳能、水能和风能等，对生物能源产生竞争甚至替代威胁。由于生物能源产业面临着技术和市场等发展障碍，企业和金融市场对生物能源投资项目也缺乏信心和积极性。

三、与生物能源有关的产业政策问题

生物能源产业正处于成长时期，其发展很大程度上需要政府的大力扶持。目前，各国对于生物能源产业已经出台了各种优惠政策，主要包括强制规定在汽油中混入生物燃料、对生物能源产品生产和配送提供补贴，以及出台税收激励机制等，另外，构建关税壁垒等方式也被广泛使用来保护本国生物燃料生产者，这使得其他国家的生物能源生产商很难在本国市场有竞争力。[5]这些政策在生物能源产业发展上发挥了重要作用。但反过来看，这也反映了生物能源产业目前对于政府扶持的依赖程度，如欧盟燃料乙醇的产量几乎是完全与补贴联动的，这些政策所带来的后果是对已经严重扭曲及保护程度很高的农产品市场造成新的影响。无论是对国内市场还是对国际市场，生物能源政策所伴随的政策成本逐渐引起人们的关注，因为政府制定的政策涵盖了生物能源产业从投入（如肥料、灌溉补贴）、生产（如作物的农业补贴、贸易政策）、加工与销售（如税额减免、资本投资补贴和强制使用要求）到消费（如购买生物燃料的补贴）等各个环节，还包括对生物能源基础和应用研究的资助，投入资金可谓巨大。此外，政府制定各类生物能源产业政策时往往没有考虑到生物质资源的类别差异，也没有考虑各类生物能源产品生产方法和生产过程的差异，甚至都没有考虑到其生产和使用对环境或社会可能产生的消极影响。因此，政府制定生物能源产业政策必须在抓住生物能源发展机遇的同时，还要审慎管理其可能带来的各种风险。政府应该如何根据本国情况制定合适的产业政策？如何在发展生物能源产业与控制成本和风险之间找到合适的平衡？如何在扶持产业发展的同时注意发挥市场作用？弄清这些问题对于生物能源产业健康、稳定地发展至关重要。

四、生物能源的技术研发和生产问题

生物能源技术和生产取得了较大的进步，呈现出多元化和环保性等特点，但要想构建可持续发展的生物能源产业生态系统，还存在一些亟待突破的瓶颈问题[6]，主要包括：①原料问题引起的瓶颈，包括资源难以满足需求、成本过高、不易收集等，迫切需要研究开发优质生物能源原料新品种，研究优化原料收集、运输等技术支撑体系；②转化和生产效率不高，需要发展更加先进的原料预处理、生物发酵技术、转化技术，开发出更低成本、更高效率的催化剂，在提升催化与转化效率的同时要有效降低能耗、水耗等，同时要研究如何能够更好地利用原料开发多种新产品；③实验室成果难以实现商业化生产，主要原因是难以降低成本扩大规模，迫切需要解决有关工艺和平台的开发问题；④生物能源产品品质及相应的标准制定工作还存在不足，如燃料乙醇的性能和动力还不如汽油，对现有汽车的发动机适应性还不强。因此，尽管有一些技术已经实现了产业化，但不少生物能源技术尚不成熟，还需要大量的人才和资金投入，还需要政策扶持，这样才能实现技术的进一步突破。单一企业、科研机构和院校只能完成部分上述工作，很难承担全过程和全品种的技术开发任务，若要形成自主知识产权的综合技术优势，必须合理布局和整合各种现有资源，采取政、产、学、研、商相结合，多单位、多领域联合持续攻关才能达到目标。

五、与生物能源产业有关的环境问题

生物能源曾一直被认为是清洁能源，可以减少二氧化碳的排放，但最近也有质疑的声音，如美国明尼苏达大学科学家的论文中列举了触目惊心的数字：把热带雨林、湿地或草原转为生产生物燃料，将会使二氧化碳排放量增加420倍[7]，美国过去30年中利用玉米生产乙醇使温室气体排放量增加了近一倍，而非减少了20%，并且温室气体排放量增加还将持续167年，种植生物能源原料将大面积增加使用土地，对生态多样性的消极影响会抵消使用生物能源避免气候变化所带来的积极影响。对生物能源需求的日益增长可以导致耕地的直接和间接扩张，导致对生态环境及生物多样性产生消极影响，特别是在森林、草地、泥炭地和湿地用来进行原料生产以及建立大规模单种能源原料作物种植园的情况下，如由于生产生物柴油对油菜子的需求日益增长，这给原本被划为保护区的土地带来了压力。[8]相对于土壤资源的压力，水资源短缺是一个更严重的问题。随着生活用水和工业用水增加对水资源的争夺日益激烈，再加上温室效应和气候变化，最终可以供农业利用的水资源量越来越少。在生物能源产业中，不少主要能源作物（如玉米、甘蔗、棕榈等）需水量都较大，需要使用大量淡水灌溉才能满足生物能源商业化要求。[9]生物燃料在种植、收获、制造和运输过程中，也都要消耗能源，而这部分能源常常也是化石能源。另外，热带雨林、湿地的破坏将对生物多样性造成毁灭性打击。同时，大量种植生物能源作物对环境的影响仍是未知数。例如，麻疯树可在干旱土地上生长，果实含油量30%以上，被认为是一种极具潜力的可用于生产生物柴油的能源作物，但是对麻疯树农学性质的可靠研究数据目前还不充分，在对其大量种植后会对本地植被、动植物及微生物的多样性造成怎样的影响还不得而知。例如，印度和许多南美国家都将麻疯树视为杂草，其有可能会入侵并替代土著物种并导致生物多样性减少。[10,11]作为一种面向未来的新能源，生物能源已经不太可能像利用化石能源一样采取"先破坏后治理"的模式，环境保护的重要性和紧迫性已无需赘述，因此全面、客观地评价生物能源对环境和生态的影响意义重大。

此外，和巴西、美国等相比，我国生物能源产业从技术、管理到目前发展水平都还相对落后，我国发展生物能源产业还存在自身的一系列问题。例如，我国目前常常出现的情况是：高等科研院所的研究与生产脱节，处于"闭门造车"状态，成果对于生产指导意义不大；多家单位重复研究，造成资源浪费；生产企业科研力量薄弱。我国生物能源产业核心技术尚未突破，工程化水平较低；生物质原料较为分散，难以为工业化生产提供原料的持续性供应；生物能源产业缺乏足够数量的科技和管理人才；生物能源产业发展政策、法规相比发达国家明显滞后，相应的生物能源产品缺乏标准和使用规范；同时我国生物能源产业的技术装备较为落后，不能为生物能源产业的发展提供技术装备的支持；发展生物能源产业对农村能源及农业、生物多样性、水土等方面可能产生巨大影响等。上述这些问题都制约或影响了我国生物能源产业的发展。

总之，发展生物能源产业已不是单一层面、单一领域或某一部门的问题，需要各部门、各环节的分工、协调和合作。因此，需要一个系统的生物能源产业理论来指导我国生物能源的整体布局和发展,以使该产业健康、稳定和持续发展。

第三节 研究意义、对象、内容及方法

一、研究意义

自然生态系统的健康、和谐与可持续性为我们对生物能源产业如何进一步研究提供了灵感,解决生物能源产业的风险和危机与解决人类社会所面临的环境恶化、生态失衡、生物圈不协调等问题一样,迫切需要在思想上树立深刻的生态意识。因此,采用"生态学"的研究视角将生物能源产业比作生态系统,重新审视我们的生物能源产业,不但能够发现许多显在的和潜在的问题,而且能够找到解决这些问题的合理方案,对于推动生物能源产业整体发展、正确处理生物能源产业生态系统中各子系统间的关系、提高政府的宏观决策和宏观管理的科学化水平、增强产业竞争力、寻找一种双赢的价值取向、促进生物能源产业生态系统良性发展和市场机制的健康运行都具有重要意义,正像詹姆斯·弗·穆尔描述的那样,"从生态学的观点看待商业,几乎马上会使公司的战略家自由地看到尚未被发现的东西"。

对生物能源产业生态系统进行研究具有多重意义。首先,生物能源产业是否能够占得先机,对于建设环境友好的和谐社会、发展生态文明、加强国家能源安全等方面都有重要作用。其次,有利于从整体和全局出发,正确处理好各子系统间的关系,协调各方面关系,树立整体观念,从不同方面联合方方面面的力量对生物能源产业生态环境进行综合治理,有利于提高治理生物能源产业环境的效率和效果。最后,研究生物能源产业生态系统可以为各级政府和各市场主体在市场实践活动中的宏观决策和宏观管理提供依据,把市场实践中新做法和总结的新经验及时上升到理论高度,又可以进一步指导市场实践活动,以新的观念和方法去制定决策和管理市场活动,有利于提高各级政府在市场活动中宏观决策的科学化水平,促进生物能源产业生态系统良性发展。此外,有助于全面、系统地总结目前产业所面临的各种问题包括潜在的问题,有助于树立长远观念,更好地发挥市场的强大整体功能和在社会资源配置中的基础性作用,从而实现产业的长期健康运行。

因此,将既有的生态学思维、复杂系统科学与生物能源产业实证分析相融合,对全球化这一大背景下日趋复杂的"生物能源产业生态系统"进行探

索将成为本书研究的主题。

二、研究对象

生物能源产品表现形式多样，生物燃料也有不同类别，而在众多生物能源产品中，由于生物燃料乙醇技术的可实现性、作为液体燃料具有重要战略意义、在全世界占据的市场份额较多、发展历程比较长、被多国选择作为发展重点等诸多因素，本书研究主要围绕生物燃料乙醇开展。

三、研究内容

本书将理论与实践结合展开研究，在对我国生物能源产业生态系统发展现状深入了解的基础上，在对生物能源产业生态系统构成及演化进行分析的情况下，对生物能源产业生态系统的评价进行初步的探讨，构建一个对当前我国生物能源产业发展有参考意义的健康产业生态系统的评价模型，以期为我国生物能源产业的发展和实践提供一些参考。本书试图对下列问题进行剖析：

（1）如何构建生物能源产业生态系统？

（2）生物能源产业生态系统演化有何规律？哪些因素对系统演化产生影响？

（3）如何评价生物能源这一战略性新兴产业生态系统？

（4）我国生物能源产业生态系统发展现状如何？

（5）生物能源产业生态系统的评价模型对我国生物能源产业有何战略指导意义？如何保障我国生物能源产业健康发展？

四、研究方法

已有诸多社会科学研究的经验表明，社会科学研究首先应当从各个角度出发确定研究类型，然后选择有效的研究方法开展研究。从研究设计的角度，主要可以从研究目的、调查对象范围、研究的时间性上确定本书的研究类型。

首先是从研究目的角度出发。通过对大量关于社会科学研究方法的文献进行分析，笔者发现如何开展社会研究的流程并没有明确的统一模式。相对来说，诸多文献则是提供一个总体的研究框架。因此，研究设计的目的是为实现研究目标而制定相应的研究框架，其本质上是一个为实现研究目标而进行选择的过程，而每一阶段的选择都反映了研究者的研究兴趣和目的。[12]本研究针对生物能源产业生态系统这一研究对象总体上采用了演绎的研究策略，从已发现的规律入手，结合相关的理论和研究框架去解释要研究的重要问题。作为实证研究的指导，理论框架反过来也随着实证研究的深入而进一步完善。

其次是根据调查对象的范围，本书按照多时间维度分析的方法对生物能源产业进行研究，从动态的角度关注该产业在不同国家的发展历史、演化过程，同时结合静态的角度来关注在特定时间段内所发生的事件。通过对代表性国家生物能源产业生态系统和我国关键种企业采用案例分析方法就是在案例背景中对目标事件做出详尽的分析，力图与实践有机结合去揭示更深层次的问题和原理。

最后是在研究的时间性上面，从研究的时间尺度上可以开展横剖研究和纵剖研究。横剖研究是指在某一特定或具体时间节点对研究对象开展横断面的研究，所谓横断面是指研究对象在这个时间点的全部情况。纵剖研究是在多个不同时间节点或者较长时间跨度内对研究对象的有关情况开展研究。基于本研究的情况，我们结合这两种方法，应用纵剖研究对生物能源产业的发展历史及演化过程（如我国从"十五"到"十一五"期间）进行构建，同时应用横剖研究对该产业发展的某一个特定时点（如我国"十一五"期间的情况）进行分析。因此，我们要从两个角度进行研究：既要对生物能源产业的演化规律进行研究，也要探求某一特定时期该产业的实际发展情况。

在研究方法上，可以采用定量研究的方法或者定性研究的方法。社会科学研究涉及研究范式的问题，涉及许多理论和方法论的问题，采取何种研究范式、采用何种研究方法更好没有标准答案，争论较多。定量研究和定性研究各有特点，也各有不足。运用定量研究方法时，把研究对象的若干相关问题界定为指标，可以收集到可量化的数据信息，由此可以进行计算和定量分析，可以进行比对，更加准确并便于理解。定性研究方法是对研究对象需要研究的问题进行观察、归纳、分类和比较，进而对某个或某类现象的性质和特征进行概括和推理，但定性研究方法难以对不同单位的特征做数量上的比较和统计分析。[13]但不可否认的是，仅仅采用任何一种单一的研究方法都是有缺陷的，正如法国社会学家雷蒙·布东所说的那样，"社会学的方法较之大部分人文科学的方法更为多样化——社会学越发展，凡是方法统一化的试图注定要失败这一点就越明显。将定量法置于优先地位或将定性法置于优先地位都是不对的。否定数学在社会学中的重要地位或认识不到数学对社会学的某些研究领域和许多问题不会有多大帮助，也都是荒谬的"[14]。

结合本研究的实际情况，仅采用定量研究或定性研究其中一种方法都是不可取的。首先，生物能源产业作为新兴产业，如何对其成长性和健康性进行评价，怎样保证评价活动的科学性、相关数据的可靠性等问题，是定量研究方法难以解决的，并且定量研究方法只能选取研究对象的少数特征进行准确计量，因此定量研究方法所能获取的信息不够广泛，有时还很难深入，容易忽略深层的原因，或者以偏概全。其次，由于影响生物能源产业发展的因素比较多，彼此之间关系错综复杂，所以从变量选取到确定变量之间的关系都不容易。最后，本研究将采用案例研究方式对生物能源产业进行定性研究，由于定性分析是通过有代表性的个案情况得出有关结论，所以会面临案例研究选取的研究个案不一定具有普遍性，因此如何确定案例研究的普遍性和代表性也是本研究不可回避的问题。正是由于定量研究方法和定性研究方法各有长处和不足，所以有时需要将两者综合运用。

基于以上考虑，本书采用定量研究与定性研究相结合的方法，根据统计调查和实地研究的特点设计了一种将两者相结合的调查研究方法，具体如下。

首先，设计具体案例。本书对于各国生物能源产业生态系统选取巴西、美国、中国为具体案例研究对象，对于国内关键种企业选择吉林、天冠和龙力三个企业为具体案例研究对象，从市场份额、技术发展、政策支持等角度出发进行研究。上述三个国家、三个企业案例都有一定的代表性，因此本书在案例研究方面力求做到全面、系统、深入地反映全球及国内生物能源产业发展的现状和未来前景。

其次，通过客观计量和统计把握共性，尽可能客观分析并结合主观洞察和理解得出普遍化的结论。为了避免案例研究对象的代表性不足的问题，本书也同时采用定量研究的方法，具体采用问卷调研的方式，对生物能源产业的成长性和健康性进行评价，力求使对于我国生物能源产业的研究更客观、更科学。

最后，在具体的研究方法选取上，本书采用"统计调查-实地研究-文献研究"相结合的方法。我们相信这样一个结合能使我们更好地、更加全面地了解生物能源产业生态系统的发展过程。在下文中，将逐步证实我们选择这些方法的科学性和合理性。

1. 统计调查

社会研究所使用的资料可分为直接调查得到的数据资料、直接调查得来的文字资料和各种已有的文献资料三类。统计调查所收集的资料是通过在正常状况下观察或者直接询问被调查者取得，也可以由被调查者本人填写，因此，一般都事先设计好有关问卷，有关问题和回答的类别也都有统一的标准，这样调查内容才可以进行汇总统计。也就是说，研究者事先根据研究假设确定好要了解的每一个调查对象（即个案）有哪些属性和特征（称为变量），并规定统一的记录格式，这样所调查到的每个个案的情况都可在统一的资料格式中汇总起来。本书将采用统计调查方法中的问卷调查法，面向我国生物能源产业的产业专家、学者、科研人员、企业管理人员进行问卷调查，目的是对我国生物能源产业生态系统的健康性和关键种企业的成长性进行评价，以更加全面、客观地了解我国生物能源产业发展现状和有关情况。

2. 实地研究

实地研究是不带假设直接到社会生活中去收集资料，然后依靠研究者本人的理解和抽象概括从经验资料中得出一般性的结论。根据本研究的特点，我们选择实地研究中无结构式访问的方法作为主要数据收集方式的手段。无结构式访问又称非标准化访问，与结构式访问相反，它事先不制定统一的问卷、表格和访问程序，而是只给访问者一个题目，由访问者与被访问者就这个题目自由交谈。无结构式访问的最大长处是弹性大，有利于充分发挥访问双方的主动性和创造性；有利于适应千变万化的客观情况，了解原调查方案没有考虑到的新情况，获得结构式访问所无法获得的丰富资料；有利于拓宽和加深对问题的研究。它适用于实地研究，特别是个案研究。它不是通过客观分析的方法把结果普遍化，而是主观地、洞察性地从个案出发推导概括出普适性的结论。它常常不适用于证明某种假设和理论，而是提出某种假设和理论，因此它的信度不高而效度较高。结合生物能源产业的特点及发展阶段，采用无结构式访问方法是比较合适的。例如，生物能源产业的实际发展现状、重点企业的技术发展水平及各企业具体运营情况等相关信息采用结构式访问就难以获得，因为各企业的情况差别很大。另外，采取无结构式访问可以创造一个良好的气氛，促进与访问者之间的交流和沟通。

3. 文献研究

文献研究是历史学的主要方法，它利用现存的第二手资料，侧重从历史资料中发掘事实和证据。在社会科学的研究中，对已有文献开展深入研究必不可少，首先在初步探索阶段需要认真查阅、研究已有文献，在了解现有成果的同时能够更好地确定自己研究的重点和方向，避免重复性研究，并且有时由于成本问题、沟通问题等障碍而无法直接调查，所以需要利用已有的文献资料。与开展实地调查研究相比，文献研究的特点在于它不直接与研究对象接触，不会产生由于这种接触而造成的对研究对象的"干扰"，因而不会造成资料的"失真"。因此，它也称为间接研究或非接触性研究。文献研究的另一个特点是，它的资料收集方法是与分析方法相联系的，研究者一般是在确定了分析方法之后，再去查找某种类型的文献。文献分析主要有统计资料分析、内容分析、历史比较分析三种方式。本书将采用以上三种方式进行文献研究。首先，通过图书馆、国内外电子数据库和专业网站［中国统计年鉴、中国科技统计年鉴、国际能源署、美国能源部（United States Department of Energy，DOE）、美国农业部（United States Department of Agriculture，USDA）、联合国统计司（United Nation Statistical Division，UNSD）等］搜集整理相关文献和数据，从生态学、产业生态学和管理学等角度出发，了解关于产业生态系统的内涵和生物能源产业生态系统研究的最新情况，对相关理论的研究进展进行归纳整理；其次，采用历史比较分析的方法，对巴西、美国、中国生物能源产业的发展历程进行文献研究。

第二章 相关概念和理论综述

在对生物能源产业生态系统进行深入研究和分析之前,有必要先介绍相关领域的研究情况并进行梳理,并在此基础上总结值得进一步探索之处。根据研究需要,本章首先对组织生态学相关研究进行回顾,然后对一脉相承的企业生态系统理论和产业生态系统理论进行阐述,再后根据生物能源产业这一研究着眼点,回溯既有的生物能源产业研究,而后针对本书研究中的客观实际,对我国生物能源产业相关研究进行综述。

第一节 组织生态理论研究综述

关于生态学的定义,学者们曾经给出了不同的理解,相对被公认为经典的是1869年德国动物学家赫克尔(Haeckel)的解释,他把生态学定义为研究生物有机体与其周围环境(包括生物环境和非生物环境)相互关系的科学[15]。实际上,生态学的内涵和外延一直被不断拓展,目前已经涉及人类各种社会、经济活动的多个范畴。例如,人们在研究企业、组织乃至国家之间的相互关系时,借用了生态系统演化、生态位、物种或者种群间相互作用等生态学中的核心概念和有关理论,并在此基础上产生了企业生态学、产业生态学等。

组织生态学是由社会学发展而来的一种全新的组织理论,是20世纪70年代以后提出的,主要运用生态学及其他相关学科的有关理论和方法对组织及其与环境之间的相互作用开展研究。实际上,组织生态学就是生态学在组织理论研究中的应用。组织生态学认为组织生态系统是由组织共同体与其所处的环境之间相互作用形成的系统,组织生态系统也突破了传统意义上的产业边界,组织生态学中的"组织"涉及的范围也比较广,包括本产业和相关产业的组织,也包括各类营利性和非营利性组织。比较有意思的是,具有不同学术背景的人都对组织生态学的研究产生了兴趣,这也使得这些学者对于该领域选择了不同的研究角度和研究方法。1977年,M. T. Hannan和J. Freeman共同发表了《组织种群生态学》一文,在此文中他们提出"在一个特定边界内、具有共同形式的所有组织构成种群,那些处于同一个种群中的组织对环境不同程度的依赖影响着这些组织的活动方式及其组织结构"[16]。1988年,G. R. Carroll主编了《组织的生态模型》(*Ecological Models of Organizations*)一书,收纳了12篇相关领域的经典文章,总结了组织生态学过去十年的研究成果[17]。1989年,M. T. Hannan和J. Freeman联合主编《组织生态学》(*Organizational Ecology*)一书,认真梳理总结了组织生态学的早期有关理论和方法等[18]。1992年,M. T. Hannan和G. R. Carroll联合出版了《组织种群动力学:密度、合法化与竞争》(*Dynamics of Organizational Populations: Density, Legitimation and Competition*)一书,他们对组织种群动力学开展了系统研究和实证分析[19]。1994年,J. A. C. Baum和J. V. Singh联合出版《组织的演化动力学》(*Evolutionary Dynamics of Organizations*)一书,书中对组织生态学中的演化思想进行了详细阐述,重点阐明组织的演化是分层级进行的,他们尝试着去分析组织内、组织、种群和群落演化等不同层次的演化问题[20]。1995年,G. R. Carroll与M. T. Hannan联合出版了《产业中的组织:战略、结构与选择》(*Organizations in Industry: Strategy, Structure, and Selection*)一书,实证研究了多个产业的演化问题[21]。1999年,J. V. Singh出版了《组织演化:新方向》(*Organizational Evolution: New Directions*)一书,认为组织生态学的核心目标就是"对社会环境如何决定组织形态的产生与消亡率,组织的创建与死亡率,以及组织形态的变化率进行研究",这可以说是调整确立了组织生态学的内涵[22]。同年,H. Aldrich出版了《组织演化》(*Organizations Evolving*)一书,从组织演化的研究角度进一步分析了组织生态问题[23]。2000年,G. R. Carroll与M. T. Hannan借鉴统计学的方法深化了组织生态学的研究,并联合出版了《公司与产业的种群统计学》(*Demography of Corporations and Industries*)一书。[24]随着生态学研究范围的不断拓宽和理论成果的不断丰富,组织生态学也随之不断丰富和发展,研究对象被拓展到组织内单元、组织、组织种群、组织群落和组织生态系统等层层递进的层次系列。西方组织生态学在不断推进理论研究的同时,也非常重视应用研究,对包括汽车、酒店、电信等不少典型行业开展了深入分析和研究,在进一步丰富有关理论的同时,也对有关行业的发展起到了很好的指导作用。[25]

第二节 企业生态系统理论综述

企业生态系统的研究对象是各种企业与其所处环境构成的系统,它主要对企业之间、企业与环境之间的相互关系开展研究。企业生态系统研究包括企业种群生态学和企业群落生态学。企业种群生态学主要研究的是由同一类型企业或产品可以相互替代的企业所组成的生态系统,研究的是该种群内不同企业之间及企业与其所处环境之间的关系,探讨企业种群与环境之间的相互影响,这实际上就是产业生态学。企业群落生态学研究不同类别企业或生产可以相互替代及相互影响产品的企业所组成的系统,研究的是企业群落中不同企业之间及企业与环境之间的相互影响,揭示群落对环境的适应调节机制和演化规律,目前主要研究企业集群有关问题。

1935年,英国生态学家坦斯利(A. G. Tansly)首先提出了生态系统(ecosystem)的概念,他认为生态系统是在一定时间和空间内由不同种类的生物以及非生物环境共同组成的整体,系统中各种不同种类的生物通过相互之间的物质循环、能量流动、信息传递而发生联系与影响,最终实现协调的状态,从而形成自组织、自适应和自调节的统一体。[26]例如,在商业生态系统中,市场、企业和消费者相当于自然生态系统中不同种类的生物,而它们所处的社会、经济和自然环境相当于自然生态系统中的非生物环境,有学者已经研究了商业生态系统中企业间相互作用、企业与环境之间相互作用、人类各种活动对系统产生的影响、系统演化机制及如何与社会和自然和谐相处等问题。

1996年,美国学者詹姆斯·穆尔在《竞争的衰亡》中最早提出并详细介绍了企业生态系统概念,重点研究企业生态系统中的关键成员和企业生态系统的生命周期,他提出了企业生态系统观,并把它视为一种新的竞争战略形态。他认为企业网络是一种有机的生态系统,超越了企业甚至行业的界限,他尝试着从企业所处的整个生态系统出发来开展企业战略规划。[27]美国学者Marco Iansiti 和 Roy Levien 借鉴自然生态系统健康概念和模型制定了企业生态系统健康性评价指标[28]。丹尼尔·C. 艾思提(Daniel C. Esty)和迈克尔·E. 波特（Michael E. Porter）对产业生态与企业竞争力的关系进行了研究，认为产业生态思想会帮助企业优化其资源从而会提升企业的竞争力，可以帮助企业在内部以及在上下游供应链之间寻找增加产品附加值或降低成本的新途径。[29]企业生态系统是指网络环境中，相互影响、相互作用的企业组织之间、企业组织和个人（主要指顾客/消费者和员工）之间，依靠各自的核心能力及其优势互补，不断进行物质、价值和信息交换，以实现价值增值所形成的复杂经济群体。[30]企业生态系统成员主要包括系统中的核心企业、顾客群体、相关的研发机构等辅助组织及各级供应商。企业生态系统中的企业和自然生态系统中的生物一样，直接或间接依赖其他企业或组织而存在，并形成一种有规律的组织，即经济共同体。[31]企业生态系统中的成员之间通过合作，努力实现共赢，进而实现生态系统的整体良好运行。

在我国，学者陆玲定义企业生态学为研究企业与其环境之间相互关系的学科，对生态链、生态网、群落、生态系统、生态对策等做了解释，并将其应用到了企业管理学中[32]。梁嘉骅等比较了前后工业社会的企业生态、企业形成及企业管理的差异，基于此企业管理者认识到不同的生态环境对应不同的企业发展及管理模式，企业对其环境的适应能力和对策对其能否成功至关重要[33]。宋林等对企业生态系统中的成员关系进行了研究，划分了企业生态系统中成员的类别，利用博弈论中的"囚徒困境"等模型阐述了企业生态系统中骨干型企业、主宰型企业、缝隙型企业、消费者及辅助企业之间的关系，并对模型进行分析，为企业生态系统中成员之间的合作提供了理论分析依据[34]。方莹等对企业生态系统中的内涵与结构层次进行了研究，企业生态系统作为一个复杂的经济共生系统，必须具备多样的构成要素、复杂的关系结构、特定的功能表现等条件。企业生态系统包括共时态结构层次与历时态结构层次两个方面，在共时态结构下分为宏观生态—中观生态—微观生态和个体生态—种群生态—群落生态，在历时态结构层次下分为企业内部要素关系结构（供应、生产与销售生态链，管理、财务和技术生态链，管理、生产和社会服务生态链）和企业生态系统的年龄结构层次结构（初创—拓展—成熟—衰退）。[35]王晓萍等从企业生态系统形成的根本动力、重要动力、基础动力、核心动力四个方面阐述了企业生态系统的形成机制，然后从动力机制、整合机制、创新机制、控制机制和保障机制五大部分对企业生态系统的运作机理进行总结。[36]曹利军等研究了企业生态系统的进化模型与进化机理，他认为企业生态系统进化的本质是企业与其环境之间通过协同进化，达到一种动态匹配的状态。在其提出的企业生态系统进化模型中，企业要素与环境要素是一对多的非线性关系，一个要素要受到多个要素不同方式、不同强度的影响，各要素相互作用、协同进化形成了企业适应能力和环境选择压力，这两种力的相互作用决定了企业与环境的匹配度，而匹配度的提高或者下降表示着企业生态系统的进化或退化。[37]

此外，谷鸣等对企业生态系统的评价系统进行了探析，从生态学的角度研究企业之间以及企业与环境之间如何形成优势互补、资源共享、和谐共生的关系以实现可持续发展。企业生态系统的构成因子主要是主导企业因子、产业价值链因子、同质竞争者因子，在此基础上提出了企业生态系统健康指数的概念和评价指标体系，为企业科学评价其生态系统的健康程度提供参考。健康指数的评价指标包括三个层面：活力指标，从主导企业的评价入手；组织指标，从产业价值链和同质竞争者角度入手；弹性指标，从企业外部环境的适应性入手进行分析。[38]顾力刚等对企业生态系统的创新战略进行研究，首先介绍了企业生态系统的流程，以及创新在企业生态系统中的作用，然后指出在制定企业发展战略时需要考虑创新的两个方面：生态系统的依赖性和整合性。他认为，企业生态系统创新的总体水平＝供应商创新正水平－配套产品生产商创新负水平。[39]薛晓芳等对虚拟企业生态系统的进化机制进行了研究，从生物进化的角度来探索虚拟企业核心竞争力得以提升的现实途径，目的在于揭示虚拟企业核心竞争力得以提升的内在动力（遗传操作机制）和外在表象（知识创新机制）之间的本质关系。通过对三层次（虚拟企业有机体与外部市场环境间的遗传操作模式—研发种群、生产种群和营销种群内部的遗传操作模式—研发种群、生产种群和营销种群间的遗传操作模式）的遗传操作机制和三梯度（知识形成—知识共享—知识集成）的知识创新机制的研究，揭示了虚拟企业生态系统进化的内在动力机制和外在表达机制之间的内在联系。[40]胡斌研究了企业生态系统中合作收益的分配机制，他认为企业间合理的合作收益分配机制是保证企业生态系统高效、健康运转的关键因素之一。他首先对企业生态系统中合作收益分配的四条基本原则（"投入、风险分担，收益共享"、"多赢"、"公平分配的激励机制"、"阶段性分配"）进行定性分析和数理描述，在此基础上提出了以风险和累计投入比为主体的收益分配模型，考虑到影响合作风险各因素的模糊性，并采用逐一比较法和模糊综合评价法相结合对模型中的关键变量风险系数进行了科学计算。[41]胡斌同时对企业生态系统的动态演化机制进行了研究，首先运用生命周期理论分析得出，企业生态系统分为开拓、成长、成熟、自我更新或衰退4个阶段，然后基于耗散结构理论，从内部机制（自组织演化）和外部机制（环境选择）两个动力解释了企业生态系统的动态演化过程。[42]

第三节 产业生态系统理论研究综述

一、国外研究回顾

早在 20 世纪 50 年代的文献中就已经出现了"产业生态学"（industrial ecology）一词，它体现了人们试图模仿自然生态系统并按照其物质循环和能量流动的规律重构产业系统的想法。在 20 世纪 80 年代末，罗伯特·弗劳什（N. Frosch）和 N. 普乐斯（N. Gallopoulos）在《制造业的战略》（*Strategies for Manufacturing*）一文中明确提出了产业生态学的概念，认为产业系统应该向自然生态系统学习，并且可以建立类似自然生态系统的产业生态系统（industrial ecosystems，IES）[43]，这标志着该领域开始被真正深入地研究并得以发展。

产业生态系统的概念是詹姆斯·穆尔 1993 年在《哈佛商业评论》杂志上首先提出[44]，1996 年在《竞争的衰亡》中对产业生态系统的进化问题做了系统分析，提出要打破行业限制以实现共同进化[27]。2000 年凯瑟琳·M. 艾森哈特（K. M. Eisenhardt）等学者在《哈佛商业评论》上发文指出了企业之间共同进化的重要性。[45]

产业生态系统的概念一经提出，许多学者就从不同角度提出了各种理解。J. Korhonen 指出，与自然生态系统类似，产业生态系统也具备物质和能量循环、多样性、地域性、渐进演变性四个基本生态系统原则。[46] P. Hawken 等认为产业生态系统是按照自然系统的营养传递、物质循环和能量流来塑造的。[47] G. Nicholas 则从成本/收益的角度对产业生态系统进行阐述，即在产业生态系统中区域内一系列企业通过利用副产品或能源实现在传统非链接模式下不可能获得的收益。[48] A. J. D. Lambert 和 F. A. A. Boons 则认为产业生态系统是由企业间的设备共享、废物集中处理和废弃物、多余能量的交换等工业共生关系构成的系统组织。[49]

实际上，产业生态系统是一种特殊的生态系统，它虽然借鉴了自然生态系统，但是两者之间存在着重要区别，主要表现在以下两个方面。首先，产业生态系统中具有一定价值的产品或服务，即所谓的商品，但自然生态系统中却基本不存在。其次，如果从产品差异性这一角度出发，我们也可以发现产业生态系统与自然生态系统有诸多不同。产业生态并非由自然生态想当然而来的一种模型,实际上人类对可持续发展的思考促进了对产业生态系统的研究,传统工业系统是一种"线性"生产模式,从生态系统中无偿调入原材料,并将各种副产品当然也包括大量废物排放到生态系统中,这种"线性"生产模式毋庸置疑是高消耗、高污染的,必然给人类社会带来资源枯竭、环境污染和生态恶化等一系列严重问题。近年来,实际上部分发达国家的实践充分表明,如果我们能够模仿自然生态系统的有关运行规律,工业系统也可以实现"资源—产品—再生资源—再生产品"这一可持续发展的循环过程。[50]

总结国外已有的研究进展可以概括出,产业生态系统是以企业或产业为主体在依托自然生态系统的基础上建立的社会经济子系统,因此实现产业生态系统的可持续发展对于人类经济社会的可持续发展至关重要。但是,产业生态系统毕竟是现代社会下的"人造"生态系统,需要通过解决许多实际问题才能探明如何实现生态系统的持续发展,对此许多学者也开展了深入的应用研究。美国 Heriberto Cabezas 等学者认为不能局限于提出有关概念研究,而是要通过实践来实现产业生态的可持续,为此通过模拟生态实验来证明产业生态系统是一个复杂的、具有可持续性的系统,实际上人类社会中存在着复杂的食物链(网),由工业、农业与自然界各种生物等构成,同时也遵循生态学所阐述的规律[51]。Jouni Korhonen 和 Juha-Pekka Snakin 从生物进化角度研究了产业生态系统的实践和进化,建立了资源利用、能量循环和产业多样化运行等相关模型,并对这些模型进行分析,揭示出产业生态学和产业生态进化理论在经济发展领域的广泛应用和巨大作用[47]。Arun 等把产业生态学理论与清洁生产理论联系起来,指出产业生态化的程度直接影响到清洁生产的程度[52]。在美国等发达国家,一些大公司还在资金、政策和技术支持下创建了一批运用生态化产业运营模式的产业,取得了相当好的生态环境和社会经济等综合效益,具有很好的示范性,这些模式还在相关理论指导下逐步完善,形成了诸如大型产业生态园等成功典范。[52]产业生态学理论的应用范围已经不仅仅局限于农业、养殖业、制造业、采矿业等传统产业,而且逐渐扩展到旅游业、IT业、零售业及服务业。上述这些研究和实践不仅很好地运用了产业生态有关理论,反过来也进一步促进了产业生态系统理论体系的丰富和完善。

近年来美国、德国和日本等发达国家对产业生态系统理论研究非常重视,相关理论也得到了很好的发展,学者们对产业生态循环体系的研究也不再仅局限于近邻单元间的相互关系和影响,而是拓展到了对跨区域单元之间的相互关系和影响。学者们从生态学角度对社会、经济、企业的存在价值与发展方向进一步开展思考与讨论，进一步达成共识，认为企业应该从完全利益驱动转向更加重视生态导向，以便企业、社会与环境共同实现可持续发展。从学科发展方面来看，产业生态系统理论在生态科学、产业经济学、区域经济学、社会科学、环境科学、复杂性科学、信息学、管理学、地理科学等多学科理论交叉、融合和支持下也逐步完善与发展，并形成了一系列交叉、边缘和新兴学科，如信息产业生态学、零售业生态学、金融产业生态学等。在研究方法方面，通过总结、提炼并不断完善的产业生态实证研究和模拟实验研究等方法在实践中也日益成熟，并成为开展相关研究时的主流研究方法。

二、国内研究回顾

1. 从理论引进到热点形成

20世纪90年代初，我国学者开始向国内介绍西方的产业生态化有关理论，后来在此基础上进一步探索。例如，刘则渊等在《产业生态化与我国经济的可持续发展道路》中提出了产业生态化概念，"所谓产业生态化就是把作为物质生产过程主要内容的产业活动纳入到大生态系统中，把产业活动对自然资源的消耗和对环境的影响置于大生态系统物质、能源的总交换过程中，实现大生态系统的良性循环与可持续发展。产业生态化的本质目标就是在人类生存和发展的自然生态环境可再生的基础上，达到人、社会、自然之间的协调持续发展"。另外，刘泽渊还在国内较早地提出应建立产业生态化试验区。[53]

王如松进一步向国内介绍了产业生态理论研究的方法和热点，指出"生态产业是按生态经济原理和知识经济规律组织起来基于生态系统承载能力、具有高效经济过程及和谐生态功能的网络型、进化型产业，它通过两个或两个以上的生产体系或环节之间的系统耦合，使物质、能量能多级利用、高效产出，使资源、环境能系统开发、持续利用"。王如松提出了产业生态化的组合、孵化及设计原则，包括横向耦合、纵向闭合、区域耦合、社会整合、功能导向、结构柔化、能力组合、信息开放、人类生态等。王如松还介绍了产业生态管理的5种方法，即面向产品环境管理的生命周期评价、面向绿色产品开发的产品生态设计、面向区域规划的生态产业园规划、面向生态产业开发的生态产业孵化和面向可持续发展的生态管理。[54]

刘则渊、王如松等学者没有局限于理论引进，对产业生态化系统的理论知识开展了开创性研究,对推动国内相关研究产生了积极影响,国内学者纷纷投身这一研究领域。中国科学院、中国社会科学院及国内不少高校、企业,以及产业经济主管部门等都把产业生态化系统研究纳入中长期科研规划中,各级政府也高度重视相关研究,这些努力共同推动了我国产业生态系统研究的发展。

2. 研究成果

(1) 关于产业生态系统理论研究视角。我国学者从不同角度对产业生态化理论及实践进行了探讨。黄志斌从经济学和政府公共管理角度入手,认为产业生态化是促使我国经济增长方式由粗放型向集约型转变以实现经济、生态、社会可持续发展的重要途径。但他同时也提到我国产业生态化过程中存在的诸多问题,包括市场失灵导致企业外部资源社会配置无法达到最优化,达不到最优化、环境资源公共化导致价格扭曲、资源低价等,并认为应该用科斯定理使环境资本产权化、用财税政策谋求环境系统无害化作为解决这些问题的对策。樊海林则从经济学和企业竞争的角度对产业生态系统理论进行研究,他认为企业竞争和产业生态之间存在内在关系,企业各种投入品所带来的基本附加值会随着产业生态实践而大幅提高,并且这正符合市场上顾客效用导向,而企业所处的既定的市场结构以及企业在战略实施过程中是否严格遵守绿色的路径也会直接制约其对于产业生态的选择与实践[55]。

(2) 关于产业生态学研究。许多学者介绍了产业生态学相关理论,有些还根据中国实际情况积极探索如何发展中国自身的产业生态学,一些学者还发表了专著。例如,王如松、杨建新 2002 年出版了《从褐色工业到绿色文明:产业经济学——生态学前沿 ABC》一书,介绍了产业生态学的基本概念、历史渊源和发展动向,有关评价、规划、设计和管理的主要原理和方法,以及国内外有关案例[56]。周文宗、刘金娥等 2005 年出版了《生态产业与产业生态学》一书,书中分析了食物链的类型与特点,阐述了食物链和生态产业之间的关系,初步总结了食物链的理论和研究方法,系统地阐述了产业生态学,分析了生态产业的类型和特点[57]。王寿兵、吴峰等 2010 年出版了《产业生态学》一书,重点介绍了生命周期评价、生命周期成本评估、生态设计、产业代谢分析技术、生态工业园区规划、生态农业工程规划,以及面向生产者、产品和组织的环境管理政策等[58]。这些工作为构建中国的产业生态学理论奠定了基础。

(3) 关于产业生态系统的稳定性评价研究。武春友等在总结国内外研究成果的基础上,进一步研究了产业生态系统的稳定性,提出从结构、技术、外部三个维度衡量产业生态系统是否稳定,其中包括7个结构性影响因素、4个技术性影响因素、6个外部性影响因素[59]。陆宏芳、彭少麟等对广东顺德区域产业生态系统开展实证研究,根据产业生态系统的开放性、本土性、闭路循环性和经济性4个基本特征,沿着产业生命周期链,对各个不同的生态经济界面进行了研究,在此基础上还构建了广东顺德区域产业生态系统能值分析指标体系。邓华研究了我国产业生态系统的稳定性影响因素,初步构建了我国产业生态系统稳定性影响因素的结构、外部与技术三围理论假设模型[60]。

(4) 关于产业生态系统健康性评价研究。董经纬等介绍了产业生态系统健康的定义、目标、特征,着重阐述了产业生态系统健康评价的方法[61]。李爱玉研究了健康商业生态系统的评价标准,并研究了健康商业生态系统的评价量化模型[62]。张洁等开展了沪宁线信息产业带生态系统健康评估,从生态学角度建立信息产业带生态系统健康性评估模型[63]。康懿追溯生态系统健康的理论源泉,构建了区域产业生态系统健康评价模型[64]。

(5) 关于传统产业改造研究。由于我国面临传统产业改造与升级的实际问题,也有学者对相关问题进行深入研究和探讨。例如,如王如松、颜京松等指出,在产业结构调整和优化的过程中,需要从观念、管理和技术三个角度来加快传统产业改造、转型、升级及新兴产业发展,大力推进产业生态转型并注重构建生态产业[65]。袁增伟、毕军等则研究了传统产业生态化转型模式[66]。上述这些针对我国实际情况的研究成果对我国产业生态化发展方向与路径都将产生一定影响,具有一定的现实指导意义。

(6) 关于企业定位及企业仿生研究。国内很多学者都研究企业的定位和存在价值,因为这和产业生态化直接相关。我们知道,要想使企业的生存具有类似生物的意义,必须以生态学有关理论为指导,这样才能在实践中构建生态化产业系统。从这个研究视角来看,要实现产业系统生态化,首先要使企业个体实现生态化,这实际上是在产业生态化大背景下对重新定位企业生存价值提出了要求,实际上,这方面的研究成果也非常丰富。韩福荣、徐艳梅用数学和实证分析方法研究了企业仿生过程[67]。杨忠直在《企业生态学引论》中指出"用系统论的方法构造以企业为主要经济单元的商业生态系统,并研究其物质交换规律及其稳定性与进化"[68]。达庆利则构建了一种与生物类似的企业系统模型,把企业类比为生命体,以此揭示企业的运作过程[69]。张焱等研究了企业发展动态,提出并深入分析了战略生态学概念[70]。王纯新、于渤等从方法论角度为如何实现企业生态化提供了很好的分析工具。[71]陆玲把研究范围进一步扩展到企业群落，把企业群落类比成生物群落，并认为企业群落也有和自然界群落类似的效应[72]。袁政吸收了生态学理论，尝试在企业间构建生态化的供应链、知识管理链及信息网络等，认为企业个体如果没有实现生态化，产业系统就不能实现生态化[73]。另外，还有学者提出了诸如企业生态生存哲学、生态平衡观念的企业战略管理、企业养生等有关理论。

（7）关于产业生态系统复杂性研究。石磊等研究了生态工业系统的网络复杂性的研究视角及相关方法[74]。范建平等研究了企业生态系统及其复杂性[75]。已有产业生态学理论揭示了产业演化和企业产品生命周期过程，指出要根据整体、协调、循环、自生的生态控制原理来构建产业生态系统，以使系统可以获取良好的生态和经济效益。产业生态系统具有系统复杂性的全部特征，是复杂的人造经济系统。

第四节　生物能源产业研究综述

生物能源作为正在发展的战略新兴性产业，随着各国的深入实践，也出现了一些实际问题，引起了学者们的关注。他们从各自的角度出发，在粮食问题、经济贸易、政策法规和生态环保等诸多方面，对生物能源产业的各个层面进行了反思、研究和总结。

一、与粮食相关问题的研究

在 Dennis Avery 看来，发展生物能源带来了对土地的大规模需求，成本极其高昂，如果美国大力发展生物能源，则可能会提高世界上穷人的粮食成本和面临饥饿的风险[76]。Allen Baker 和 Steven Zahniser 则指出，美国在发展生物乙醇初期可以利用大量库存的玉米，而在近期可以通过减少出口玉米来发展生物乙醇，同时在新技术出现之前，鼓励农民不断增加玉米的产量是美国政府应当采取的政策[77]。David Boddiger 则认为，第一代生物能源对粮食有直接的依赖，第二代生物能源虽然以非粮作物为基础，但仍然会与粮食作物争水和争地，大力发展生物能源会把世界很多贫穷地区用来生产粮食的土地征用来生产生物能源原料，由此可能会损害粮食安全，所以生物能源产业的繁荣并不是世界大多数穷人的福音，虽然这可以通过提高农产品价格的方式使部分农民受益，但粮食价格上涨也会损害到其他农民和贫穷者[78]。

Bob Holmes 指出，美国的大豆生物柴油及其所有的玉米乙醇只能满足不到 5%的美国国内市场需求，但却会引起广泛的粮食短缺[79]。尽管利用"纤维质素"等非粮食原料是更好的解决办法，但其技术研究还有很长的路要走。Oxfam 指出，世界各国正在大力发展生物能源并以此改善环境，但长此以往，这会对粮食的供应和价格造成不利影响，世界贫穷地区的农民甚至将会面临着被驱逐出土地的危险[80]。邱林认为发展燃料乙醇威胁粮食安全并非危言耸听，因为近年来国际市场能源价格处于历史高位导致生物能源产业方兴未艾，包括美国、中国在内的不少国家将大量粮食用于替代能源的生产，使玉米等粮食需求迅速增加[81]。也有学者持不同观点，如王建生认为虽然生物能源产业目前主要使用粮食生产生物能源，但是随着新技术的研究和开发，有可能逐渐解决原料供应问题，同时又不会影响粮食生产或改变土地用途[82]。

二、经济贸易方面的研究

Kenneth Cassman 认为发展生物乙醇产业可以为当地居民创造更多的就业机会，成为一个小社区振兴和经济发展的基石，并给地方政府和国家带来税收收入[83]。D. G. Tiffany 和 V. R. Eidman 根据一系列乙醇、玉米、天然气及其关联产品的价格和替代投资的相关利率，模拟了一个生产乙醇的干磨厂并计算了其生产绩效，其研究显示，乙醇生产企业的净收益在过去十年中经历了强烈的波动，净收益对玉米、乙醇和天然气价格的变化高度敏感。因此，乙醇生产企业的净利润可能受到这些价格变化和乙醇产量变化的共同作用的显著影响[84]。W. E. Tyner 和 F. Taheripour 在不存在税收优惠及其他激励措施的情况下，根据现有的技术水平，使用动态的商品价格计算了美国玉米乙醇和原油价格达到平衡的各个组合，他们的分析显示，对于整个生物燃料生产体系经济可行性而言，原料作物和原油价格至关重要[85]。例如，如果原油价格为 60 美元/桶，乙醇生产商可以承受 79.52 美元/吨的玉米价格而保持盈利，但是当原油价格升至 100 美元/桶时，生产商就需要支付 162.98 美元/吨的玉米价格。M. Junginger 等重点研究了木屑和乙醇的国际贸易，结果表明，芬兰、巴西、加拿大和挪威是木屑的主要出口国，瑞典、荷兰、英国和比利时是木屑的主要进口国，其研究认为，生物质资源有巨大潜力、加拿大和巴西等国生物能源生产成本相对低廉、目前较高的原油价格和生物能源进口国对生物质能源的补贴政策等，这些因素构成了生物能源国际市场的主要推动力[86]。

三、政策法规方面的研究

国际风险管理理事会指出,"当前各国在制定能源政策时应当强调市场导向,以减少对生物燃料和农产品国际市场的扭曲;注重环境的可持续性,保护土地和水资源;政策制定要与时俱进,与能源技术发展相协调;发展中国家应优先考虑食品供给、就业和能源等基础问题"[87]。

P. Thornley 和 D. Cooper 研究了生物能源政策的发展史及其对生物能源产业所产生的影响,其研究的主要国家包括德国、意大利、英国和瑞典,结果表明,这些国家经常采用政府定价、税收、资本投资补贴和绿色认证等调控手段,其中除税收政策具有较强的通用性外,其余的政策都有较强的地缘性、阶段性等局限性[88]。夏芸等总结了巴西生物燃料政策,并结合中国国情,提出在中国在发展生物能源时,应当加强政府在国家生物燃料规划中的主导作用,加强利用非粮能源作物,积极走综合开发利用的道路,并加强生物燃料汽车及配套技术研发和成果转化[89]。

四、生态环保方面的研究

Andy Coghlan 认为,为减轻对化石矿物能源的依赖,可以采取更多的其他资源来发展生物能源,如植物棕榈油和菜籽油等,但其结果可能会使某些物种及其栖息地逐渐耗竭,并最终威胁到人类获取食品的途径[90]。Phil McKenna 指出,美国乙醇产业主要以粮食为基础,例如,美国 2006 年生产的 20% 的粮食被用来生产生物能源,2007 年这个数字就迅速增加至 27%,美国政府对该行业的补贴数额巨大且增长迅速,但是这并未显著减轻美国对化石能源的依赖,却带来了一系列环境破坏问题,包括地下水枯竭、水土流失等,因此,发展以消耗玉米为基础的乙醇市场只会加剧这些环境问题[91]。2008 年 J. Fargione 等进行了严密的调查和分析,发现在巴西人们开垦草地种植甘蔗来生产乙醇,而生物乙醇要抵消种植、生产过程中产生的二氧化碳至少要用 17 年,生长在热带泥炭地上的棕榈生产生物柴油要抵消棕榈油整个生产过程中释放的二氧化碳至少可能要长达数百年。因此,他认为大力发展生物能源不仅不能有效减少二氧化碳排放,在短期内甚至会进一步加剧温室效应[92]。也有进一步的研究显示,不同的生物能源对二氧化碳减排的效果差别很大,以产生等额能当量(1兆焦)为目标,原油将产生 87.5 克二氧化碳,以原油为参照组,表 2-1 列出了部分生物能源和原油在排放二氧化碳及减排效应方面的对比情况。

表 2-1 生物能源和原油温室气体排放及减排情况对比表
（全生产过程，包括土地用途改变）[93]

排放与减排情况 能源种类	二氧化碳排放量/ （克/兆焦）	碳相当减排比例 （和参照组对比）/%
原油（参照组）	87.5	—
一代生物柴油	83～105	−5～+20
一代生物乙醇	35～64	−27～−60
二代生物燃料 （地种植原料）	20～23	−74～−77
二代生物柴油和乙醇 （非地种植原料）	9	−90

虽然有关生物能源产业的研究很多，但是不少研究只是从一两个角度或单层面对该新兴产业的发展进行解读，并且国内不少学者更多只是列举出当前国内生物能源产业存在的问题，目前只有少数研究对生物能源产业尤其是中国生物能源产业进行较为综合系统的分析。姚向君和王革华在《国外生物质能的政策与实践》一书中系统总结了包括美国和欧盟在内的主要发达国家和地区生物质能技术和政策的发展状况，以丹麦为主要案例介绍了该国在生物能源利用方面的详细情况，同时深入分析了技术的环境影响和技术的经济评价[94]。崔凯在《战略视角下的生物能源产业》一文中指出，随着社会发展和科学技术进步，世界各国都在努力寻找可替代的生物再生资源，各种战略资源之间隐含着全球农产品期货、农产品贸易平衡、粮食安全与能源安全及人民币升值等一系列错综复杂的利益关系，生物能源产业是全球性的一次材料经济转型，应该用全新的战略眼光来审视这个发展迅速的产业，由于世界各国在生物能源产业上起步时间都不长，与发达国家相比，中国没有明显落后在起跑线上，而且在微生物利用、木质纤维素水解、生物反应器与产品提纯技术等技术研发方面已经取得一定进展[95]。

第五节　中国生物能源产业发展研究综述

生物能源产业在我国起步不久且极具特色，目前针对中国国情的生物能源产业研究也相对较少。于随然等模拟了中国不同地区使用木薯、小麦和玉米等不同作物的三个乙醇项目运营情况，他们考虑了原料和汽油价格的一系列变化，并在这些价格条件下分别计算了三个项目投资的预期净现值

（NPV）和内部收益率（IRR），结果发现大多数情况下木薯项目预期为正净现值，内部收益率大于12%，不过也存在25%的收益状况不好的可能性，由此得出结论，认为木薯项目在经济效益上有竞争力，而玉米和小麦项目的净现值为负值或很低，原料价格高，原料成本占到了总生产成本的75%以上，在没有补贴的情况下经济上是不可行的[96]。刘笑然指出，中国的非粮食生物质资源丰富，只要合理开发，不但不会对粮食安全构成威胁，反而在一定程度上保障粮食安全，因此，在中国发展生物能源与粮食安全并不冲突[97]。田宜水在分析我国农业生物能源有关技术和资源的基础上提出中国农业生物质能发展潜力巨大。钱伯章测算用于生产乙醇的粮食只占全国粮食总产量的5%左右，考虑到陈化粮因素，需要投入的新粮使用量并不多，因此，他认为，发展生物能源是可以解决长期能源供应问题的方案。马煜国指出，发展燃料乙醇对于开辟新的粮食消费渠道、稳定农产品价格、相对提高农民收入、促进农业生产的良性循环等方面均具有积极意义，并且即使大量使用玉米生产燃料乙醇，对国家粮食安全也不会产生威胁[98]。石元春等学者在《中国可再生能源发展战略研究丛书——生物质能卷》中着重介绍了生物能源产业发展的国外动向，我国生物质原料资源，我国生物能源发展战略和目标、技术路线图等内容，系统介绍了国内外生物能源发展概况，并从战略发展的角度对我国生物能源产业发展提出相应政策性建议[99]。康新凯定量评价了我国西部地区的生物液体能源产业的生物质能资源现状，分析了其潜力，还基于循环经济的理念提出了生物液体能源产业的技术模式[100]。景永静以生物柴油和生物乙醇为代表的生物能源为研究对象，分析中国生物能源发展的方向，对中国将如何发展非粮生物能源进行了探讨[101]。

第六节 小 结

对相关研究现状的简略评述可以归纳如下。

第一，从生物能源产业研究内容来看。一方面，大部分学者已经开展的研究主要集中在粮食安全和产业战略发展这两个方面。另一方面，几乎没有学者尝试以复杂的生态系统的观点审视和研究生物能源的问题。然而，生物能源产业的发展涉及政治、经济、伦理、技术等方方面面的问题，仅从单一视角、采用单一方式开展研究显然是不够的。现有的社会研究往往停留在生物能源技术的"黑箱"之外，没有对生物能源技术的创新过程进行深入的剖析。因此，就很难从技术发展的本质出发开展相应的社会科学研究。

第二，从对生物能源产业的研究方法上来看，除生物能源研发采取定量研究外，更多是采取定性研究，并且主要是对文献的整理，对产业本身的定量研究、实证调查研究等需要进一步加强。

第三，对产业生态系统评价体系的研究还有进一步提升的空间，同时我国还缺少对战略新兴产业生态系统的评价体系的研究，特别是如何结合某一产业自身特点进行调整以便更客观准确地进行评价。战略新兴产业在快速发展的同时，如何保障其健康地、可持续地发展，是迫切需要研究的重要课题。

第四，产业生态系统理论的研究内容还存在诸多空间。首先，尽管不同学者对产业生态系统的概念提出过诸多解释，但是迄今为止还没有出现一个能够体现产业生态系统本质特征的统一定义，从更深层次来看，目前的研究对产业生态系统的组成与结构、边界与范围、主要特征等反映产业生态系统内涵、特征的理论性问题也缺乏系统的归纳与分析，尤其是对产业生态系统的动态演化过程、规律和机制等方面的分析不够透彻。其次，作为产业的一种全新模式或理念，现有产业生态系统理论大多停留在对企业生态系统的基本形成机理和演化机制上，可操作性差，也缺乏对产业生态系统运作管理的研究，如产业生态系统构建、风险识别和监控、健康性评价等，因此还难以用来指导具体实践。

第五，在借鉴现代生态学的理论成果的基础上，不少国内外学者都对产业发展进行了深入的研究，研究对象拓展到包括了产业（或组织）内单元、企业、企业种群、企业群落、产业生态系统在内的逐渐递进的层次系列。尽管大量有益的探索已经取得了许多成果，但在这方面的研究到目前为止依然存在一定的局限性，主要表现在于不少学者还局限于企业个体生态的研究，即把企业当做生物个体进行解剖，运用神经协调系统、预防免疫系统、信息反馈系统等各种生物学原理来分析理解企业的功能系统，运用遗传变异和自然选择的方法来探究企业的进化。尽管企业的改进（即物种水平）无疑对于企业在商业竞争过程中取得成功非常重要，但实际上，与生物体相比，企业在相似的表征下却具备更加复杂的根本特征，那就是企业发展与其生态环境关系有着强烈的自觉目的性以及相互推动与制约的强互动性，从这个角度而言，仅仅运用生物学方法来分析企业自身是相对狭隘的，无法完全解决企业与外部环境所构成的协同进化复杂关系。

第六，在企业生态系统研究方面，国内在应用概念时存在一定程度的不一致性或者不准确，将组织生态学、产业生态学等概念混淆起来。国内在不同的文献中,用"种群生态"、"人口生态"、"组织生态"、"商业生态"、"企业生态"等不同的术语来分析大致相同或相似的研究对象,并且产生了一定的概念混淆,更多将组织生态学和产业生态学相混淆。

此外,由于巴西、美国和欧盟等国家和地区的生物能源产业相对我国而言起步较早,所以我国当前不少生物能源发展战略的制定都是参照国外的经验和策略,对未来中国生物能源的发展规划也是参照国外模式进行改造的。但我们应该清醒地认识到,中国有独特的国情,也有独特的地理、气候和植被情况,决定了发展中国生物能源产业应该秉承因地制宜的原则;能源需求巨大而资源相对短缺,因此在我国生物质原料供应可能会成为产业发展难以突破的瓶颈,而且生物质原料较分散,进一步加剧了原料供应的问题;农村人口众多且相对独立,意味着中国生物能源产业应该有其独特的发展模式;可以利用的生物能源产业经验较少,缺乏足够数量的科技和管理人才,特别是二者兼备的战略型人才。前人的研究虽然在某一两个侧面讨论过以上问题,但很少有研究能够在立足国情的基础上从整个产业生态的立体角度来分析研究我国生物能源产业的现状、问题和发展规划。

第三章 生物能源产业生态系统构建的可行性

生态学有关理论为在社会和经济活动中构建产业生态系统提供了重要指导,并且国内外许多学者已经开展了一系列理论与实践研究。基于相关理念,本章尝试采取如下逻辑框架分析生物能源产业生态系统构建的可行性。首先,理清运用生态学理论研究产业问题的理论基础,进而对产业生态系统的构建与评价相关理论进行综述与总结;然后,将论述重点具体到生态学思想在生物能源产业领域的拓展上,深入分析现有产业生态理论应用在生物能源产业中的适用性与局限性,提出对生物能源产业生态系统构建的理解;最后,论述在能源供需矛盾和环境问题的大背景下,国内外在生物能源产业生态系统构建上所进行的实践努力,进而列举其他产业生态系统的成功实践并加以分析。

第一节 产业生态系统构建的理论依据

一、生态学理论在经济和产业研究中的运用和发展

人类是具有社会属性的生物,人类各种社会行为包括经济活动等不可避免地也和自然生态属性和规律紧密联系,运用生态学理论对社会、经济和产业问题进行研究也由来已久[102]。

早在18世纪,作为亚当·斯密继承者之一的托马斯·罗伯特·马尔萨斯就提供了进化论的思想线索,他的《人口论》被认为是现代进化理论的基础。

黑格尔等学者在19世纪已经将生物有机体的概念运用到社会学的研究中，黑格尔在社会有机论中把社会看作是一个有机的存在，而非个人的某种简单联合体，同时认为整体大于部分之和，组成整体的各部分之间互相联系、互相依存，这种朴素却富含哲学意义的阐述，已经显示了借鉴生态学理论研究社会学问题的思想萌芽。另一位伟大思想家达尔文提出"物竞天择，适者生存"的观点，这不仅成为揭示生物演化进程的圭臬，更是极大地推动将进化思想应用于对人类经济社会形态变化规律的探索上。实际上，达尔文主义并非生物学领域的特定理论，而是复杂演化系统的一般理论，它的出现为经济学提供了一种非决定论的和开放系统的历史观，随后"竞争"、"适者生存"、"自然选择"、"间断均衡"等生态学中基础而重要的概念都被引入经济学理论框架中，这使经济学理论在不同方面得到发展。

斯潘塞、马克思、凡勃伦等学者均深受达尔文生物进化论的影响。斯潘塞借用生物学中"有机体"的概念系统阐述了社会与生物有机体有某些共同特征，他依照生物有机体三个器官系统把社会有机体也划分成支持系统、分配系统和调节系统，即"社会超有机体论"；同时论述了社会也会经历一个与生物有机体类似的从简单到复杂、从低级到高级的演化过程，这一过程可直观地分为"简单社会"、"简单混合社会"、"较高混合社会"、"高级混合社会"四个阶段，即"社会进化论"。[103]马克思有关著作中反映了许多现代生态学思想，他在《哲学的贫困》中正式提出了"社会有机体"（social organism）这一概念，认为各种社会有机体就像动植物机体一样，各种社会有机体的整个结构不同，器官及其借以发生作用的条件也不一样，社会制度的变迁不是一种连续的"渐变"，而是以革命的形式体现的一种"突变"[104]。马克思用这些思想丰富了经济学的内涵，看待经济体系也从静态的、机械的、封闭的、简化的世界观发展成动态的、演化的、开放的、整体的世界观，也发展了经济学的研究范式，即从对牛顿主义经典物理学的模仿转变成对生物学的隐喻，他也由此被学界认为是现代演化经济学（或称为广义的演化经济学）的先驱。凡勃伦则被认为是旧制度学派的创始人和代表者，他创造性地运用"生物学类比"，认为制度是生物基因的类比物，提出人类在社会中的生活类似于生物在自然界中的生活，都是一种生存竞争、淘汰适应的过程，而社会结构的演进恰恰正是社会制度上自然淘汰的过程，人类社会与其赖以生存的环境会相互适应并逐渐改变。熊彼特学派延续了演化经济学的思想传统，强调创新作为推动经济变化过程的实质，将旧产业的毁灭和新产业的产生称为"产业突变"。

进入20世纪,将生态学思想运用到经济学领域的学术研究得到了进一步发展。西蒙的"有限理性"概念进一步完善了演化经济学理论框架,他与熊彼特的贡献使演化经济学真正成为一个独立的理论分支,被人们称为狭义现代演化经济学。A. A. Alchian建议在经济分析中用自然选择概念来代替利润最大化概念,认为适度竞争有利于对存在的各种制度形式进行动态选择[105]。新古典经济学的集大成者马歇尔则认为"经济过程是动态演化的,经济学家的麦加(圣地,Mecca)应当是经济生物学,而不是经济动态学"[106],他的经济学理论融合了功利主义与进化论,强调经济学研究是一个类似研究生物进化的复杂过程。许多经济学者开始注重用自然选择的类比逻辑来强化其理论和模型,丰富和完善生态社会学。阿尔钦(Alchian)、弗里德曼(Friedman)等新古典经济学家使"竞争"成为新古典经济学中的核心机制。生物学家J.梅纳德·史密斯(J. Maynard Smith)在运用进化生物学中的最优化理论考察生态演化时,发展出了演化博弈理论的基本均衡概念——进化稳定策略(evolutionary stable strategy,ESS)[107]。纳尔逊(R. R. Nelson)和温特(S. G. Winter)认为脱胎于演化论的经济"自然选择"的思想更接近现实,他们在前人的基础上构建了一个与研究生物相似的企业研究框架。随着社会经济快速发展,进化论和生态学的思想被广泛应用于对各种组织、部门、区域乃至国家之间的相互关系的研究,于是组织生态学、企业生态学、产业生态学等各种理论应运而生[108]。

二、产业生态系统构建有关理论

与产业生态系统构建有关的理论与方法都正处于探索与研究之中,不断有新的分支出现。总的来说,学者在以下几个方面开展了研究工作并已取得进展。

1. 产业系统与自然生态系统的关系

产业生态系统虽然是以产业为主体构建起来的社会经济子系统,但其本身是来自对自然生态系统的借鉴。因此,深刻认识二者之间的关系是产业生态理论的起点和基石,减轻产业活动对环境的压力是驱动产业生态学迅速发展的重要动力。[109]

2. 产业生态系统的构建模式

产业生态系统的构建模式可以分为两大类:一是对传统工业的改造与调

整,这种情况下产业生态系统的构建模式通常采用对产业链的加环闭合,即通过对传统产业进行生态化改造,使不同的产业进行链接,然后对产业链进行延伸和加环,进而实现物质和能量的闭路循环;二是新型工业体系的构建与发展,这种情况下产业生态系统的构建模式通常采用生态产业园的新建,即在一定区域内集中新建的产业,利用自然界的食物链原理将这些产业进行链接,并统一进行规划、建设和管理,从而实现生态化。[110]

3. 产业生态系统的结构与功能

系统论的观点认为自然生态系统与产业生态系统都是远离平衡态的自组织耗散结构,但是前者是封闭的、相对稳定的,而后者是开放的、不稳定的;从代谢功能的角度看,前者的生产者、消费者和分解者通过千万年自然形成的"食物链"紧密相连,分解者在物质与能量循环中起着核心作用,而后者要通过人工制造"产业链"将生产者、消费者和分解者联系起来,这个过程也需要消耗物质与能量,而且产业生态系统中消费者的作用更为突出。[111]

4. 产业生态系统发展的驱动力

与自然生态系统不同,产业生态系统呈现出典型的复合型。因此,推动结构发展与功能完善的驱动力也多种多样。首先是占据主导地位的人及其行为,其次是物质、能量、资本、信息等的流动,再后是技术推动力、体制、政策等。[112]

5. 产业生态系统物质循环及进化模式

循环论和演化论的观点为这部分研究提供了主要的给养和理论基础,资源的代谢与流转在时空上的滞留,亦即生产过程中循环过程受到阻断,是现代工业社会产生生态环境问题的根源。因此,产业生态学要致力于构建环境友好的生态系统,而且这个生态系统还是会不断进化的,进化的最终结果是使资源在系统内部得到最大化利用。[113]

6. 产业生态系统的低物质化途径

现代社会人们生活水平的提高是以自然资源的加速消耗为代价的,"低物质化"理论研究就是要达到降低生产过程中物料消耗的目的,这明显有益于改善环境。[114]

7. 工业系统代谢过程模拟与改进

质量守恒定律原理是此研究内容的主要依据，系统研究产业系统代谢过程中的化学反应、物质流动、能量流动的类型与模式，使我们能从整体上把握工业系统的运行机制，发现提高效率的潜在机会。[115]

8. 产业生态系统管理

产业生态系统管理的目标是实现生态和谐与可持续发展，在操作上需要从企业、产业和社会三个层面以及时间和空间两个维度入手，从管理模式上分为由政府包办的自上而下式和由市场力量诱发的自下而上式。[116]

9. 产品生态评价与生态设计

在产业生态系统中，产品是人类与自然相互作用的中介产物，产品生态评价有利于改善产品生产、使用和后处理过程中对环境产生的影响，从而为产品生态设计提供参考。在产业生态系统理论研究中，基础原理和技术是早期的研究重点，而后来则越来越关注管理、制度建设、评价与可持续发展。[117]

三、产业生态系统评价有关理论

一个踏实、活跃、具有一定规模、有区域特色、可持续发展的产业生态系统应当是能够自我维持的，对外力的胁迫要有抵抗力，遇到干扰的时候能够自我修复，使自己的状态保持稳定[118]。那么，这就涉及如何对产业生态系统进行评价，在产业学的研究中已经出现了许多评价方法，包括工程设计、生命周期评价（Life Cycle Assessment，LCA）、系统分析、过程整合、工业代谢分析、总成本评估（Total Cost Assessment，TCA）、能值分析、生态控制论分析、前景展望法等，其中生命周期评价、系统分析、能值分析等都是比较基本的研究方法。[119]

生命周期评价的研究方法产生于 20 世纪 60 年代，它是从产品性能、环境保护、经济可行性的角度来评价产品、工艺或活动的方法[60]。生命周期评价首先辨识和量化从原材料到产品生产、运输、销售、回收和处理这整个生命周期阶段中能量和物质的消耗及环境释放，然后评价这些消耗和释放对环境的影响，最后辨识和评价减少这些影响的机会[120]。1993 年毒理学与化学学会（Society for Environmental Toxicology and Chemistry，SETAC）将生命周期评价分为 4 个组成部分：目的与范围的确定、调查清单分析、影响评价、改善评价。在实际操作过程中，需要将产品基本属性、环境、劳动力、资源利用、企业策略和生命周期成本作为评价函数，进行设计。[121]

系统分析法是在第二次世界大战结束前后由美国兰德公司提出的研究方法，它把要解决的问题作为一个系统，研究范围可大可小，然后对目标对象进行充分调查和综合分析，量化系统组成之间的关系形成模型，并充分利用主观经验做出判断[122]。这种方法来源于系统科学，又可以细分为系统特征分析方法、系统逻辑分析方法、系统工程技术方法等，系统分析方法的具体步骤包括限定问题、确定目标、调查研究收集数据、提出备选方案和评价标准、备选方案评估和提出最可行方案。

能值分析是 H. T. Odum 在传统能量分析的基础上创立的生态-经济系统研究理论和方法，它本质上是一种基于成本价值论的分析方法。能值是指产品或服务生产过程中所直接或间接消耗的能量，能值分析方法以统一的能值标准为量纲，把系统中不同种类、不可比较的能量转化成同一标准的能值来衡量和分析，以期实现能量流、物质流和经济流的统一评价，它为自然环境资源与人类社会、经济的统一评价提供了新的思路。但是能值理论与方法在多尺度整合分析、能值转换率积累、动态模型构建和能值计算模拟的简化等方面都仍显薄弱，在当今产业生态学的发展实践中，常常与其他相对成熟的分析方法与模型加以整合使用。[123]

要客观评价产业生态系统，需要从宏观结合微观的角度综合考虑。有学者指出，产业生态评价的具体操作方法有指示物种评价法和指标体系评价法等[66]。前者主要考察生态系统中的指示物种或者关键物种的健康状况，包括数量、生物量、生产力、结构与功能等，这种方法简便且易于操作，但是可能不够全面；后者则会选择一系列指标来描述产业生态系统，这些指标包括生态学指标（初级生产力、生物多样性、生态服务功能、营养元素循环）、物理化学指标（水质、大气质量、土壤结构、土壤肥力）、社会经济指标（GDP、原材料可替代性、经济产投比、技术增长率、资源消费指数）、人类健康指标（主要疾病发生率、死亡率、文化程度、影响健康的资源消费情况、环境因子对健康的危害程度）等，可以较全面地反映产业生态系统的健康状态。[123]

总的来说，关于产业生态系统评价的理论研究还刚起步。早期理论多是从经济角度评价产业结构的效益，忽视了对生态的评价，在发展经济的同时却给环境带来了很大负面影响，尤其是冶金、化工、能源等高能耗、高排放的产业。后来，可持续发展理念逐渐深入人心，产业生态系统评价理论也开始关注产业链中的物质与能量消耗以及与环境的相互作用，但是当前产业生态评价理论仍然偏向于方法论。虽然学者们提出了类似于产业生态系统健康、稳定性、生态环境承载力、产业结构绩效、资源效率等一系列概念，但是相关理论研究还缺乏一致性和深度，没有给出统一的评价标准与参照系。尤其是国内学者对产业生态系统的评价主要集中于指标体系的描述。因此，要想做到通过评价产业生态系统来客观反映资源、环境与产业结构之间的协调关系，相关理论还需要在实践中不断完善。

四、产业生态系统构建的总体目标

通过上述对产业生态系统构建与评价相关理论的梳理，我们可以总结出构建产业生态系统的总体目标，即通过政策调控、技术支持、文化指导等建设一个经济高效、社会和谐、生态平衡、可持续发展的复合生态经济系统。

在自然生态系统中，所谓"资源"与"废物"是相对而言的。由于存在物质与能量的交换与循环，"资源"与"废物"在不同的过程中相互转换。我们在构建产业生态系统时，也希望借助这一思想，通过模仿自然生态系统的高效利用资源的物质与能量循环网络，构建一个废弃物"零排放"的产业生态系统，从而实现生态、经济、社会效益的高度统一。实际上，一个理想的产业生态系统模式应该尽量接近三级生态系统。它由资源开采者、处理者（制造商、加工者）、消费者、废物处理者组成。依靠这四者之间的相互作用，保证物质和能量在系统内部循环，从而实现有限的资源输入和废物输出。这是一种追求社会、经济和环境的和谐与可持续发展的最优模式。为达到上述目标，构建产业生态系统应当遵循横向耦合（横向资源共享）、纵向闭合（纵向功能一体化）、区域耦合（生产区与自然及人工环境的联系）、柔性结构（灵活多样的结构与体制）、功能导向（以企业对社会的服务功能为经营目标）、软硬结合（软件和硬件体系的配套）、自我调节（增强风险防范对策）、信息网络（内外信息的通畅与灵敏）等原则，是一个系统工程。[124]

第二节 现有理论构建生物能源产业生态系统的适用性分析

一、适用性

目前，组织生态研究正在沿两个方向延伸。一是研究新型组织生态学问题,如虚拟组织生态学和网络组织生态学等;二是站在新的分析视角,将组织生态学的原理应用到其他学科形成一个全新的研究框架,如组织制度生态学和组织战略生态学等[125]。将运用生态思想研究社会经济问题的有关成果借鉴并应用到生物能源产业的研究中,所构建的系统即为"生物能源产业生态系统",这也是本书重要的思想渊源。从生态学的视角来看,生物能源产业作为微观生物能源企业组织的聚集体,是一个由异质生物能源组织种群构成的生物能源产业群落。因此,对生物能源产业群落与产业生态环境之间关系的研究,是组织生态学和产业生态系统理论在生物能源产业这一特定领域的拓展。构建"生物能源产业生态系统"这一新系统,是以组织生态学和产业生态系统理论体系中的诸多成果作为重要理论源泉与依据的。根据上文分析,生物能源是一种新兴的可再生能源,生物能源产业生态系统的构建应当区别于传统工业,更适合采取新型工业体系的构建方法。因此,比较适合新型工业体系的现有产业生态学理论可以适用于生物能源产业生态系统的构建。

19世纪70年代末,德国生物学家德贝里提出生物学领域著名的"共生理论"。他认为,不同的生物体在自然界中常常生活在一起,存在相互受益的复杂关联关系,这种联系通常是相互性的活体营养性联系,因此,在某种程度上是一种永久性的物质联系[126]。经济学家们采用这个概念来借喻市场经济规律,研究经济组织之间相互依存、融合与渗透的现象,发现不同的企业间通过合作,可以建立一种特殊的经济联系,共同提高生存和获利能力,同时又能节约资源和保护环境,这就是"产业共生理论(industrial symbiosis theory)"[127]。这个理论应用于生物能源产业生态系统中,可以分为两个层次。一是随着生物能源产业的发展,相关企业之间的分工不断细化,产生了越来越多的不同类企业或者同类企业的不同价值模块,如生物能源原料制造商、生物能源产品生产商、消费者、废弃物回收商、废弃物再加工商等,但是这些企业彼此具有经济联系,存在着物质与能量循环,因而能够和谐共生,这种情况强调共生关系形成之前的个体差异,可以称之为差异性产业共生;二是即便是同类或具有相似业务的生物能源产业,也有可能由于某种机制而相互融合,构成互动、协调的发展状态,比如,由于生物能源产业相对于传统能源产业,规模较小,竞争力还比较薄弱,如果若干小规模经营的生物能源企业能够形成战略联盟,则更有利于共担风险、共享利益,适应激烈的市场竞争,这种情况强调同质个体作为共生关系产生的前提,可视为同质性产业共生。

生态学中"集群"是指以共生关系生活在同一栖息地的生物群体,美国哈佛大学商学院的麦克尔·波特20世纪90年代创立了"产业集群理论"（theory of industry clusters），他认为一组特定的或关联性很强的产业根据纵向专业化分工以及横向竞争与合作关系，集聚在一个特定区域，可以形成有效的集聚效应、规模效应、外部效应和区域竞争力。与产业共生理论相比，产业集群理论更强调在地理位置上的相对集中，其最显著的特征是空间的聚集性和产业的网络关联性。[128] 该理论应用在生物能源产业生态系统构建上，可以由政府通过行政手段划出专门区域，聚集生物能源产业各生产要素，使之成为现代化生物能源产业分工协作的生产区，其表现形式可以是工业园区、高新技术产业开发区、经济技术开发区、科技园等（如河南天冠工业园、广西贵港工业园等），从而形成专业化的生物能源生产要素优化集聚洼地，生物能源及其关联企业可以共享区域公共设施、外部经济和劳动力市场，企业不需要向外部搜寻所需资源，企业间的原材料、副产品和成品的运输距离和交货时间缩短，信息与物流成本大大降低，生产率得以提高，使生物能源企业个体在不增加管理费用、不扩大规模的前提下，可以获得规模经济效益。

二、局限性

生物能源产业生态系统脱胎于自然生态系统，是生态学与产业生态学学术渊源在生物能源产业领域的拓展所形成的结晶。因此，一方面，如同一个稳定的自然生态系统一样，生物能源产业生态系统的构建也不是一蹴而就的，需要经历一个从低级到高级的不断变化、发展、完善的过程；而另一方面，生物能源产业生态系统作为地球物质自组织系统的一种高级形态，是由生物能源产业相关的社会、经济和自然组成的复合生态系统，由资源、环境、人口、资本、科技、信息等诸多要素构成，拥有比自然生态系统更复杂的自组织结构和演化规律。事实上，从严格意义上来说，产业生态系统并不是完全"人为"构建的，而是会自发地组织和演化，过去、现在和将来都存在。而且产业生态系统是按生态经济学原理和知识经济规律组织起来的生态经济系统。但是无论从历史还是现状来看，生态经济学的理论都不是一成不变的，人们将这些理论应用到经济社会中去。但随着实践的深入又反作用于这些理论，使生态经济学的内涵和外延不断扩展和完善。因此，现有的生态学理论在构建生物能源产业生态系统时也具有一定的局限性，绝不能仅仅依靠对自然生态系统的简单模仿和对现有理论的机械照搬，而应当建立在对生物能源产业本身充分理解的基础之上。通过对生态学、产业经济学及生物能源等方面文献的梳理，我们发现在生物能源产业生态化的过程中还存在一些问题。

首先，作为战略性新兴产业，生物能源产业虽然受到了世界各国的重视，但是在技术上仍然存在许多关键环节亟待突破。第一代生物能源技术已经相当成熟，以粮食乙醇技术为代表，但牵涉到与粮争地的问题，因而很难继续规模化发展；第二代生物能源以纤维素乙醇为代表，在转化率和原料成本方面遇到了一定问题；第三代生物能源以藻类为原料，虽然目前备受关注，但其技术基本还停留在实验室阶段，离商业化、产业化还相距甚远，技术已经成为生物能源产业的发展瓶颈。另一方面，社会各界对发展生物能源产业持不同态度，有不同声音。现有理论还没有很好地解决或解释有关问题，所以我们需要研究如何更好地构建生物能源产业生态系统，如何更好地对生物能源产业进行支持并引导其发展，如何从国家层面引导市场对生物能源的消费需求，如何让企业形成持续的创新能力，这些也是目前全世界生物能源产业生态系统构建中要研究的共同问题。

其次，产业生态理论在生物能源产业领域拓展的广度和深度都还远远不够。回顾已有文献可以发现，目前的研究是相对零散的，生物能源的文献主要集中在技术、政策、发展趋势、前景展望等方面，尚未与经济界、产业界的研究形成合力。这个问题在国内尤其突出。尽管有学者在这些方面做了一些努力，如李胜以天冠集团为例探讨了如何在生物燃料乙醇企业中建立循环经济模式[129]；贾春蓉等则采用生态足迹的方法，分析了甘薯燃料乙醇循环产业各子系统的生态占用、资源循环利用和污染排放等情况[130]。但是目前国内还没有学者去尝试将现有成果综合起来，从中国生物能源产业的高度和中国国情的实际情况出发，构建系统的中国生物能源产业生态系统理论框架。

此外，生物能源产业系统中的部分企业，如原料提供企业（原料种植企业）、产品销售企业（如加油站）等具有非常分散的特点，难以被集中到生物能源产业聚集区，形成一般意义上的"产业生态园"。可以说，生物能源产业具有自身的特点，因此仅靠现有的产业生态理论难以完全解决生物能源产业的个性化问题。

综上所述，尽管不少现有产业生态理论适用于生物能源产业，但无论是从技术层面，还是从理论和实践层面，都显得相对薄弱，还不能完全解决生物能源产业具有自身特点的问题，所以值得本书进一步研究。生物能源产业生态化是仿照自然生态系统的循环模式构造属于生物能源产业特有的生态系统，以达到减少废物排放、尽可能降低产业发展对环境的破坏、循环利用资源等目的，最终实现生物能源产业与自然环境的共同和谐发展。为实现这一目标，世界各国已经在生物能源产业生态系统构建上进行了大量的实践努力。

第三节 构建生物能源产业生态系统具有很好的实践支撑

一、能源供需矛盾日益突出

18世纪中叶，随着蒸汽机的问世，西方国家步入了产业革命的现代文明社会，它以石油、钢铁、煤炭、化工、电力等工业技术为主要标志。虽然人类利用和改造自然的能力迅速提高，把人类文明推到了全新高度，但同时也带来了一系列前所未有的社会问题，其中能源供需矛盾尤为突出。

能源是人类社会生存和发展的必需品，随着现代生产力迅猛发展和经济高速增长，人类对能源的需求越来越大。煤、石油、天然气等化石能源是由上古时代的动植物遗骸在地下数百万年经过复杂的物理化学变化形成的，它是目前全球消耗的主要能源，每年占全球消耗能源的80%以上，它们不仅提供了基本能源，而且还提供了99%的有机工业原料，为人类社会繁荣做出了巨大贡献。例如，美国2007年的主要能源消耗中，石油、天然气、煤和核电各占39%、23%、22%和8%。然而，这些宝贵的化石资源作为近现代经济社会发展的基石，目前正面临着日益枯竭的困境，根据预测，世界石油、天然气和煤炭将分别在未来40年、60年、220年左右消耗殆尽。随着社会经济快速发展，化石能源的有限储量和人类日益增长的能源需求之间的矛盾正在不断凸显，化石能源的过度消耗引发石油短缺和气候变暖，已成为影响人类社会可持续发展的重大问题，寻找石油替代产品成为全球共识。

因此，开发更加清洁的可再生能源是世界能源产业的必然趋势和迫切需求。在生物能、太阳能、风能、地热能、水能、氢能、核能等新能源中，生物能源比较特殊。它的使用在理论上不会净增温室气体排放，具有环境友好和可再生性，特别是可以在交通燃料需求中扮演重要角色，同时能在一定范围内维持甚至增加陆地土壤的碳储量，有可能比较有效地解决化石能源枯竭和环境污染等问题。

二、构建生物能源产业生态系统是现实战略需求

生物能源具有可再生特性，而且发展生物能源对于缓解全球能源短缺的现状、保护自然环境、加速整个能源产业的技术革新都具有重要意义，因而

成为世界多国共同的战略选择。

  自 20 世纪 70 年代石油危机爆发后,美国政府一直希望通过发展多元化能源来逐步实现能源独立。后来出于解决环境问题和缓解减排压力等考虑,美国政府进一步推动了以生物燃料乙醇为代表的生物能源扮演了可再生能源的主力军角色。美国是利用生物能源的先进国家之一,生物能源尤其是燃料乙醇是美国国内最大的可再生能源来源之一。在扶持生物能源产业发展过程中,美国政府采取了各种鼓励和支持的政策措施。例如,美国国会 2000 年通过了《生物质研究法案》,2002 年提出了《发展和推进生物质基产品和生物能源》报告和《生物质技术路线图》,并成立了生物质技术咨询委员会和生物质项目办公室,该路线图指出:"这份报告预示了一个充满活力的新行业将在美国出现,它将提高我们的能源安全、环境质量和农村经济,它将生产我们国家相当大一部分的电力、燃料、化学品和其他关键性产品。"又如,在财税政策上,美国对生物能源生产企业给予减税优惠,对生物能源用户也免征消费税。随着一系列措施的实施,美国燃料乙醇年产量迅速增加,生物质能在美国运输燃料消费总量中所占比例由 2001 年的 0.5% 上升到 2010 年的 4%,预计 2020 年和 2030 年将分别达到 10% 和 20%。美国能源部甚至计划到 2030 年,其工业部门的生物能源消费量将以每年 2% 的比例递增,而电力消费的生物能源将每 10 年翻一番。

  欧盟同样把发展生物燃料作为解决地区能源和环境问题的重大战略举措,尤其侧重于发展用于交通运输的生物燃料。欧盟 15 国在 2001 年的生物能源消费量占欧盟能源消费总量的 4%,多达 5 556.7 亿吨。其中,法国以 1201.9 万吨生物能源消费量高居榜首,瑞典和德国分别以 810.9 万吨和 709.2 万吨紧随其后。2003 年欧盟发布了"促进运输油品使用生物质燃料或其他再生能源燃料"指令,2006 年 3 月又公布了《欧盟生物燃料战略》,确立了加速生物质燃料市场发展策略,以及发展生物燃料的目标和主要政策措施。2010 年 12 月,欧盟发布了"欧洲生物能源产业行动实施计划"。另外,欧盟"第七研发框架计划"以第二代生物能源为重点,启动了一批大型生物精炼示范工厂,通过这些行动计划,欧盟投入了数千万欧元进行生物能源技术工艺研发。

  在生物能源开发领域始终处于全球领先位置的是巴西,它在发展替代能源、采用乙醇为汽车燃料方面做得最成功,是目前全球唯一不供应纯汽油的国家。据统计,2005 年发达国家生物能源在能源消费结构中的平均比重为 6%,而巴西已经超过 40%,在全世界处于绝对领先地位,当年全球的平均比重是13.6%，巴西对这个平均数的贡献居功至伟。除此以外，巴西还是世界上少数几个具备发展能源农业条件的国家之一，具有为生物能源提供原料保障的巨大优势。目前巴西已建成完整的燃料乙醇产业链。这个产业链包括甘蔗种植、燃料乙醇生产、燃料乙醇汽车制造、燃料乙醇供应站建立，构成了一个四通八达的产销网络。近几年，巴西每年要消费110亿升左右的燃料乙醇。同时，由于种植甘蔗、生产乙醇等都属于劳动力密集型行业，它们的兴起也为巴西人提供了超过100万个直接就业机会和数百万个间接就业机会，失业率也相应下降。目前，以甘蔗为原料的乙醇燃料已成为巴西的一个生机勃勃的新兴行业和国民经济支柱产业。

三、全球生物能源产业蓬勃发展

在当前全球高度面临能源危机、资源危机、环境危机的形势下，一部分发达国家和发展中国家希望把发展生物能源产业作为解决问题的突破口，并将其放在了技术开发和产业布局的重要地位。例如，在20世纪70年代，两次石油危机直接导致了生物液体燃料的规模化应用；进入20世纪90年代后，促进农业经济发展和保护环境成了推动生物液体燃料产业发展的新动力；2002年以来，国际油价开始不断攀升，气候变化的压力也日趋严峻，再次推动了对全球生物液体燃料产业发展的需求。2000~2007年的短短8年间，全球生物能源的产量从48亿加仑①上升到160亿加仑，增加了近3倍，90%的生产集中在美国、巴西和欧盟。其中，欧盟主要以生物柴油为主，美国以玉米生产燃料乙醇为主，而巴西以甘蔗生产燃料乙醇为主。另外，中国、印度、加拿大、印度尼西亚、马来西亚、泰国等许多国家也积极发展生物液体燃料产业。世界各国政府十分看好生物燃料的前景。例如，美国计划在2020年使生物燃料使用量达到全国燃油消费量的10%，到2050年生物能源将占到总能耗的50%；欧盟也谋求在2020年之前使生物燃料占到运输燃料的10%；巴西提出到2017年将乙醇产量增至640亿升。另外，根据国际能源机构的预测，2030年全球生物液体燃料消费量将达到1.02亿~1.94亿吨，如果较快实现技术突破，甚至可能达到3.3亿吨，在2050年则有望能够超过8亿吨。根据德国分析机构F.O.Licht公布的数据，全球主要生产生物乙醇国家历年生物乙醇产量变化如表3-1所示，主要集中在美国、巴西和中国等国家。

---

① 1加仑（美）≈3.79升。

表 3-1　全球主要生产生物乙醇国家历年生物乙醇产量变化　（单位：万吨油当量）

国家（地区） \ 年份	2006	2007	2008	2009	2010	2011
美国	948	1 347	1 886	2 036	2 586	2 643
巴西	865	1 171	1 234	1 305	1 398	1 410
中国	67	83	99	118	131	150
欧盟	83	187	199	223	238	285
其他地区	68	217	353	469	415	575
全球合计	2 031	3 005	3 771	4 151	4 768	5 063

实际上，我国早在 20 世纪 70 年代就已开始开发和利用生物能源，一直都非常重视生物液体燃料的研发和产业化，先后出台了一系列国家级发展战略规划和计划。例如，1996 年年初，《中华人民共和国国民经济和社会发展"九五"计划和 2010 年远景目标纲要》指出要"加快农村能源商品化进程，因地制宜，大力发展小型水电、风电、太阳能、地热能、生物质能"，"重点开发电子信息、生物、新材料、新能源、航空、航天、海洋等方面的高技术"；2001 年，《中华人民共和国国民经济和社会发展第十个五年计划纲要》中指出"能源建设要发挥资源优势，优化能源结构，提高利用效率，加强环境保护"，"积极发展风能、太阳能、地热等新能源和可再生能源"，更重要的是明确提出了要"开发燃料酒精等石油替代品，采取措施节约石油消耗"的要求；2006 年，《中华人民共和国国民经济和社会发展第十一个五年规划纲要》进一步提出要"发挥我国特有的生物资源优势和技术优势，面向健康、农业、环保、能源和材料等领域的重大需求，重点发展生物医药、生物农业、生物能源、生物制造"，尤其是明确指出要"大力发展可再生能源，加快开发利用生物质能，扩大燃料乙醇和生物柴油的生产能力"。

同时，为有效配合上述战略规划，我国政府还通过立法和制定相应的规章和条例来大力促进生物能源发展，例如，2005 年 2 月中国第一部《可再生能源法》诞生；同年 11 月，国家发改委配合《可再生能源法》的实施颁布了《可再生能源产业发展指导目录》，将生物液体燃料生产、生物液体燃料生产成套装备制造、能源植物种植和能源植物选育明确指定为 4 项支持对象。

另外，我国还利用各种形式的补贴（包括投资补贴、生产补贴、销售补贴）、税收减免、价格优惠等经济手段，对生物燃料产业发展给予扶持，以引导和促进生物燃料产业发展。例如，2005 年 8 月出台《财政部关于燃料乙醇补贴政策的通知》；2006 年 9 月财政部、国家发改委、农业部、国家税务总局、国家林业局联合印发《关于发展生物能源和生物化工财税扶持政策的实施意见》等。

在政府的大力扶持下，目前我国生物能源产业已经取得了一定的发展，现在我国生物能源的技术发展主要集中于沼气、生物质成型燃料、燃料乙醇、生物质发电/供热、生物柴油等领域。根据《可再生能源发展"十二五"规划》，2010年我国沼气利用量约140亿立方米，成型燃料利用量约300万吨，生物燃料乙醇利用量180万吨，生物柴油利用量约50万吨，各类生物质能源利用量合计约2 000万吨标准煤。预计到2015年，全国沼气年利用量增加1/3，生物质成型燃料增加2倍左右，生物燃料乙醇增加1倍左右，生物柴油和航空生物燃料均增加1倍左右，各类生物质能源年利用量的总和将达到相当于替代化石能源5 000万吨标准煤。我国已经有一批具有一定规模的生物能源企业。例如，2001年国家批准建立了吉林燃料乙醇有限责任公司、河南天冠企业集团有限公司、安徽丰原生物化学股份有限公司和黑龙江华润酒精有限公司4家燃料乙醇企业，2005年总产能力达102万吨，2007年我国的燃料乙醇产量已经突破120万吨，跻身世界第三大燃料乙醇生产国；同样是在2001年，海南正和生物能源公司投产我国第一家生物柴油生产工厂，建成了1万吨/年的生物柴油生产线，其后几年全国各地迅速投资建设了一批生物柴油生产加工厂，到2006年年底我国已有25家，年生产能力达到120万吨。一些有实力的生物能源企业，已经重视将发展生物能源产业和生态化、可持续发展等要素相结合，初步构建了生物能源产业生态系统的雏形。例如，天冠集团作为中国最早从事燃料乙醇项目研制、开发的企业，已经实现了企业发展与农产品转化的有机结合，并且建设了天冠生态工业园区，建立了农产品资源、生物能源产品、可再生资源的新型循环工业经济体系，相信通过更加深入的实践，有望构建完善的生物能源产业生态系统，形成生产、环保、资源再利用的可持续发展良性循环。最近，中国石油天然气股份有限公司（以下简称中石油）、中国石油化工集团公司（以下简称中石化）、中国海洋石油总公司（简称中海油）和一批民营企业在国家政策的扶持下，也都积极投资燃料乙醇和生物柴油行业，且已取得实质性进展。

在2012年中国共产党第十八次全国代表大会上，胡锦涛同志特别强调了要"大力推进生态文明建设"，提到要"节约集约利用资源，推动资源利用方式根本转变"，要"推动能源生产和消费革命，控制能源消费总量，加强节能降耗，支持节能低碳产业和新能源、可再生能源发展，确保国家能源安全"，要"发展循环经济，促进生产、流通、消费过程的减量化、再利用、资源化",并明确要求建设"资源节约型、环境友好型社会"。在 2013 年中国共产党十八届三中全会上,习近平同志提到要"紧紧围绕建设美丽中国深化生态文明体制改革,加快建立生态文明制度,健全国土空间开发、资源节约利用、生态环境保护的体制机制,推动形成人与自然和谐发展现代化建设新格局"。生物能源在环境友好性方面具有独到优势,它产生的副产品可以完全进入生物学循环体系中,基本做到了零排放,所以生物能源产业在中国未来经济社会的健康与可持续发展中责无旁贷,发展前景及政策空间也比较乐观。

四、其他产业生态系统实践已有良好范例

事实上,无论是在国内还是国际上,都已经在其他产业生态系统的构建上做了不少尝试,比如,对于传统工业的改造与调整通常采用对产业链加环闭合的构建模式,即通过对传统产业进行生态化的改造,使不同的产业进行链接,然后对产业链进行延伸和加环,进而实现物质和能量的闭路循环;而对于新型工业体系的构建与发展则通常采用将新建产业集中在一定区域的模式,利用类似自然界的食物链原理将这些产业进行链接,并统一进行规划、建设和管理,从而实现生态化。这些已有的良好范例可以对我们构建生物能源产业生态系统提供借鉴。[131]

生态产业园(或称为生态工业园,the eco-industry parks,EIPs)是现代经济社会中构建产业生态系统的重要实践形式之一,它是依据产业生态学理论而建立的一种新型产业组织形态,它以循环经济为指导理念,最大限度地节约和充分利用资源,并将污染和对环境的负面影响最小化,与传统的经济技术开发区、高新技术开发区等产业园区相比,生态产业园着力于园区内生态链和生态网的建设,具有更为多样化的产业结构和柔性的自适应功能。[132]丹麦卡伦堡(Kalunborg)生态产业园区是世界上生态产业园建设的先驱和典范,卡伦堡生态产业园以丹麦最具规模的发电厂、炼油厂、制药厂和石膏制板厂为核心,发电厂供电过程中产生的蒸汽一方面为地区工业(发电厂和炼油厂等各类具体的工厂)和农业(大棚生产蔬菜以及加热养鱼用水等)提供生产所需的热能,另一方面还为全镇居民供热,从而大大减少了传统炉子供暖的烟尘排放;炼油厂的废水经生物净化后被用作发电厂的冷却水,进而被其他企业利用,解决了卡伦堡水资源缺乏和价格昂贵的问题;另外,炼油厂酸气脱硫后得到的稀硫酸废弃物又供给硫酸厂,其排放的火焰气可用于干燥石膏厂的石膏,石膏厂的原料则是来自电厂的脱硫石膏,电厂的粉煤灰又用来生产水泥。作为世界上最成功的生态产业园,卡伦堡园区就是通过

建立工业横生和代谢生态链关系，最终实现污染"零排放"。[133] 20 世纪 70 年代，美国也积极投身于生态产业园建设，此外日本、加拿大、印度尼西亚、英国等国家也都兴建了一系列类似模式的园区。中国在这方面起步较晚，20 世纪末开始规划，目前也已经建设了一批地方各级产业生态系统工业园区，如广西贵港生态工业园区、四川沱牌酿酒生态工业园区、天津泰达生态工业园区等，但是目前还没有实现像卡伦堡那样的比较完美的循环经济模式，在清洁生产、废物处理、资源回收利用上都存在不少技术障碍，相关政策还不太成熟。[134]

除了像生态产业园这种偏向宏观的、可以用于许多产业生态系统的、在一定地理区域内实体集聚的模式之外，也有一些产业生态系统的构建是偏向微观的、应用于更为细致的产业或者企业个体的、不以实际的地理区域或者实体为主要基础的，通常这类模式经由无形的"价值链"或者"产业链"加以联系。[135] 以当今智能手机市场上的两大霸主——苹果和三星为例，这两家公司"合力"占据了全球智能手机市场的半壁江山，但是它们却分别构建了适合自己的产业生态系统模式。苹果公司产业生态系统的构建是以"软件整合"为核心的，App Store 和 iTunes 就是苹果软件生态系统的典型代表，它们不是简单的软件下载区和数字媒体播放应用程序，而是包含了整个软件产业链的生态系统，其中包含了软件作者、平台商，以及操作系统的互动、互利与互依的关系。苹果利用诱人的销售比例分成把全世界第三方软件的提供者整合到了一个商业平台，因此，苹果虽然只销售 iPhone 这一款手机产品，但是成功地通过软件扩大自己的生态系统，增加了消费者对它的依赖，在硬件上苹果把元件采购、产品制造、产品组装等都进行了外包，进一步节省了成本，但是也存在无法对供应商进行很好的控制的问题。[136] 而三星公司产业生态系统的构建则是以"硬件整合"为导向的，三星手机的大部分元件和产品都由该公司自行生产，三星拥有比任何一家手机厂商都更为完善的产业链，涵盖了上游（CPU、内存、显示屏、摄像头、电池等）、中游（外观设计、品牌打造、组织制造等）和下游（销售）。手机产品本身、零部件、配件的销售都在源源不断地为其提供利润，真正实现了利润最大化，就连苹果也是三星元器件业务的最大客户之一。因此，尽管三星在软件上依赖于相对单一的谷歌 Android，但是它通过控制制造过程构建了称雄业内的硬件产业生态系统，实现了其在全球智能机市场上的全面渗透。[137]

无论是应用较广的"生态产业园"模式，还是应用相对具体的"软件产业生态系统"或"硬件产业生态系统"，都已经在许多产业或者企业中获得了成功。它们蕴含的普适性不仅可以为生物能源产业生态系统提供重要参考，更重要的是它们在宏观和微观层面，以及各自领域的独特性，可以提醒在构建生物能源产业生态系统时必须从这个新兴产业的自身特点出发。

五、构建生物能源产业生态系统是系统工程

生物能源产业系统包含众多不同类型的企业，包括供应企业、生产企业、销售企业，以及它们的竞争企业和互补企业等，这些企业就如同自然生态系统中的生物群落一样，相互联系、相互影响；而自然环境、社会环境、经济环境作为生物能源产业的系统边界，也影响着该产业的生存与发展。正是由于生物能源产业系统具有相当的复杂性，在构建生物能源产业生态系统的过程中，现代产业生态学理论既有适用性，又有一定的局限性，因此，实现生物能源产业的生态化是一个系统工程，需要从微观（企业内部）、中观（企业之间）和宏观（区域产业之间）三个层次入手，在不同层面上将其系统核心和系统边界纳入一个有机的可持续发展框架中。[117]

在微观层面上，要在生物能源生产过程的各个环节推行清洁生产，对产生的废弃物在企业内部实现循环利用。清洁生产是20世纪80年代发展起来的一种创造性的战略措施，在生物能源企业个体中实施一套严格的清洁生产监控程序是一个系统的工程，它贯穿了生物能源原材料开发、生产工艺、废弃物处理与再利用等各个环节，是直接关系企业的管理、技术进步、产品生产、产品消费、环境保护等的整体策略，它可以有效地克服原来企业生产管理与环境管理脱节的问题，提高企业的投入产出比，有利于实现"经济"与"生态"的双赢，是促进环境-经济-社会复合大系统健康和谐发展的基础所在。[138]我国全国人民代表大会2002年就通过了《中华人民共和国清洁生产促进法》，2003年1月1日起开始施行，2012年2月份还在全国人大会议上进行了修改，可见在微观层面上推行生物能源产业清洁生产有一定的法律保障。

在中观层面上，要依照生态学原理，组建以生物能源原料供应、产品生产、产品配送、副产品加工利用为主线的纵向产业链条，以及以废弃物循环利用为主线的横向耦合产业链条，通过企业间物质、能量、信息的集成，建立共生产业体系，使资源在产业系统内循环利用。传统工业园区对许多国家的经济发展起到了不可替代的作用，但是它的目光仅局限在为了达到"经济效益"而提供最低限度的服务上，忽略了"生态效益"的考虑，而"生态产业园"是以生态循环再生为基础的新兴工业模式的主要代表，它一方面促使企业内部从源头开始就开展清洁生产，另一方面强调企业之间的联系、协作

与交流。生物能源产业生态系统的构建，也可以吸收生态工业园区这种模式的优点，当然更需要结合国家和企业的实际情况，通过科学布局安置好生物能源上下游各个产业，构建新的产业生态系统模式，其目的就是使生物能源产业生态系统中各企业成员在中观层面上形成相互受益的网络，实现生物能源产业整体最优与废物最小化。[139]

在宏观层面上，以区域资源共享为核心，使生物能源企业在不同区域间形成资源合理配置，使生物能源的生产和消费在全社会范围内形成大循环，形成区域联动发展的产业共生体系。在宏观层面上构建生物能源产业生态系统，其本质上是一个科学布局的问题，涉及城市规划、区域规划、经济地理等诸多学科和问题，我国现有的生物能源产业存在规划与布局研究不充分、缺乏集聚规模效益、科学论证不足等问题，这实际上对生物能源产业的发展形成了一定的制约。合理的产业布局应优先考虑各个产业之间的链接，形成集聚经济，可以有效地降低运输和交易费用、增强企业之间的互助互信、提高企业协作水平。当然，在这个层面上，国家的制度保障非常重要，政府应当努力建立健全的法律法规促进循环经济的形成与发展，明确生产者和消费者的环境责任，并合理运用价格与利益的激励机制，将利润最大化目标与环境保护和谐统一起来，真正提高人民的生活质量。[140]

当然作为一种新能源，生物能源产业的发展对生态环境、粮食安全和经济发展等方面的潜在影响也一直是争论的热点，各国政府在充分认识生物能源美好前景的同时，也必须客观看待它带来的挑战与风险，准确地把握其发展方向。因此，在建立生物能源产业生态系统时还要不断完善其评价体系。

第四节 小 结

自然界的生态系统为产业生态系统理论和实践研究提供了借鉴，而产业生态系统研究也为生物能源产业生态系统的构建奠定了基础。生物学与生态学理论在产业和经济学问题中的应用由来已久，这种应用导致了一系列经济学理论分支的产生，组织生态学是最重要的成果之一，而将组织生态学应用于产业领域，就产生了产业生态学。而在这个学科的发展过程中，产生了一系列关于产业生态系统构建与评价的理论，这些理论虽然尚未完善，但也在实践中不断丰富，早期多从经济角度出发，以技术为研究重点，后来则多从生态角度出发，越来越关注管理、制度建设与可持续发展。通过相关理论的梳理，我们总结出了构建产业生态系统的总体目标是建设经济、高效、和谐、平衡、可持续发展的复合生态经济系统。上述理论必然具备一定程度的普适性，因此，在生物能源产业生态系统领域具有相当的适用性，但是由于生物能源产业生态系统具备自身特点，现有理论在应用于该产业系统的时候也表现出了一定的局限性。尽管如此，为了缓解能源供需矛盾，解决日益严重的环境问题，世界各国都希望把发展生物能源产业作为突破口，美国、巴西、欧盟及中国等都在生物能源产业生态系统的构建方面做了诸多实践性的努力，促成了当前全球生物能源产业蓬勃发展的良好局面，同时在其他产业生态系统的构建上已经出现了大量实践和良好范例，这些都为我们构建生物能源产业生态系统提供了有力的实践支撑。

第四章 生物能源产业生态系统的构建

第三章论证了生物能源产业生态系统的构建并非臆造，它在理论和实践上均具有一定的可行性，并给出了系统构建的相关预设。在进行生物能源产业生态系统研究前，对生物能源产业生态系统的内涵、组织形式、边界等方面进行科学界定，是本书进行系统深入研究的逻辑起点，对于科学认识和理解生物能源产业生态系统具有重要意义。在此基础上，本章将对生物能源产业生态系统的系统框架进行构建，阐述生物能源产业生态系统的基本内涵，解析系统的组织形式及其边界，分析系统的构成，并进一步总结了系统所具有的主要特征，探讨历史演进视角下系统所具有的各项功能。

第一节 自然生态系统及其特征

一、自然生态系统及其构成

系统论作为一门学科的地位是由 L. von Bertalanffy 奠定的，他把系统定义为"由若干要素以一定结构形式联结构成的具有某种功能的有机整体"，此概念的核心思想是整体观，任何系统都是一个有机整体，不是各个部分简单的、机械的相加[141]。实际上，"系统"（system）的思想源远流长，"生态系统"（ecosystem）一词最早是由 A. G. Tansley 于 1935 年正式提出的，它是指在一定时间和空间范围内的全部生物和非生物环境之间相互作用所形成的统一体（图4-1）。在生态系统中，任何生物群落都不是孤立的，而是通过物质和能量交换与其生存的环境不可分割地相互联系着，生物有机体因能量获取方式与所起的作用不同而被划分为生产者、消费者和分解者，它们经过长期协同作用构成了复杂的食物链乃至食物网，保障了有效的物质循环和能量流动，维持了生态系统的健康和持续发展[26]。

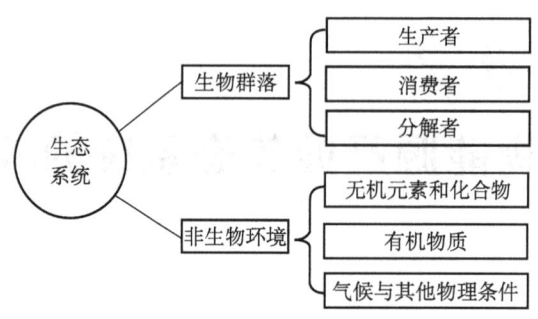

图 4-1　生态系统的构成

二、自然生态系统的主要特征

自然生态系统包括陆地生态系统（如森林、草原、荒漠、苔原）和水域生态系统（如淡水、海洋）等，但是无论如何划分，它们都具备以下主要基本特征[142-145]。

1. 是一个整体且有序的功能单位

生态系统不是生物分类学单元，而是一个功能单元。它是生态学中一个整体的结构和功能单位，在生态学研究中是高于个体、种群和群落之上的最高层次。自然生态系统以极其多样性的生物为主体，又与一定的时间、空间和非生物的环境因素相联系，是一个由多要素、多变量构成的复杂层级系统，不同的变量及其不同的组合和变化，又构成了许多亚系统，各要素之间通过稳定的网络式结构联系，保证了生态系统的整体性。

2. 具有动态的和生命的特征

与自然界的有机体类似，生态系统也具有发育、代谢、繁殖、生长与衰老等生物学特性，表现出鲜明的历史性特点，而且随昼夜、季节、年份而变化，这意味着生态系统具有内在的动态变化能力，从而演绎出其自身特有的整体演变规律，任何一个自然生态系统总是处于不断发生、发展和进化之中，其演化过程是一种从低级向高级、从无序到有序的信息积累、自组织、自优化的过程，可以分为幼年期、成长期、成熟期等不同阶段。

3. 具备稳定平衡特征和自我调节能力

自然生态系统中生物之间以及与其所处的环境之间是经过长期进化适应的，已经建立起相互协调的关系，内部各成分间保持一定的稳定和平衡关系，具有物种间相互协调共存的特点，受到外力干扰时具有自动校正和自我调节能力。生态系统自我调节能力主要表现在对同种生物种群密度的调节、对异种生物种群之间的数量调节和对生物与环境之间的相互适应的调节这三方面。生态系统中的物种数目越大，能量流动和物质循环的途径就越多，自我调节能力也越强；反之，结构越简单，维持平衡的能力就越弱。但是生态系统的自我调节能力是有限度的，例如，生态系统的个体数量和每个使用者强度之间需要维持一种平衡，我们称之为生态系统的负荷力，所以如果外界干扰超过一定限度，自我调节就会失去作用。

4. 具有能量流动、物质循环和信息传递功能

自然生态系统具有能量流动、物质循环和信息传递三个基本功能，其中，能量流动呈单方向流动，是生态系统的动力所在；物质循环是循环式的，是生态系统的基础；信息传递是双向的，对物质循环和能量流动的方向和状态起到决定性作用，发生在个体之间、种群之间、群落之间乃至生物与非生物环境之间，并构成信息网。这三者使自然生态系统形成一个有机整体，系统中任何一个成分发生变化，都可以通过物质流、能量流或者信息流影响其他成分，这正是自我调节产生的机制。

5. 是一个耗散结构系统

依据系统与环境的关系，可以将系统分为孤立系统、封闭系统和开放系统，自然生态系统是一种开放系统，它不断与环境进行能量交换，通过光合作用把负熵引入，通过呼吸作用把正熵值转出，从而使系统实现从简单到复杂、从无序到有序的演化；组成生态系统的要素都处于动态之中，因此，生态系统处于远离平衡态的非线性区；生态系统无需通过外界指令能够自行组织、创生、演化，所以是一个自组织的系统；自组织的过程是各子系统协同演化、相互作用，它们之间不是简单的线性关系。生态系统具有以上特点，所以是一个耗散结构系统。

6. 具有健康和可持续发展特性

自然生态系统是在亿万年的历史进程中发展起来的，它支持着整个地球

的生命系统，尽管过程中遭受过各种自然灾害或者对系统的冲击，但一直为人类提供了良好的物质基础和生存环境，因此，自然生态系统具有健康和可持续发展的特性。然而，长期以来，特别是进入工业化社会后，人类各种贪婪的掠夺性行为已经严重损害了自然生态系统的健康，甚至对自然生态系统的可持续发展也产生了很大影响。迫切需要加强对生态系统的管理以促进其健康的恢复，实现可持续发展，这是全人类共同的任务。

第二节　产业生态系统及其特征

一、产业生态系统的构成

和自然生态系统一样，产业生态系统同样包括四个基本组成部分，即"生产者"、"消费者"、"分解者"和"外部环境"。生产者可以分为两个层次：初级层次的生产者可以理解为资源开采者，如采矿厂、冶炼厂、火电厂等，它们利用基本环境要素生产出初级产品；高级层次的生产者进行初级产品的深度加工并生产高级产品。消费者即制造商，如行政、商业、服务业等，它们利用生产者提供的产品促使自身的运行发展，同时产生生产力和服务功能。分解者相当于废物处理部门，如废物回收、资源再生公司等，它们把企业产生的副产品和"废物"进行处置、转化和再利用。

Allenby在工业生态系统三级进化理论中提出了一个理想的工业生态系统模式，如图4-2所示。理想的产业生态系统也可以借鉴这个模式来说明，它应当尽量接近三级生态系统，通过资源开采者、处理者（即制造商）、消费者、废物处理者的相互作用来尽量实现物质和能量在系统内部循环，实现有限的资源输入和有限的废物输出，这是一种追求经济、社会和环境的和谐与可持续发展的相对有效的模式。

二、产业生态系统与自然生态系统的相似性

产业生态系统从理论提出到不断发展都是基于对自然生态系统理论的学习或模仿，是对经历过几十亿年演化的可持续发展的自然生态系统的借鉴，因此，产业生态系统必然与自然生态系统有诸多相似之处。宏观来讲，二者都属于生态系统，具备生态系统的基本特征，都是开放的、动态的、演化的、多层次的、复杂自适应的耗散结构系统，都具有一定的稳定性、自我调节能

第四章 / 生物能源产业生态系统的构建

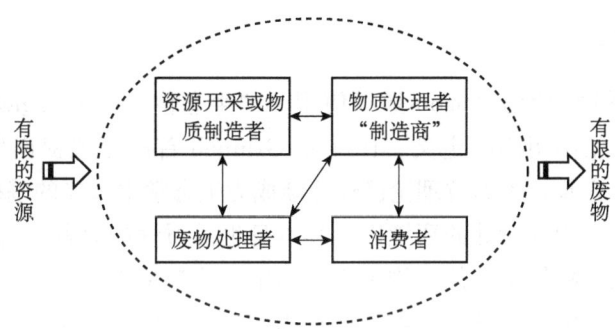

图 4-2 理想的工业生态系统模式

力和可持续发展能力，产业生态系统应该借鉴自然生态系统，形成物质的闭路循环、能量的梯级利用，形成产业关键种、共生等系统运行规律，构造合理的产业链及产业网等。下面从产业生态系统如何借鉴自然生态系统这一角度来总结二者重要的相似性。

1. 食物链与食物网

如上所述，自然生态系统中生物种类众多，根据它们在能量和物质流中的作用，可分为生产者、消费者和分解者。生产者利用阳光行使光合作用，自行将水和二氧化碳等无机物合成为有机物；消费者以其他生物或有机物为食，要依赖生产者供应物质和能量；当动植物死亡以后，分解者会将它们的残体分解为无机物归还到环境中去，重新被生产者再利用。各种生物之间由于食物而形成的这环环相扣的联系，叫做食物链，这些复杂关系往往不是一根链条能够说明的，把各种关系彼此交错联结就会组成一个"食物网"。生态系统中的能量流动和物质循环就是通过食物链和食物网实现的，物质是能量的载体，使能量沿着食物链流动，而能量又作为动力，使物质能够不断地在生态系统和无机环境之间循环往复，两者密不可分。

产业生态系统需要构建包含"生产者—消费者—分解者"的产业生态链，这实际上就是产业生态系统的层次性，例如，上游企业研究开发的技术成果被中游企业吸收、消化，下游企业又将中游企业的成果吸收消化形成产品[146]，产品再被废物回收公司进行分解、转化和再利用，就组成了一个简单的"食物链"，形成了生态循环。产业生态系统每一层次上的产业链既可以看做是一个相对独立的开放系统，同时也是一个更高级系统中的子系统或功能单位[113]，实际上也正是通过在这些不同层次的产业系统逐步实现物质和能量高效循环和流动来实现循环经济。

2. 生态位

1910年美国学者Johnson最早使用了"生态位"（ecological niche）一词，但是没有给出明确的定义。1917年Grinnell首次正式提出生态位概念，之后经过不断完善，生态位理论已经逐渐成为生态学中重要的基础理论之一。生态位，指一个物种所处的环境以及其本身生活习性的总称，每个物种在自然界中都有其独特的生态位，物种之间的生态位越接近，就有可能出现由于生态位重叠而导致的分享或竞争共同资源的现象，这就产生了竞争。生态位不同避免了物种之间的竞争，同时由于提供了多条能量流动和物质循环途径，有助于生态系统的稳定。生态位理论揭示的是生态个体、种群和物种生存与竞争的普遍规律。

在产业生态系统中，每个企业都有自己的生态位，企业生态位包括的内容相当广泛，不仅有存在时间、地理位置，还包含其所控制的消费资源、供应资源、智力资源、资本资源等[147]，如果企业生态位发生重叠就会发生激烈的竞争和相互排挤。同样，类似于自然生态系统中"生态位宽度"的概念，企业也会在激烈的市场竞争中进化出不同的类型，在资源不足或者丰富时，分别使自己的生态位泛化或者特化，以便获得更好的生存空间。

3. 关键种

人们在自然界中发现在某些生物群落中只有少数几个物种调控并决定着群落结构的稳定、物种多样性及正常演替方向，这也引起了学者对不同物种相对重要性的关注。Paine 1966年就提出了"关键种"理论，这个概念一经提出就引起学者们极大的研究兴趣，其内涵和范围也随之被不断扩展。"关键种"理论更多强调的是这些物种的存在对于维持生态系统的结构、稳定性、物种多样性、整合性和可持续性等起决定作用，相比其他物种而言更重要，并被应用于不同的营养级水平，如关键捕食者、关键猎物、关键寄生、关键草食动物等。关键种的提出是食物链和食物网理论的重要补充，促进了群落食物网中物种之间的相互作用强度，有助于评价不同物种对于群落结构和功能的影响。

在产业生态系统中也存在类似的"关键种"或者叫"关键成员"，我们可以称之为"关键种企业"。它们在产业生态系统中有着举足轻重的地位，拥有特殊的能力、管理技能和各种丰富的有形资源、无形资源，使用和传输的物质最多，能量流动的规模最大，能为该产业生态系统其他成员提供关键性的利润。这些"关键种企业"往往处于主导地位，决定着整个产业生态系统的组成、功能和物质能量的循环过程，居于生态产业链的中心地位，而其他企业则处于从属地位。"关键种企业"不一定是规模最大的企业，但它必然是整个产业生态系统中不可替代的成员。

4. 共生

"共生"概念由德国生物学家德贝里1879年提出，逐步发展为种群生态学核心概念之一。"共生"可以简单理解为"不同种属生物密切地生活在一起"，它是指多种生物之间按照某种模式相互作用和互相依存，形成协调进化的共同生存关系。共生理论的内涵随着生态学的发展不断演变与丰富，它告诉我们自然界的任何一个物种都不可能完全离开其他物种而单独生存和繁衍，作为一种视野独特、方法简明的用于描述物种或者群落之间关系的方法论，共生思想很快被社会科学领域借用。

产业共生也是模仿自然生态系统提出的概念，指不同企业之间通过合作来共同提高生存和获利能力，同时实现资源节约和环境保护。在构建生态产业园时，要充分利用共生理论，使生态产业链上的企业之间尽量有正面的相互影响，增强共生企业的竞争力。大多数产业共生不是自发产生的，而是通过规划形成的，没有自然生态系统中的共生关系稳定；产业共生具有与生物群落类似的特征，通过系统内物质闭路循环、物质减量化或能源脱碳等方法以实现产业重组，从而使得企业群落内的总体资源得到最优化利用；产业共生可以实现资源使用的循环性、生产成果的增值性，实现经济和环境双重效益。

三、产业生态系统与自然生态系统的差异性

产业生态系统虽然与自然生态系统有诸多相似之处，但是前者作为模拟后者而出现的产物，是人类社会工业高度发达的产物，二者还有一些显著的差异，充分了解它们的相似性和差异性，才能有效地指导我们构建产业生态系统。

1. 参与主体不同

从严格意义上来讲，自然生态系统没有人的参与，靠自身进行物质循环和能量交换，其演化过程是在一种无意识状态下进行的，不具有目的性。而产业生态系统的主体是具有强烈自我意识的人，它不仅有人的介入，而且是人为设计和创造出来的。狭义的自然生态系统只受自然生态规律的制约，而作为人类工业社会的产物，产业生态系统不可避免地还要受到市场规律的制

约[146]。而且由于人们可以随时主动地调整产业生态系统,所以产业生态系统的变化周期要比自然生态系统短得多。

2. 能量与物质利用方式不同

自然生态系统以太阳能为主要能量来源,能量密度相对较低,但是持续性很强,接近永续状态,太阳能推动生物圈内的物质在系统内封闭性循环流动,这是自然生态系统不断演进和发展的根本。而目前的产业生态系统主要利用煤炭、石油、天然气等化石能源,这是太阳能的转化形式,特点是能源密度相对较高,但是持续性弱,是可耗竭的能源,这就使得产业生态系统对外部环境具有高度的依赖性,这也是其实现可持续发展的忧患和瓶颈所在。

3. 复杂性与稳定性不一样

在自然界中,很少有生物仅仅捕食一种生物,所以形成了高度交错的食物网,因此,自然生态系统具有产业生态系统无法比拟的复杂性,也决定了它良好的稳定性。而在产业生态系统中,人们为了获得高生产率,会有意识地简化产业链和产业生态系统的层次,这容易导致系统稳定性较为脆弱,容易遭受不利因素的破坏。另外,自然生态系统中生物经过长期进化后可以很好地被动适应其所处的环境发生变化,而产业组织在选择自己的生存环境时有很多主动因素,因此,企业的生态位与生物的生态位相比,更加容易发生变动[146]。

4. 演化模式有一定区别

虽然产业生态系统有与自然生态系统类似的生命特征,也会经历从形成、发展到崩溃的动态演化过程,但是因为二者的参与主体不同,其演化模式也有一定区别。自然生态系统的演化是一个在无意识状态下经过从无序到有序的漫长过程,而产业生态系统的演化是在人类意识的指导下进行的,过程中人们可以根据需要进行完善和调整,以帮助它加快进化速度,朝着可循环、可持续的方向发展[148]。

第三节 生物能源产业生态系统的定义及边界

产业生态学的基本理念和发展原则为缓解能源资源开发利用产生的极化效应提供了解决思路,同时也为能源可持续发展战略的研究提供了一个新视角和更为广阔的发展空间。

生物能源产业生态系统可以定义为，各个参与生物能源产业的生物能源产业成员包括组织、种群及群落，为了生存发展，在以土地和自然资源为载体的基础上，通过生物能源产业链条分工合作，并密切联系在一起，与生物能源产业所处的外部环境相互作用而形成的，具有一定结构和功能、动态平衡、可以实现可持续发展的有机整体。从产业生态学的角度来看，生物能源生态系统尚属于一个处于低级发展阶段的系统，系统的规模、种群结构及演进方向均会随着资源开发的内外发育环境变化而变化，并不断由低级向高级有序的状态进化。

过去数十年中能源系统建设的成果主要体现在国内庞大的能源生产供应体系，以及相对完备的部门规划和经营管理体系。与传统能源系统相比，生物能源生态系统不仅强调资源开发和利用系统自身的平衡状态，还更强调要达到资源开发利用与其外部生态环境相互作用以实现可持续发展目标的系统平衡状态。上述这些正是生物能源生态系统的基本定义和内涵所在。

在组织生态学中，组织边界（boundary）的设立和管理是一个复杂而微妙的问题。根据划分标准的不同，组织边界通常会发生相应变化。罗曼（Lattmann）等认为界定组织的边界主要有唯实论和唯名论两种方法，唯实论是指研究者站在行动者的立场上定义系统的边界，而唯名论是指研究者站在研究本身角度通过构建自己的概念框架来为研究分析服务。威廉姆森则认为，组织将用尽量减少交易成本、搜寻成本、监督和审计成本等交易成本的方式来设定组织的边界。

产业生态系统的边界由最终提供给消费者总产品的价值体系来确定，凡是与总产品价值创造过程有直接关系的产业、社会组织和个人都是产业生态系统的组成成员。产业生态系统各成员是为用户提供价值和利益而聚集在一起的。有些学者认为要给一个产业生态系统精确地划分界限是不可能的，另外，传统产业生态系统边界与新兴产业生态系统边界有所不同，其边界往往由组织间发生的相互作用的强度和类型来确定。

为全面、系统地分析和评价生物能源产业生物质转换过程中的物质流、能量流和价值流传递过程，并对生物能源产业生态系统进行评价，本研究中生物能源产业生态系统的边界确定为从人工能和自然能投入农田生态系统开始，生物能源生产和副产品产出，直到成品进入加油站被消费或废物进入废物处理站被处理的全生命周期过程。

第四节 生物能源产业生态系统的构成

一、按照系统组成成分划分

生物能源产业生态系统类型的多样性及其配置方式的不同决定了生物能源产业生态系统结构的复杂性。类比自然生态系统，按照系统组成成分，我们可以把生物能源产业生态系统分为"系统核心"和"系统边界"两大部分，前者指的是系统中的产业群落，后者则是指产业群落所处的外部环境。

"系统核心"相当于自然生态系统中的"生物成分"，指由参与生物能源产业的原料种植商（如农户及粮食经营企业）、原料运输商、原料加工商、产品生产商、产品运输商、产品购买者（如石油、石化企业）、废品处理商等主要物种构成的产业群落，它们形成了一个由生产者、消费者和分解者组成的循环。为生物能源产业提供基本原材料的，是生物能源产业生态系统的"生产者"；原料加工产业及生物能源产业以生物质为初始原料生产农产品和生物能源，是生物能源产业生态系统的初级"消费者"，而其他产业是以生产生物能源过程中产生的"废物"为原料进行生产活动的，可称之为次级"消费者"；环境综合治理系统对生物能源产业共生体中各个生产环节或生产过程产生的废物进行回收、分解、再利用和再循环，在生物能源产业生态系统中实际上承担了"分解者"的角色。物质和能量沿"生产者—消费者—分解者—生产者"的线路流动，实现在系统内的循环。从另一个角度讲，"系统核心"又可以分为三个层次，即企业个体、企业种群和企业群落，企业个体是单个的生物能源企业，企业种群是指在一定时间和空间范围内同类型生物能源企业的集合，企业群落是所有同类和相关企业的集合。

而"系统边界"相当于自然生态系统中的非生物成分，指生物能源产业的外部环境因子，可以分为自然环境、经济环境、社会环境、政治环境和文化环境五个子环境，包括社会形态、政府职能、政策支持、经济总量、产业结构、可持续发展能力、科技发展状况、市场环境、生产因素、自然资源情况、劳动力情况和文化教育背景等，它们是作用于和影响生物能源产业生态主体生存与发展的外界因素。可以用图4-3来显示生物能源产业生态系统的结构。

二、按照系统功能划分

如果按照各因素在系统中所行使的功能来划分，我们又可以将生物能源

第四章 / 生物能源产业生态系统的构建

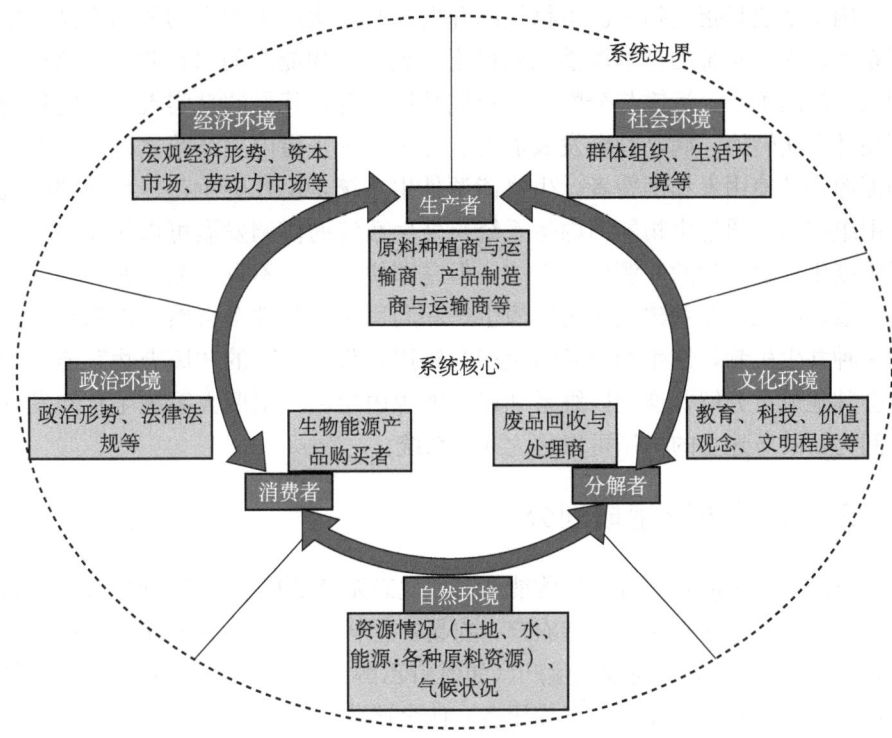

图 4-3　生物能源产业生态系统的组成与边界图

产业生态系统分为 3 个子系统，即内生系统、外生系统和共生系统（图 4-4）。生物能源产业生态系统的发育是以国家或地区的社会发展为前提的，3 个子系统之间通过各类能量、物质、信息的转换和交流形成一个整体的产业生态有机系统。

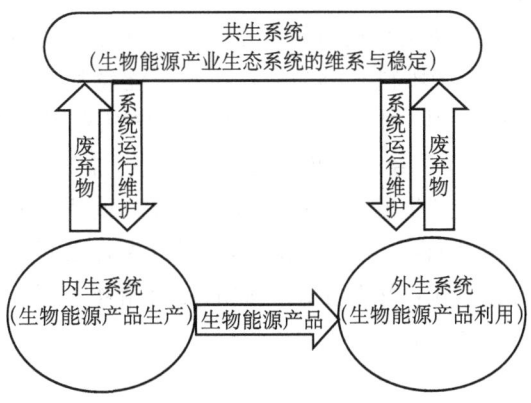

图 4-4　生物能源产业生态系统的功能子系统构成

内生系统是指包括一次生物能源开发及其二次加工在内的能源产品的生产系统，内生系统的基本职能比较稳定，包括生物能源的原料收集、储运与加工，产品生产、运输与分配，以及成品销售等，其目的是实现自然能量的商品社会化转换，满足社会发展需要。外生系统是指内生系统之外的所有生物能源产品使用者和消费者，生物能源外生系统是由社会生产、生活和物流分配组成的。通过生物能源内生系统与外生系统的协调发展可以建立一个最低限度废弃物排放的能源生态系统。但是即便这样也不可能完全避免废弃物的排放，因此，必须建立生物能源生产和利用系统与整个自然生态系统之间的一种共生机制，使生物能源的生产与利用过程中产生的"废弃物"能够被社会其他成员分解，这种以维系和稳定能源内生和外生两大系统生存和发育空间为目的所建立的机制可以称为共生系统。

三、按照群落组成划分

按照群落组成来划分，生物能源产业生态系统是指在一定的时空尺度内，由具有适应性的原料生产（如农户、农场、肥料厂家等）、原料销售（如粮食经营企业）、原料加工与成品生产（如燃料乙醇生产企业）、成品消费与废物分解（如石油石化企业、汽车使用者）四个群落与由其他产业的企业、居民、政府等组成的生物环境之间，通过复杂的非线性机制的有机耦合，不断进行原料流动、能量循环、信息传递而形成的具有一定结构特征、提供一定系统功能、协同进化的复杂人工生态系统。

图4-5以玉米生产燃料乙醇为例，演示了能量和物质在生物能源产业生态系统四个群落流动的过程，这实际上也是以玉米为原料的生物能源产业生态系统生产模式图。

生物能源产业生态系统在运行过程中，始终伴随着能量和物质的流动与转化。图4-6以小麦生产燃料乙醇为例，演示了能量和物质在生物能源产业生态系统内部流动的过程。小麦燃料乙醇生态系统从麦田生态系统（生产者）获得原材料（小麦籽粒），经过消费者对原材料进行加工形成产品或者另一过程的原料，生产过程中产生的废弃物经过再生环节重新形成原料或者产品供给消费者。由于集约再循环，各系统内部不同行为者之间物质流动远大于出入生态工业系统的物质流，称为生态产业的物质循环，充分实现物质循环利用，是生态产业目标之一。

第四章 / 生物能源产业生态系统的构建

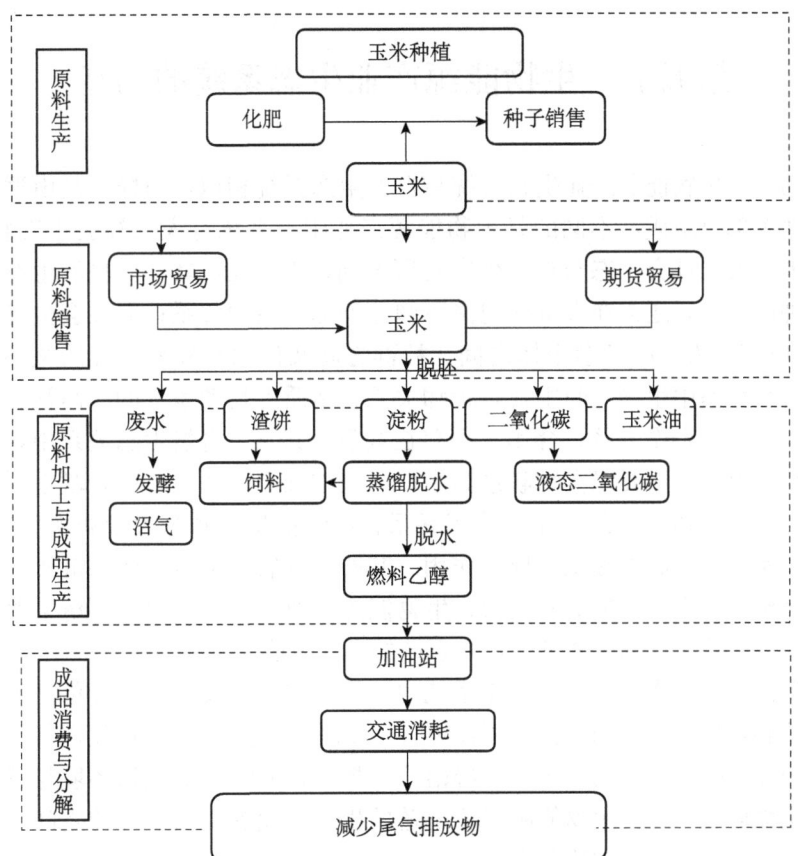

图 4-5 生物能源产业生态系统群落构成

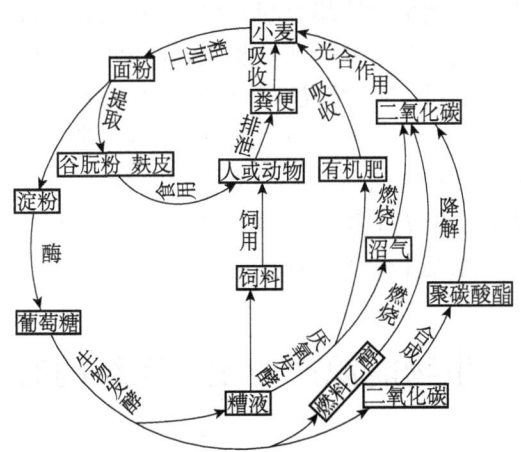

图 4-6 生物能源产业生态系统的物质、能量循环经济模式[132]

第五节　生物能源产业生态系统的内涵

第一，生物能源产业生态系统与自然生态系统相似，同样也是由群落与环境两个部分组成，不同的是生物能源产业生态系统有人工社会生态特性。事实上，人工社会生态与自然生态有所不同，表现在：其一，自然生态关系除了种内关系，还存在大量种间关系和与外部环境的关系；而社会生态主要指"同种"（人）的社会个体之间、社群之间及他们与外界环境的关系。其二，自然生态中生物之间主要是食物关系，本质上是竞争性的；而社会生态关系本质上是合作关系，合作之中存在竞争。其三，自然生态关系中，联系形式相对单一，主要以实物联系为主；而人与社会生态关系中，联系形式多样化，除了实物联系外，还有信用联系、广泛信息联系等大量非实物联系，这些非实物联系起着敏感的导向作用。其四，自然界中生物生态链网一般较长而简单，社会生态链短而复杂；生物能源产业生态系统中的环境主要是指由其他产业等组成的生物环境，是系统的内部环境。[149]

第二，在生物能源产业生态系统中，原料加工与成品生产群落是系统的重要核心，种群通过相互提供"食物"，呈现出彼此依存、共同发展却又相互制衡的关系。围绕生物能源产业群落这一核心，系统内部生物环境与系统外部非生物环境一起为生物能源产业群落的生存和发展提供必要的空间，以及物质、信息、能量等物质需求。

第三，生物能源产业生态系统也是一个结构和功能的单位，系统的各个智慧生命体通过系统功能耦合网络有机地联系在一起，通过竞争与合作形成共生关系；在加速生物能源资源的开发利用时，要促进能源利用（内生系统发展）、市场发育扩展（外生系统发育）和生态环境保护（共生系统建设）三者有机结合，最大限度地实现跨领域、跨地域和跨学科的复合目标。

第四，伴随着人类社会商品生产和流通的发展，生物能源产业生态系统内部在分工演化下，也形成了类似于自然生态系统生产者、消费者和分解者的分工形式，且每个系统生命体都有自身合适的生态位。

第六节　生物能源产业生态系统的有关特征

生物能源产业生态系统本质上是生态系统的一种具化形式，因此，它必然具备生态系统的一般特征，如协同进化性、耗散结构性、多样性、稳定性、相关性、有序性、动态性等，还具有分散性强、价值网复杂、与生态环境的高度直接关联性、利益多重性、差异性大、存在关键种企业等特征。

一、分散性强

分散性是生物能源产业生态系统的一大特点，在原材料收集、地区差异、销售分布等方面均难以集中在某一区域或某一时段。

首先，生物能源原材料为粮食作物、非粮作物或者上述作物产生的纤维素类生物质能，这些原材料的生产需要农户和农田，而农户与农田的空间分布具有分散性和不连续性的特点，农林废弃物的所有权也相当分散，这就使得生物能源原料收集成本较高。曾有研究显示，在收集生物能源的原材料时，如果搜索半径超过100千米，那么运输这些原料所消耗的能量将会超过由它们生产出来的生物能源所产生的能量，这显然是非常不经济的。另外，考虑到农作物生产的季节性，因此，原材料给生物能源产业带来的不仅仅是空间上的分散性，还有时间上的分散性。我国生物质资源并不是集中在个别地区，而是在各地区均有分布。其次，生物能源在市场销售上也具有分散性特点，燃料乙醇就是典型的例子，其销售渠道主要是中石油、中石化等下属的各地加油站，而这些加油站系统在分布上显然是高度分散的。最后，系统中不同成员之间由于所处行业不同、地理位置不同，其联系和交流往往较少，往往是群落之间的交流（如行业协会），因此，系统在组织上比较分散。

二、价值网复杂

一方面，生物能源产业生态系统的价值链比较长，从农户种植原料，到原料搜集、销售、加工，以及成品生产和销售，价值链中节点众多；另一方面，生物能源产业生态系统的价值链各节点与其他产业生态系统有高度关联性，例如，原料生产所需土地可以选择生产原料或其他粮食，系统对某些原料（如小麦和玉米）直接和粮食市场构成竞争关系，成品生产的经济性直接和原油价格关联等。因此，生物能源产业生态系统形成了错综复杂的价值网。此外，生物能源产业是新兴产业，系统发展方向包括技术路线还没有确定，具有很强的不确定性，这就使得系统内部的原料加工、生产、废物处理等各种企业面临着可能的风险，也只有保持协同进化、协调发展的共生关系，才能够避免让任何一个企业或者产业独自承担相关风险，这就进一步促进了"你中有我，我中有你"的复杂价值网的形成。

三、与生态环境的高度直接关联性

与其他产业生态系统不同，生物能源产业生态系统不仅仅是借鉴自然生态系统的有关理论和结构，而是直接建立在自然生态系统中并以与其有机耦合为前提。生物能源产业生态系统的建立直接消耗、大量利用自然生态系统中的关键资源如土地、水等生产的原料资源，同时系统的可持续发展与生态多样性、温室气体减排效应等紧密结合在一起。某种程度上可以说，生物能源产业生态系统与生态环境的关联性错综复杂并不断转化，可以用"初期为生态而生，过程因生态受阻，长期为生态而存"来形容。

四、利益多重性

首先，系统利益主体多，不仅包括系统内不同企业、科研机构、原料种植户农民等，还包括关注粮食安全和环保问题的环保组织、学者乃至公众，当然也包括政府等；其次，涉及多行业，包括农业、工业、零售服务业、金融业等；再次，系统涉及的短期利益和长远利益错综复杂，例如，与传统石油行业短期是合作甚至是"搭车"关系，长期是竞争和替代关系；最后，系统同时存在"正向"价值和"负向"价值，例如，生物能源产业生态系统一方面有利于降低碳排放，为保护环境提供资金和技术支持，有利于解决能源危机，同时促进经济增长，另一方面存在"与人争粮、与粮争地"的问题，可能加剧粮食危机，并且生物燃料发展技术的不确定性导致投入大量研发资金，这些也会对经济和社会产生负面影响。此外，政府需要在局部利益和整体利益，以及不同群体、不同行业的利益之间寻求平衡。

五、差异性大

第一，由于各国、各地区地理和气候条件不同，资源情况差别很大，适合发展的生物能源类别有很大差异；第二，系统发展演化路线存在不同的路径，美国、巴西、欧盟和中国都选择了不同的发展路线和策略；第三，技术路线发展差别大，各个企业乃至各个国家使用不同的原料发展相关技术，以及采用一代、二代和三代生物燃料乙醇技术，不同技术路线的能量效应和减排效应的差别甚至很大；第四，系统内外对系统发展方向及前景的意见差别大，不同群体持有不同的声音，不同时间的意见也不断变化；第五，系统中不同企业由于横跨多个行业和地区，所处的经营环境和产业政策差别很大。

此外，对于系统是适合少数国家的"游戏"还是对相当多的国家有适用性，也有多种不同的声音。

六、存在关键种企业

在产业生态系统中也存在类似于自然生态系统中的"关键种"，系统中的一家或少数几家公司拥有一种或几种可能给最终顾客带来巨大利益的基础核心竞争能力，我们可称之为产业生态系统的关键种企业。关键种企业往往对整个产业生态系统的形成、功能发挥、运行状态、价值链完善有重要影响，是整个系统的关键物种。在生物能源领域，国际上如壳牌石油公司下属的生物能源公司，巴西石油公司和美国石油公司下属的生物能源公司，由于在技术、资金、市场、政策方面的优势，成为该国生物能源产业生态系统中的关键种企业；国内如河南天冠集团、山东龙力生物科技股份有限公司等由于政策、市场和技术等优势，有望成为我国生物能源产业的关键种企业。

由此可见，与其他产业生态系统相比，生物能源产业生态系统确实具有一定的特殊性，因此，完全照搬其他产业生态系统的做法，如以构建传统的产业生态园模式来构建生物能源产业生态系统是不行的，必须在实践中根据生物能源产业的特点进行理论和模式创新。

第七节 小 结

产业生态系统从理论的提出、发展、丰富到完善都是基于对自然生态系统理论的学习或模仿，是对经历过几十亿年演化的可持续发展的自然生态系统的借鉴。本章借鉴自然生态系统的概念，将食物链、生态位、关键种、共生等相关生态学概念跨学科地在产业生态系统的研究中加以应用，尽管产业生态系统与自然生态系统有诸多相似之处，但二者在性质上还是存在一些显著差异。本章在进一步认识产业生态系统的概念之后，对生物能源产业生态系统的概念进行了界定，将生物能源产业生态系统的边界确定为从人工能和自然能投入农田生态系统开始，生物能源生产和副产品产出，直到成品进入加油站被消费或废物进入废物处理站被处理的全生命周期过程。生物能源产业生态系统类型的多样性及其配置方式的不同决定了生物能源产业生态系统结构的复杂性。按照空间组织形态，可以把生物能源产业生态系统分为"系统核心"和"系统边界"两大部分；按照各因素在系统中所行使的功能来划分，可将生物能源产业生态系统分为内生系统、外生系统和共生系统；按照群落组成来划分，生物能源产业生态系统包括原料生产、原料销售、原料加工与成品生产、成品消费和分解四个群落，以及由其他产业的企业、居民、政府等组成的外部环境。本章总结了生物能源产业生态系统的内涵，还总结了生物能源产业生态系统除具有一般产业生态系统的特征之外，还有分散性强、价值网复杂、与生态环境的高度直接关联性、利益多重性、差异性大、存在关键种企业等特征。

第五章
生物能源产业生态系统的演化及案例研究

在漫长的进化过程中形成的自然生态系统表现出经济而精巧的结构、可靠而协调的功能、物质和能量交换的高效及其对内外环境非凡的适应能力，为研究生物能源产业的演化带来了启发。生物能源产业的发展如同生态系统中群落演替一样，不是"孤单生存"演进的，其发展演化路径与特定时间、空间的生物能源产业环境有着密切的联系，一方面生物能源产业群落受生物能源产业所处生态环境的影响，另一方面生物能源产业群落影响并改造着生物能源产业的生态环境。为探索生物能源产业如何实现可持续演进、如何实现可持续发展，本章首先将对产业生态系统的演化过程进行描述，对产业生态系统的演化机制进行总结；接着将结合巴西、美国和我国生物能源产业生态系统的发展历程，对生物能源产业生态系统的演化历程和演化机制进行实证研究，并给出有关启示。为更加清楚地判断各国生物能源产业的演化脉络，本书附录 I 最后还总结了巴西、美国及中国生物能源产业发展大事记。

第一节　产业生态系统的演化过程

与其他生态系统一样，产业生态系统也会经历形成、成长、成熟和消亡等不同的生命阶段，我们把产业生态系统经历的典型发展过程称为产业生态系统的演化过程，一般可以采用描绘生物生命周期的"S形曲线"来描述产业发展的不同阶段（图5-1），包括开拓期（形成时期）、扩展期（快速成长时期)、成熟期(平稳成长期)、重塑期(成长末期),并不断重复这种有规律的成长周期。而产业生态系统演化在总体遵循这个发展过程的基础上,一般都表现出比较明显的阶段性特征,同时还在发展过程的不同阶段之间有可能出现调整期,见图 5-2。

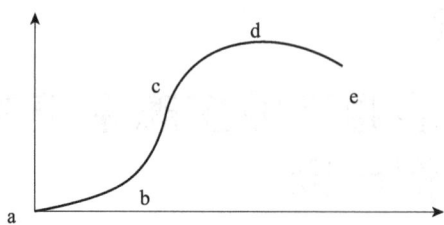

图 5-1 产业生态系统演化阶段

(其中,a—b 为开拓期,b—c 段为扩展期,c—d 段为成熟期,d—e 段及以后为重塑期)

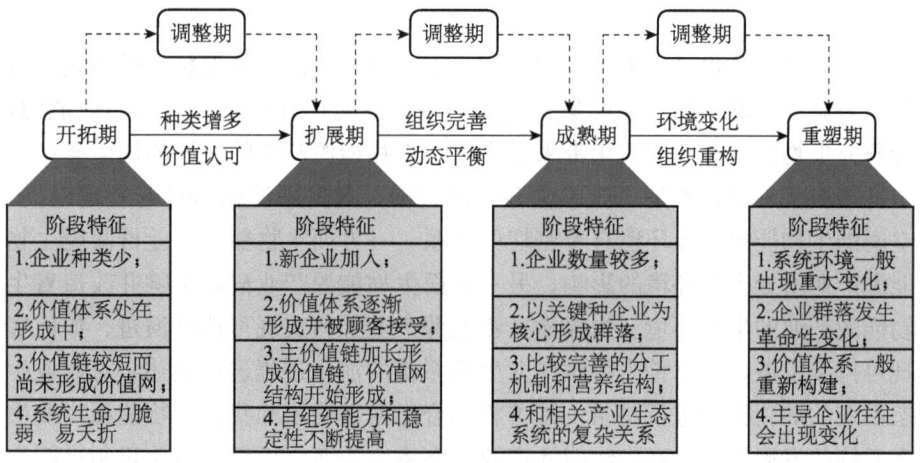

图 5-2 产业生态系统演化过程模型

在产业生态系统动态演化的过程中,系统成员的数量和质量在各个阶段大不相同,产业生态系统的稳定性在各个阶段也会变化,一般而言,随着系统从产生到成长,成员数量由少到多,然后逐渐趋于稳定,到系统开始发生蜕变时,成员再由多到少。产业生态系统演化的快慢、成长的规模、衰退的速度等取决于很多因素,如产业成员的持续创新能力、成员之间的竞争、核心产品的价值等,因此,不同的产业生态系统在各阶段发展经历的时间长短往往大不相同。需要注意的是,"蜕变期"并不一定意味着是"衰退期",也可能是"重振",在产业生态系统中,作为主体的人是有主动意识的,可以对未来做出预测和判断,及时开发新技术或者做出调整措施,从而有可能使走向成长末期的生态系统再次获得发展动力,这也是人主导的产业生态系统和自然生态系统之间非常重要的差别。

产业生态系统的动态演化过程实际上是核心产品的生命周期过程,产业生命周期理论对于产业生态系统的发展和战略制定都有重要的意义,它为我们重新认识和分析产业生态系统提供了一个全新的视角,由于产业生态系统在其生命周期的不同阶段具有不同的特征,那么在构建和发展产业生态系统的时候,就可以根据产业发展的不同形态,依据一系列指标(如产品的市场占有率、增长率和潜力、竞争优势、人才条件、技术革新等),来判断其生命力和所处的生命周期阶段,从而采取相应的策略。产业生态系统演进的快慢、成长的大小主要取决于核心产品的价值效应及产品竞争力状况,而产品竞争力状况则由生态系统的持续创新能力决定。不同的产业生态系统在各阶段发展经历的时间长短大不相同[42]。

一、开拓期

当一个主导企业抓住良好机遇开始发展的时候,一个全新的产业生态系统就由此进入了开拓期,开拓期是产业生态系统的孕育与形成阶段,这个阶段主要探索或创造新的具有市场潜力的产业生态系统种苗,努力能为某一客户群体提供产品,在此基础上形成新的价值链,这样其他企业才有动力投入更多的资金和资源来进一步推动发展,这样才能创造出新的群落。此时,系统中的大多数企业都需要抓住各种机会以求进一步发展成长,有时甚至就是为了存活下来,需要积累自己的技术,从各个渠道争取资金,虽然企业间也存在竞争,但是更多是需要合作而不能相互排挤,一般也没有形成并购能力。

开拓期的特点是系统中企业物种较少,价值链较短,一般尚未形成价值网,价值体系的形成也有一个过程,此时系统生命力比较脆弱,有时受到某一因素的影响就可能对系统造成毁灭性的打击。产业生态系统从培育到形成都受到宏观环境的影响,需要政府和社会的支持,也需要科研机构及其他相关组织的共同参与和密切协作。

二、扩展期

在自然生态系统中,群落扩展或者是通过扩大生物量,或者是通过遗传变异和分化,也就是不断增加生物种类,使其越来越具备多样性,这可以使不同生物之间的关系更加协调。产业生态系统同自然生态系统一样,其扩展阶段也是一个对外扩散和传播的过程,期间企业数量会增加,销售量和利润都会提高。在此阶段,产业生态系统内的各类企业种类增多、结构复杂性增加会提高系统的稳定性和规模效益。核心企业争夺各种资源并努力以自己作为价值链的核心形成联盟,掌握系统的控制权。处于该阶段的生物能源企业不断扩大顾客群和上下游规模,通过再投资维护和发展产业生态系统,同时也要防御内外的竞争者。系统内的相关企业能以创造性的甚至不可预测的方式迅速壮大和丰富群落,甚至夺取企业群落的领导地位(关键种企业)。系统内的主导企业面临着各种竞争或新的选择,不仅必须吸收合作者,而且必须制定战略控制合作者来稳固自己的长期领导地位。

扩展期是生物能源产业生态系统的成长阶段,它具有以下特点:系统中承担新的系统功能的企业不断加入,主导企业也就是关键种企业开始出现,系统中价值体系逐渐形成并能为更多顾客所接受,主价值链会不断加长并会发展形成新的分支价值链,在此基础上价值网结构形成并不断扩展,系统的自组织能力不断增强,稳定性也会有所提高。

三、成熟期

由于无限制的规模扩大也会导致企业缺乏创新,生存能力下降,从而抑制企业与生态系统的向前发展和演替,所以企业的数量和利润在成熟阶段持续增加后将会趋于稳定,产业生态系统各组成成分会逐渐到达动态平衡的自维持系统状态。同时,在成熟的群落中,由于资源的有限性和用户数量的限制,系统内部成员之间对于利益分配的竞争进一步加剧,主导企业所面临的核心挑战是如何保持它们的权威和获利能力,如何保持自己在系统价值链中的有利地位,而非主导企业则是往往会和主导企业进一步加强合作,以获得更好的产业生态位。

成熟期是系统发展比较完善的阶段,此时系统的特点一般是:系统中企业物种数量增加直到达到较大规模,系统中价值体系比较完善并能为顾客较好地接受,价值网结构比较丰富且复杂。系统稳定性较高,系统结构比较有序并慢慢趋于稳定,往往会形成以几个关键种企业为核心的企业群落,系统会形成比较完善的分工机制和比较复杂的营养结构。系统和其他相关产业系统形成比较复杂的关系。

四、重塑期

任何产业生态系统的建立都不可能一劳永逸,在经历前面几个阶段的演化之后,产业生态系统如果满足于已有的成功而没能适时创新以适应技术发展和市场需求，就难以适应环境因素的变化，最终可能走向灭亡。如果系统中核心产业群积极创新，尝试再一次发现群落价值的改进轨道，以此为基础实现自身产业生态系统的协同进化或升级，就可能借助于建立一个新的或者升级的产业系统而使生命得以延续。

系统重塑期的主要特点是：产业所处的环境一般也会出现比较大的变化；企业群落一般要发生革命性的、迅速的变化，经历这种剧变走向衰亡或者获得新生；价值体系一般会重新构建；系统结构会出现较大变化，系统内主导企业往往会发生变化。

五、调整期

由于环境中技术发展、市场需求及政策变化等因素，系统演化的过程往往不会按照惯有轨道进行，此时系统需要调整自组织能力以适应环境变化，通过调整系统分工、丰富或加强系统功能等方式来完成调整，以回到正常的轨道。如果调整方法不恰当甚至方向不正确，或者会大大减缓系统向下一个阶段演化的速度，或者甚至对系统发展演化带来极其不利的影响。调整期可能出现在开拓期和扩展期之间，可能出现在扩展期和成熟期之间，也可能出现在成熟期和重塑期之间。一方面，由于系统的稳定性在这几个阶段不断增强，所以调整期出现的概率在上述三个阶段不断减弱；另一方面，由于系统的组织日益完善，上述三个阶段出现调整期所需要的各种成本呈上升趋势。

因此，对于国家、产业主管部门及系统内企业来说，通过区分系统发展的不同阶段，概括出系统的特征，可以更好地预测系统发展趋势以便更好地应对挑战、采取适当的对策。

第二节　产业生态系统的演化机制

生物体通过新陈代谢机制来完成自身与外界环境之间物质和能量的交换并在体内进行转换以实现自身的不断更新，产业生态系统也通过一定的机制来和外界环境进行物质、能量和信息的交换以实现发展，这种机制就是产业生态系统的演化机制。产业生态系统演化的动力机制研究可以从两个方面来进行阐述，一方面我们可以从产业生态系统演化的内部机制和外部机制着手，主要从内部自组织能力和环境选择两个方面考虑产业生态系统的演化机制；另一方面，我们按照第四章中对于产业生态系统不同功能的划分，以内生系统结合经济效益、外生系统结合成本效应、共生系统结合环境效益等来思考产业生态系统的演化机制。

一、内部和外部动力机制

产业生态系统演化内嵌于一个复杂系统中，因此，产业生态系统演化既有系统内部自发的技术、组织等变化形成的演化动力，同样也受到环境影响促使系统内形成外部演化动力。

1. 内部机制

在产业生态系统内部，激烈的竞争是系统演化发展的根本动力，竞争可以增强企业的活力，激发企业的创新能力，提高企业的运行效率防止系统进入平衡态，促进其动态有序地演化；协作可以实现资源、品牌、资金、信息等要素的共享，优势互补，强强联合，共同创新，取得协同效应。这种既竞争又合作，既分工又整合的动力机制，增强了生物能源产业生态系统的竞争力，推动了系统的协同演化。而产业间的协同则能够保证产生的新思想、方法和观念稳定下来，防止过度竞争导致的无序状态产生，使演化方向得以明确。这种竞争与协作促进了产业生态系统内技术的发展、产业价值链和价值网络的形成。

2. 外部机制

自组织只能在大的方向对系统演化起着复杂性增加、有序化提高的作用，因此，系统演化仅靠自组织这个动力还远远不够。事实上，产业生态系统的发展方向有许多"分支"，怎样进入自组织分支及最后实际进入哪一个自组织分支，尽管基本由"涨落来决定"，但要想演化"成功"，必须要经过环境选择的检验和适应，因为只有适应了环境，才是成功的演化，所以说适应环境是演化的必要条件。因此，环境选择成为产业生态系统演化的外部机制。环境选择是指外在环境对处于一定环境中的产业生态系统产生的选择压力。这个选择压力来自三个方面：首先是来自其他产业生态系统的竞争，例如，有时其他产业生态系统可能会竞争原材料，有时会直接在产品上形成竞争；其次是来自社会经济文化等环境，即对产业生态系统生存发展具有一定影响力的社会经济文化等因素，如社会环境、有关政策法规、科技发展状况、经济发展状况和文化背景等；最后是来自自然界，自然界为产业生态系统提供了各种必需的自然资源作为其成长的营养成分，同时也是产业生态系统生存和发展的物质介质，有时自然界的变化会直接影响到产业生态系统的生存和发展。[42]

二、关键要素推动机制

1. 内生系统——基于经济效率推动的产业生态系统演化

企业可以通过规模经济和范围经济等经济效应来提升自身的经济效益，从而推动产业生态化。一方面是规模经济效应。规模经济是指随着生产批量扩大使得单位生产成本下降从而实现收益上升。企业通过构建产业共生关系协同发展，从而需要和共生企业一起不断扩大自身的生产规模，相应地可以获得规模经济效益。另一方面是范围经济效应。范围经济则是指对多产品进行共同生产相对于单独生产的经济性，是指一个厂商更好地利用生产要素来生产多种产品，也可以节约成本。产业生态系统的形成、发展会会给系统内企业带来范围经济。此外，还有外部经济的内化效应，主要包括因共生而形成的基础设施共享，共同创造更大的市场机会，以及知识与成果的溢出效果等。

2. 外生系统——基于成本效应的产业生态系统演化

成本因素对于传统产业系统积极向产业生态系统演化起着很重要的推动作用，实际上进一步降低成本是系统转变和升级的重要动力，在实践中要合理利用成本因素，因为这可以有效地推进产业系统生态化演化进程。一方面，可以提高资源利用效率，降低采购成本。因为构建产业生态系统可以打造有助于增加价值的产业生态链和价值链，上游企业的副产品甚至废物有可能成为下游企业用于生产的重要原材料，本来是生产废物或者说没有明确用途的副产品，经过回收处理可以变成另一家企业的生产原料，一般以此方式获得原材料的成本都比较低甚至免费，降低原材料的采购成本对下游企业具有较强的吸引力。另一方面，对于上游企业来说，把副产品和废物提供给下游企业作为原料，既可以降低很高的废物处理成本，有时还可以带来转让收入。政府制定了更加严格的环保标准，社会各界越来越重视环境保护问题，企业的废物处理成本也不断增加，一些化工、能源生产类企业的废物处理费在成本中占着比较高的比例。因此，满足环保要求降低副产品的处理费是上游企业愿意发展产业共生关系的重要原因。上游企业和下游企业通过上述过程在实现共赢的同时，也推动了产业生态系统形成并不断发展。

3. 共生系统——基于环境效益改善的产业生态系统演化

如何更好地保护生态环境已经成为国际社会关注的热点，世界各国都制定了相应的法律法规来努力改善生态环境，一般对于各类企业的生产运营都提出了相应的环境保护要求。因此，企业要发展自身，必须符合环境保护法律法规的相关要求，这就促使企业将自己的生产和经营过程和产业生态化更加紧密地联系起来。此外，企业还要考虑与周边社区的关系，社区居民通过各种方式保障自己的权益，企业需要保障自己的生产经营顺利，也需要树立良好的企业形象。[150]

下面以巴西、美国和我国的生物能源产业为案例，剖析一下生物能源产业生态系统的演化过程，并在分析中着重关注生物能源产业生态系统演化的内部机制，包括技术发展、经济效率等方面，以及外部机制，包括资源条件、政策支持、市场拓展、环境改善等方面。[151]

第三节 巴西生物能源产业生态系统演化过程研究

巴西将乙醇与汽油混用的历史甚至可追溯到20世纪20年代，那时巴西就有了乙醇汽车，后来巴西燃料乙醇的使用一直没有中断，到20世纪70年代后由于全球石油危机，巴西出于能源安全考虑开始更加重视发展燃料乙醇产业，巴西燃料乙醇的生产规模也不断扩大，实际产量总体呈现出快速增长的趋势，见图5-3。巴西是世界上最早推广使用燃料乙醇的国家，也是目前唯一不供应纯汽油的国家，考虑其发展燃料乙醇的过程，可以分为四个阶段。

一、开拓期

1931年，巴西颁布了第19717号总统法令，规定汽油中需要添加5%的乙醇，对巴西生物能源产业的发展起到了一定的引导作用，巴西的生物能源产业就进入开拓期的初级阶段。第二次世界大战期间，由于缺少石油，在汽油中曾经掺入62%的乙醇使用。全球石油危机发生后，巴西生物能源产业在开拓期得到了进一步的推动。

1. 资源条件

巴西是农业大国，国土面积851万平方千米，牧场2亿多公顷，农田

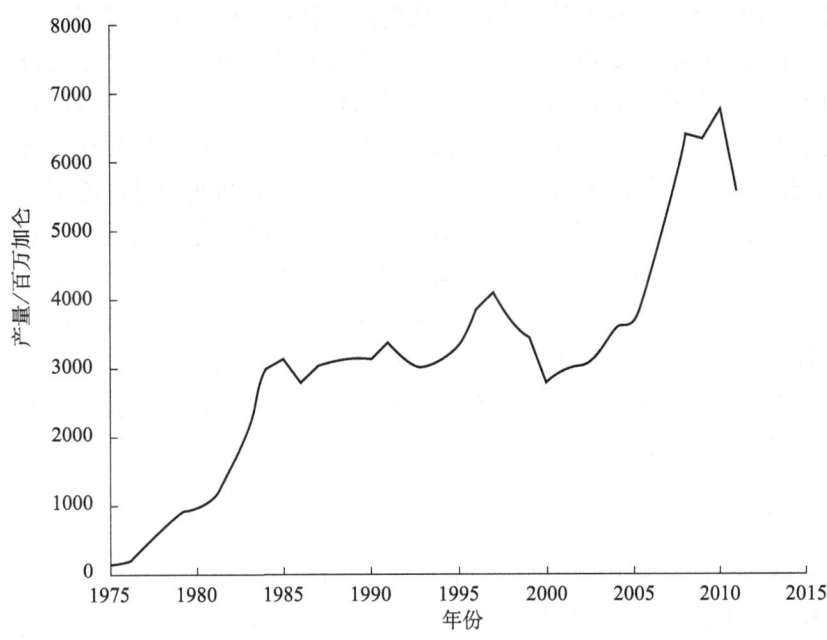

图 5-3　巴西 1975~2011 年燃料乙醇产量变化情况
资料来源：德国分析机构 F. O. Licht

6 200多万公顷。除了山地和荒漠外，大约还有 1 亿公顷土地未开发利用。因此，巴西完全有条件在保证粮食生产的前提下，通过开发新的农田来扩大能源作物的种植，生物能源产业的发展空间巨大。巴西处于热带地区，光照充足，具备种植甘蔗的优异条件，是世界上最大的甘蔗种植国。在巴西每年的甘蔗产量中，一半用来制造白糖，另一半用来加工成乙醇。

2. 政策支持

在巴西生物能源产业发展的早期，政府的支持起到了强大的推动作用。1931 年，巴西颁布了第 19717 号总统法令，正式规定蔗糖乙醇可用于进口汽油的添加剂。1975 年，紧随 1973 年的石油危机爆发及全球糖价下跌，中东实行石油禁运，为改变原油进口依存度高达 85% 的被动局面，保持经济增长和保证国家的能源独立，巴西宣布实施《国家乙醇计划》这一方案，鼓励利用甘蔗生产乙醇以替代石油，拉开了发展甘蔗乙醇的序幕，甘蔗乙醇的生产进入了第一个高峰期，巴西也成为第一个实现乙醇工业化的国家，这标志着巴西的生物能源产业生态系统全面进入开拓阶段。

在早期，巴西受到石油危机的冲击，出于减少石油进口并改善本国由于进口石油而导致的贸易不平衡状况的动机而对甘蔗乙醇产业进行了补贴和支持。而在这一阶段，受到 20 世纪 70 年代石油危机的冲击，巴西政府进一步明确了发展甘蔗乙醇的目标，政策更加明晰化。另外，巴西这一阶段政策的强制性也更明显，1975 年出台了当时世界上最大的化石燃料替代方案——《国家乙醇计划》，强制要求在巴西国内，动力汽车必须使用甘蔗乙醇。当年巴西的乙醇产量为 0.5 亿升。该方案明确提出到 1979 年时乙醇产量达到 3 亿升。1977 年，巴西还要求乙醇与天然气混合比例达到 4.5%，甚至还要逐渐扩大到 20%，这是巴西的第一个强制性混合的政策。在这一阶段巴西处于军管阶段，政府比较容易做到以国家战略的形式把政策支持稳定下来，这些明确的强制性要求在一定时期内确实对推动巴西乙醇产业的发展起到了有利作用，但是也应该看到，本阶段巴西的政策与具体产业的结合较弱。[152]

3. 技术开发

回顾更久远的历史，巴西实际上早在 16 世纪就开始种植甘蔗，当时甘蔗主要用作制糖的原料。长期以来，巴西一直非常重视培育和推广甘蔗优良品种，同时注重加强对生产甘蔗的农户进行技术培训和指导。早在 1931 年，巴西就设立了糖和乙醇的研究机构进行相关研发。20 世纪 70 年代，巴西政府就组织各类科研机构、高校和相关企业研究开发可以使用生物燃料的汽车。

4. 环境改善

乙醇用作燃料时，可减少二氧化碳、重金属和其他有毒污染物的排放，对环境有很多好处，是一种清洁燃料。其生产过程几乎完全是可持续的。乙醇汽油对环境保护的效用非常明显，对环境所造成的污染程度仅为传统汽油的 30%，同时还可降低 25% 左右的汽车排放的一氧化碳、二氧化碳，还可以减少碳氢和氮氧化合物等有害物质的排放。含碳气体通过甘蔗循环，不会按与汽油或柴油相同的比例把化石二氧化碳释放到大气中，产生的甘蔗渣可燃烧产生蒸汽，为蒸馏和发电供给能量。白糖厂的糖浆以水稀释或与甘蔗汁混合后送往发酵。乙醇汽油和乙醇燃料具有传统液体燃料无可比拟的环保优势。

二、扩展期

随着《国家乙醇计划》方案的实行，巴西从 1979 年开始巴西生物能源产业进入拓展期。直到 20 世纪 80 年代中后期，巴西的生物能源产业生态系统也发展到了一个新的阶段。[153]

1. 政策支持

政府出台的政策几乎涵盖了燃料乙醇产业的各个方面。例如,提供财政支持和补贴,对甘蔗种植进行奖励,直接投资支持乙醇企业建设,对燃料乙醇交通工具减免税收,减免燃料乙醇经营企业的营业税等。首先,巴西政府投入了大量资金,一方面用于对各类乙醇企业进行投资,投资的总金额超过了1.5亿美元,政府对乙醇企业的投资曾经上升到96%;另一方面积极实施税收减免政策,减少了7亿美元的收入。其次,在促进乙醇的生产方面,巴西政府出台了包括设置配额、补贴、统购乙醇等各项支持性政策,同时运用价格保护和行政干预手段,如设置水合乙醇与汽油价格的比例关系等,以鼓励更多地使用乙醇燃料,同时协助乙醇生产企业从国际金融组织如世界银行等获取低息贷款。最后,为提高农民种植甘蔗的积极性,进一步扩大甘蔗种植面积,农民可享受到法定的用于种植甘蔗相关支出的农业专项低息贷款,巴西政府还非常重视利用外资,吸引外国金融机构在巴西各地设立分支机构,以方便各地农户能够得到更多贷款用于扩大甘蔗的生产。

2. 市场拓展

1979年巴西研制成功首辆乙醇燃料汽车,乙醇燃料汽车的发展大大提升了对生物能源的需求,20世纪80年代中期巴西每年生产的80万辆汽车中有3/4以上采用乙醇燃料发动机。此外,巴西1982年开始对各类使用乙醇燃料的交通工具减少征收工业产品税,如对于乙醇燃料汽车减收了5%的工业产品税,对于残疾人乙醇燃料交通工具和出租车直接免除其工业产品税,部分地方政府还对乙醇燃料汽车减收甚至免收增值税,以促进乙醇燃料汽车在市场上的销售。

3. 技术发展

巴西科技工作者开发出新的技术,并转让给酿酒厂。在甘蔗种植方面的新技术就包括培植甘蔗新品种、改良土壤、使用肥料、控制虫害、采用新的收割系统等,这些措施使甘蔗的单产逐渐提高、甘蔗的含糖量不断提升、甘蔗原料的糖提取率逐步提高。Fermentec公司和圣保罗大学等科研部门联合研发对甘蔗汁和糖浆的乙醇发酵,做出了重大贡献。巴西圣保罗大学发明的真空发酵蒸馏技术,可使酒精发酵的时间从9个小时缩短到2个小时。[153]

此外，巴西高度重视机械化生产，注重发展包括扶倒、切梢、收割、切断、清选、装载等各个工序的机械化，发展甘蔗收割机械化工具，并在运输、加油等配套环节也加强机械化。

4. 环境改善

在汽油中添加无水乙醇，就会使汽油含铅量降低，随之就会消除芳香烃的危害，减少一氧化碳和硫的排放，巴西要求在所有的汽油中都添加无水乙醇，1991年就已经做到了混合燃料中完全不含铅。而且乙醇碳氢化合物燃烧产生的尾气的毒性比汽油低，几乎不产生任何温室效应废气，还可降低碳氢、氮氧化合物等有害物质的排放，引发的大气反应也少。根据有关资料，与传统汽油相比，乙醇汽油对环境的污染程度降低了70％，乙醇车对环境的污染程度为汽油汽车的1/3，而且使用燃料乙醇所产生的乙醛和使用汽油产生的乙醛相比对人体健康的损害更小。燃料乙醇的推广使用有效地减少了温室效应废气排放，1975～2000年乙醇的使用显著地减少了由于燃烧汽油生成的碳，据测算，仅2000年由于乙醇替代汽油就减少排放920万吨二氧化碳到大气中去[91]。燃料乙醇作为一种清洁燃料，大大减少了对石油等化石燃料的消耗及随之带来的污染，具有无可比拟的环保优势，到20世纪80年代末巴西燃料乙醇年使用量已达到约1 000万吨。

总的来说，巴西充分利用了20世纪80年代国际油价非常低迷这一机会，世界上其他国家更多的是使用原油而没有充分重视发展替代能源，在此巴西充分发挥原材料甘蔗产量丰富、成本较低、有发展基础等综合优势，在生物乙醇产业发展上抢得了先机，巴西的生物乙醇产量一度超过世界总产量的3/4。20世纪80年代末，巴西燃料乙醇年使用量已达到约1 000万吨。巴西国内乙醇汽车的销售最高时曾占据市场总额的90％以上，生物能源产业发挥了很大的经济和社会效益，也建立了这一领域的先发优势和核心竞争力。

三、调整期

从20世纪80年代末开始，巴西政府就开始对燃料乙醇行业减少干预，也不再给其生产和消费进行配额，并且停止了对使用普通E95乙醇作为发动机燃料的经济补助，E95逐步退出发动机燃料市场，到了90年代末巴西政府对国家乙醇计划的整体性支持减弱，对巴西糖与乙醇市场的调控长达近60年的糖与乙醇研究所也被取消。巴西乙醇产量在20世纪80年代末就停止了增长势头，尽管乙醇汽车在汽车市场中的高占有率使得其需求仍保持一个阶段惯性的增长。当然，这其中也曾出现过一些反复，许多动力汽车开始拒绝使用乙醇作为燃料，导致在20世纪90年代乙醇汽车的市场占有率几乎降为零。另外一个很重要的原因是，巴西20世纪90年代国内政治和经济局势不稳定，政府背负高额外债，财政负担较重，国内又面临非常严重的通货膨胀（通货膨胀率1988年超过1000%，1993年超过2000%），一方面为有效控制通货膨胀和降低政府开支，另一方面也没有实力去大规模支持燃料乙醇产业的发展，由此停止了支持乙醇项目，并继续降低对乙醇生产的价格补贴。

1990年"海湾战争"后国际原油价格高涨，巴西政府一度曾对全国乙醇项目给予高度关注和支持，于1993年出台法律规定汽油中掺加乙醇的比例为20%~25%，推动了甘蔗燃料乙醇的扩大生产和使用，使得生产和使用量在1997年达到约1200万吨。实际上，该法令将一部分燃料市场分配给了无水乙醇，时至今日该政策仍然有效。到了20世纪90年代中后期，随着国际原油价格逐步回落至低于10美元/桶时，巴西甘蔗乙醇的产量又一次逐步下降。但随后几年国际油价的迅速飙升又推动了巴西燃料乙醇的产量。

四、成熟期

从2002年开始，随着灵活燃料汽车的研制成功并进入市场，国际原油价格飙升，巴西生物能源产业生态系统在良好的原有基础上进一步发展进入成熟期，产业形态不断丰富，自组织能力不断增强。

1. 产业政策体系日趋成熟

巴西政府更加注重运用市场机制调节，不再对蔗糖和乙醇生产和出口数量配额，价格也由市场自主决定。除了比较灵活的市场管制以外，政府的主要支持手段调整为税收激励、补贴和信用支持等。巴西对乙醇混用比例的要求从1977年占4.5%后来一直上升最高到25%，实际可在20%~25%变动，根据国内和国际情况变化进行及时、灵活的调整，见表5-1。巴西政府出台的政策涵盖了对燃料乙醇产业链的多个方面：在原料生产方面对能源作物种植者补贴，2010年6月政府在部分穷困地区按照5美元/吨的标准直接补贴那些种植规模达10 000吨的种植户，以和发达地区平衡种植生物能源作物的成本；为有效保护燃料乙醇生产商出台了边境贸易保护政策，对进口乙醇征收高达20%的关税；利用税收减免政策来刺激燃料乙醇产业的发展，包括给予灵活燃料车辆、乙醇加油站税收优惠等促进燃料乙醇的消费，巴西联邦

11727 法案对于乙醇生产商和分销商给予税收优惠，规定两者税负之和不超过 9.25%；为燃料乙醇生产商提供可再生能源基金和国家银行的信用支持，国家银行对部分企业还进行投资支持；为进一步巩固巴西在燃料乙醇研发方面的领先优势，巴西政府 2005 年公布了《生物能源政策指令 2006—2011》，接着 2006 年公布了《巴西农业能源计划》，制定了在巩固第一代生物燃料的同时加快发展第二代生物燃料技术的目标和有关措施。

表 5-1 巴西燃料乙醇混合比例历史变化情况

年份	地区	混合比例/%
1976	伯南布哥	10～11（7～9月）；11～15（10～12月）
	圣保罗	11～12
	阿拉戈斯	11～15
	巴拉那	10～15（1～6月）；10～12（7～12月）
1977	圣保罗	11～13（5～9月）；18～20（10～12月）
	圣保罗（市区）	18～20
	里约热内卢、塞阿拉	10～12
	伯南布哥、阿拉戈斯、帕拉伊巴、马托索罗	18～20
	东北部	20～23
1978	塞阿拉、伯南布哥、阿拉戈斯	23～25
	中部、南部、北部和东北部	20
1981	巴西	15
	中部、南部、北部和东北部	12
1982	巴西	20
	中部、南部	20
1984～1988	巴西	22
1989～1992	巴西	18（3～8月）；13（9～12月）
	巴西	22
	圣保罗（市区）	22
1990	圣保罗（市区）	22
1992～1997	巴西	22～24
1998	巴西	24
2000	巴西	20
2001	巴西	22
2002	巴西	20～25（5月）；25（6～12月）
2003	巴西	20（1～4月）；25（5～12月）
2006	巴西	20（2～3月）；23（11～12月）

续表

年份	地区	混合比例/%
2007~2009	巴西	25（6~11月）
2010	巴西	20
2011	巴西	18
2012	巴西	20

资料来源：USDA

总体上说，巴西本阶段出台政策更多是引导乙醇燃料行业慢慢向市场机制靠拢，而不是像过去那样太多依赖政府补贴。生物燃料乙醇政策的进一步完善，尤其是研发投入的加强及发展战略的确定是巴西在燃料乙醇生产上取得成本优势的重要原因。此外，巴西2002年废除对燃料乙醇行业的价格控制，从此糖醇行业对市场（尤其是国外市场）需求变化的反应比对政府引导的反应更灵敏。2011年市场上乙醇供应压力较大，巴西政府2011年4月采取一项临时措施将乙醇由一般农产品的衍生品升级为战略能源，乙醇的控制权过渡到巴西国家石油局，该局将对市场上乙醇的生产、库存、市场供求和进出口情况加以调控，同时将在汽油里添加乙醇的比例调整到18%~25%，以减轻乙醇供应压力。巴西政府采取了及时、积极的措施来扶植燃料乙醇市场，对燃料乙醇企业的发展起到了保驾护航的作用。

2. 关键种企业

由于受之前的金融危机影响，巴西很多中小型乙醇生产和分销商倒闭，巴西乙醇行业进行了大幅度洗牌，据 F. O. Licht 的不完全统计，巴西乙醇企业 2009 年就发生了 60 起重组交易，涉及 100 个甘蔗加工厂。2010 年前五大乙醇生产企业的市场占有率已经达到 27%，到 2015 年预计将上升到 40%，巴西乙醇行业将从家族集团经营模式转变为跨国公司控股模式。巴西国家石油公司拥有的乙醇产能已经接近 9 亿升/年，计划与日本三井集团和巴西卡马戈科雷亚公司共同建设总额 11 亿美元的乙醇运输管道系统，该管道长达 542 千米，建成后乙醇运输能力将达到 1 290 亿升/年，同时还将投资 35 亿美元以在 2014 年将乙醇产能增加 2 倍，成为巴西乙醇主要出口企业。壳牌公司于 2010 年融资 120 亿美元联手巴西糖业集团 Cosan 成立了全球最大的燃料乙醇公司之一 Raizen 公司，成为巴西最大的乙醇生产企业之一。法国贸易巨头路易达孚 2009 年收购巴西 Santelisa 公司一跃成为巴西的第二大乙醇集团。

3. 成本优势明显

巴西通过技术研发、提升原料成本优势、提高原料种植效率等多种方式有效地降低了本国的乙醇生产成本，巴西甚至是国际上能够把燃料乙醇的生产成本降到汽油成本以下的唯一国家。值得一提的是，由于乙醇销售过程中的运输成本很高，巴西设计了运输乙醇的专门管线，总运力超过了 100 亿升，在降低乙醇销售价格方面起到了非常重要的作用。以 2008 年为例，巴西的甘蔗乙醇生产成本仅为 48 美分/升，比美国玉米乙醇生产成本低一半以上，比欧盟的小麦乙醇生产成本低了将近 1/3。2009 年，巴西国内乙醇价格为 0.83 美元/升，远远低于巴西国内汽油价格 1.3 美元/升。

4. 资源的可持续性

如上文所言，巴西拥有极为优越的土地条件，可耕地面积达到 3.4 亿公顷，而巴西 1990 年仅使用不到 430 万公顷土地用于种植生产燃料乙醇的甘蔗，到 2010 年就上升到将近 920 万公顷，约占全国已耕地面积的 15%，其中 2003 年以来，种植面积年均增长 9%，总面积增加了约 400 万公顷，见表 5-2。巴西的甘蔗产量在过去几十年中总体上一直在增长，特别是过去几年增长更为迅速（图 5-4），2004～2009 年这个阶段更是增长 61.7%，增长的幅度几乎赶上了历史上增长最快的 1980～1985 年。根据美国农业部有关预测数据，巴西在未来 10 年内将新开发 1 000 万以上公顷土地用于种植甘蔗，将其用于生产乙醇则可以新增数千万吨乙醇。因此，巴西原料资源还具有比较大的潜力。

表 5-2 巴西及其各地区甘蔗种植变化情况表

甘蔗主要产地	甘蔗种植面积/千公顷			年均增长率/%
	1990 年	2000 年	2010 年	
东南地区	2 357	2 979	6 001	4.5
东北地区	1 477	1 061	1 274	−0.5
中西部地区	216	373	1 200	8.4
南部地区	207	375	689	5.9
北部地区	16	16	27	3.1
全国总计	4 273	4 805	9 191	3.7

据来源：USDA

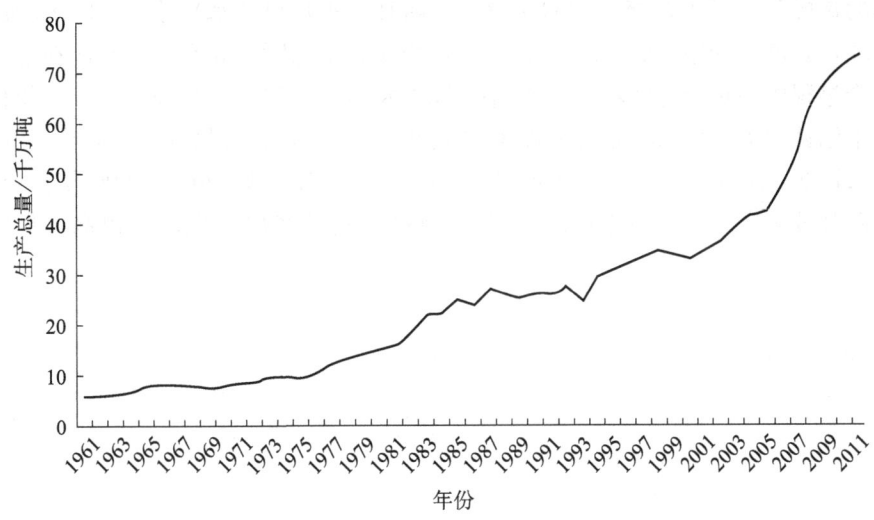

图 5-4　巴西历年甘蔗生产总量变化情况
资料来源：FAO

5. 市场扶植效果

从 20 世纪 70 年代开始研发并经过将近 30 年的持续改进，首辆灵活燃料汽车 2003 年研制成功投入生产，巴西燃料乙醇汽车生产技术已经在整体上相当成熟，在动力、持续驾驶里程等方面的指标已和同类汽油燃料汽车基本持平，驾驶者可以自由选择添加燃料的类型，可以是汽油、乙醇或两者混合物。灵活燃料汽车销售量从 2003 年的近 4 万辆猛增到 2009 年的 224 万多辆，2008 年 2 月灵活燃料汽车销售总量已超过 500 万辆，2011 年灵活燃料汽车总量就已经达到 1530 万辆，并且在汽车销售市场的份额上升到接近 90%。在巴西，加油站不供应纯汽油，即便是"普通汽油"，里面也添加了 5% 的乙醇。由于鼓励民众使用乙醇保护环境，巴西政府对乙醇生产和销售给予补贴，所以乙醇的价格一般只有汽油价格的 70% 左右。此外，巴西国内有 1 万多架小型及农用飞机使用乙醇燃料。据统计，巴西乙醇市场平均月供应量约为 14 亿升，消费量超过全国汽车燃料总量的一半。

6. 技术开发不断深入

首先，巴西非常重视研究培育甘蔗优良品种，也注意从美国和印度引进优良品种，近年来由于育种效率的提高不断推出甘蔗新品种，品种的更替速度加快，同时由于巴西各地区自然条件差异较大，所以育种以地域性选种为主，杂交方法多采用双杂交和多杂交并加大了杂交规模，采用电脑加强了亲本的选配，提高了杂交后代的质量。目前甘蔗平均单产水平达到78～85吨/公顷，甘蔗含糖率达到14%～15.5%，均代表了国际最高水平。巴西在乙醇生产过程中注重降低能耗，蔗能利用率高达71%。实际上自20世纪70年代以来巴西甘蔗除种植面积大幅增加之外，单产水平从最初的34吨/公顷（2.27吨/亩）提高至2010年的79.7吨/公顷（5.31吨/亩）。2000年至今，巴西甘蔗单产增长超过30%，甘蔗含糖量和乙醇产出率也同时提高，见图5-5。

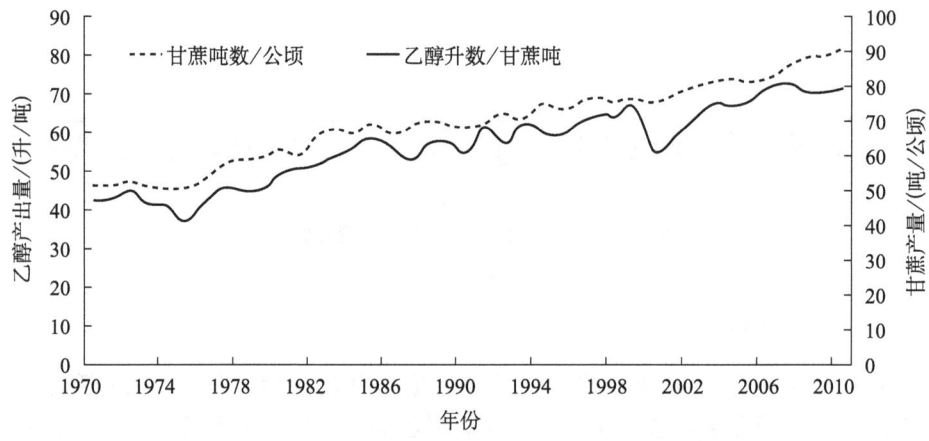

图5-5　巴西甘蔗产量和乙醇产出率变化情况
资料来源：USDA

其次，国家大力支持并资助相关企业和科研机构开展相关研究。巴西国家石油公司、圣保罗州蔗糖技术中心等机构开展各种甘蔗的基因及萃取技术等方面的研究，希望提高乙醇的生产效率。根据目前开展的研究，巴西未来甘蔗新品种在抗病虫害和抗旱方面有可能将有更出色的表现。巴西最大的甘蔗乙醇生产集团德蒂尼公司已掌握从植物纤维素中提取乙醇的技术，从2012年起生产纤维素乙醇，预计数年后日产纤维素乙醇可达5万升。巴西国家石油公司计划发展植物纤维素乙醇的商业化生产，其下属的研发企业已开展从秸秆、稻壳和甘蔗渣等农林业废弃物中提炼乙醇的相关研究工作。由于巴西盛产甘蔗，巴西倾向于优先重点研发从甘蔗渣中提取植物纤维素乙醇的技术，如果先前遭到废弃的甘蔗渣能得到高效使用，在维持现有甘蔗种植面积的同时，巴西乙醇产量有望提高约60%，这将确保巴西作为世界最大的甘蔗乙醇生产和出口国的优势地位。[154]此外，巴西还加强了甘蔗生物技术研究并取得了一定进展，例如，通过研究限制性内切酶片断长度多态性（restriction fragment length polymorphism，RFLP）技术在甘蔗上的应用来研究甘蔗品种之间的遗传关系，开展甘蔗的生物固氮研究。

通过发展甘蔗全程机械化，巴西鼓励国内外企业发展大型甘蔗联合收割机，例如，巴西Deer公司生产的甘蔗收获机可以一次性完成剪头、去叶、收割、码垛等工序，一个小型设备可以代替80个工人，一台大型收获机可以替代400个工人。此外，发酵厂商积极提升乙醇生产管理水平，针对生产全过程从甘蔗质量到发酵收率共120多个工艺参数进行统计分析，以发现影响生产效率的关键因素，以得到优质产品，同时降低原料、能源等消耗和减少如抗生素、硫酸和消泡剂等化学品的消耗。发酵收率从1977年的75%～78%提高到2008年的90%～92%，蒸馏工艺的效率也从1997年的95%提高到2008年的99%。新生产工艺使得每吨甘蔗生产的乙醇有望在当前90～100升的基础上再增加80%。

2010年巴西还出资建成全球第一座乙醇发电站并投入使用，巴西为保持其在生物能源产业的竞争优势，占据前沿位置，可谓前瞻布局、用心良苦，全国各个层面共同致力于技术的不断进步，有效地巩固了巴西的乙醇工业。

7. 产业生态化和资源节约化

一方面，巴西在燃料乙醇产业布局上注意克服生物能源产业分散性带来的问题，将甘蔗种植、乙醇生产和产品消费等产业链的各个环节统筹考虑，以更好地实现产业生态化。巴西燃料乙醇产业充分考虑原料运输距离的重要性，不少乙醇企业都建设在蔗田附近。巴西乙醇生产主要集中在中南部和东北部，其中中南部占了总产量的80%～85%，形成了大规模乙醇产业集群，中南部地区人均收入水平较高，并且汽车工业较为发达，其中圣保罗州、米纳斯吉拉斯州和巴拉那州三个地区就占据了80%以上的生产厂家（分别为53%、16%和14%），巴西从2007年到2011年新建的138家乙醇生产厂中就有94家在圣保罗州，实际上圣保罗州的糖厂和乙醇厂库容超过了全国总量的一半，其甘蔗产量超过全国总产量的2/3，从1990年到2010年该州甘蔗种植面积累计增加超过300万公顷。另一方面，乙醇生产企业为更好地降低成本，同时实现产业生态化，一般都采用蔗糖—乙醇—热电联产方式，蔗汁可以用来生产蔗糖，蔗渣和蔗叶均被有效利用转化为机械能、热能和电能，这样一方面可以丰富自身的产品线增加收益，同时又可以减少化石燃料的使用和二氧化碳的排放，这些生产企业基本上做到了"吃干榨净"，在实现能源自我供应的同时还向公用电网送电。

8. 新兴用途拓展

多家公司利用巴西的甘蔗及乙醇为原料研制生产甘蔗基塑料，包括甘蔗基 PE（聚乙烯）、甘蔗基 PP（聚丙烯）、甘蔗基 PVC（聚氯乙烯）等，使生产塑料的原料摆脱石化原油转而面向可再生的甘蔗原料。例如，巴西化学集团公司 Braskem 于 2007 年 6 月利用甘蔗生产的乙醇生产出世界上第一款 PE 塑料，从而为工业市场开发出"绿色"塑料，位于美国迈阿密的实验室所做的碳测试表明，这种新塑料含有 100% 的可再生原材料。Braskem 于 2008 年 3 月在生物塑料部门采用开发的生物基途径生产丁烯取得了第二次重要突破，从而可使用丁烯开发生产生物基 LLDPE（线性低密度聚乙烯），Braskem 公司已采用从甘蔗生产的生物基乙烯将中型规模的 HDPE（高密度聚乙烯）推向了市场。

9. 国际合作

巴西甘蔗乙醇产业化优势十分明显，巴西政府非常重视该产业的国际化发展。首先，巴西非常重视利用国际资本，支持国外企业对巴西燃料乙醇项目投资并购。来自美国、欧洲和日本等国家和地区的不少大型粮食和能源企业、金融机构都参与了巴西甘蔗压榨厂投资，例如，国际四大粮商中的邦吉、路易达孚均通过收购不断扩大其在巴西的生意，日本三菱、三井等企业通过投资股权来间接与巴西企业合作，印度最大的食糖企业之一 SRS 收购了巴西的一家甘蔗压榨厂。国际石油巨头 BP 集团每年在巴西投资 4 亿美元用于乙醇研究，并计划 2013 年在巴西开始生产纤维素乙醇。壳牌公司也联手巴西糖业集团 Cosan 成立了全球最大的燃料乙醇公司之一 Raizen 公司，其市值超过了 100 亿美元。据估计，外资在巴西榨糖和乙醇行业中的投资比例从 2007 年的 7% 迅速上升到 2010 年的 22%，外国企业在巴西生产的乙醇所占比重也由 2007 年的 6% 增至 2010 年的 10% 左右。

其次，巴西乙醇出口总额在世界上曾经长期处于领先水平，见表 5-3。2008 年前，巴西乙醇出口量一直是世界第一，一度曾达到全球乙醇出口总量的 60%，出口金额达到了 23.66 亿美元，主要是向美国、欧盟和日本出口，全球最大的乙醇生产国美国每年也要从巴西进口超过 10 亿升的乙醇。在 2009 年以后，由于巴西国内乙醇需求增长、糖生产增加导致原料减少，以及美国和欧盟生产能力不断提高等诸多因素，巴西乙醇出口量有所下降，从

2008年的约47亿升下降到2009年的约32亿升，近几年下降到20亿升以下，2011年气候变化原因导致甘蔗减产影响了乙醇生产，所以甚至进口了14亿多升乙醇以满足国内市场需求。

表5-3 巴西2006～2011年乙醇产量与进出口量统计表（单位：百万升）

年份 项目	2006	2007	2008	2009	2010	2011
产量	17 710	22 422	27 513	25 694	27 376	22 654
出口量	3 692	3 625	4 723	3 166	1 906	1 892
进口量	3.8	0.6	2.4	23	78	1 452

数据来源：巴西圣保罗州蔗产联盟（UNICA）

最后，巴西非常重视开展生物能源产业的国际合作和协调。尽管巴西在生物燃料领域已经取得领先优势，但是巴西积极推动更多国家加入到生物能源这个大产业链条中，在巴西的倡议下，经中国、巴西、美国、欧盟、印度、南非（五国六方）的共同努力，2007年正式成立国际生物燃料论坛（the International Biofuel Forum），各国政府、生物燃料有关企业、科研机构以及有关部门可以在这个平台上沟通交流，在防止贸易技术壁垒的产生、消除生物燃料生产国和进口国之间的分歧等方面起到了很好的作用，同时也有利于全球生物燃料市场的稳定并逐步发展成互相影响、互相制约、协同发展的国际市场。另外，巴西与美国合作设立了美洲乙醇委员会，通过美洲开发银行、美洲机构等奖励在中美洲及加勒比海地区使用乙醇。

甘蔗乙醇产业已经发展成为巴西经济的重要支柱产业之一，生物燃料产值已经占到全国GDP的8%左右，超过信息产业排在第一位。巴西已建成甘蔗种植—乙醇加工—专用汽车FFVs—国内市场—国际贸易的一套完善产业体系。巴西现有甘蔗厂总量超过了400家，2010年巴西甘蔗砍收量达7.3亿吨，占全球产量的1/3以上，2010年产值就超过330亿美元，约占巴西GDP的2.3%，约占农业总产值的15%，整个产业链为巴西创造的直接就业岗位在2011年时就达到130万个，间接就业岗位则超过了300万个。当然，巴西生物能源产业的可持续发展还需要面对原油和糖等国际大宗商品的价格变动、各国货币汇率变动等挑战，国内也有对于扩大种植甘蔗土地面积导致亚马逊流域森林砍伐和稀树草原毁坏等生态破坏行为的批评声音，2000～2005年巴西森林面积减少了42%，成为世界上森林破坏最严重的国家。[155]

第四节　美国生物能源产业生态系统演化过程研究

早在1896年，亨利福特就用大豆乙醇启动美国第一辆乙醇燃料汽车，1908年福特T型车就可以使用乙醇、汽油或者按照任何比例调和的乙醇汽油燃料，到了20世纪30年代时，美国中西部就把乙醇作为燃料开始使用，并有2 000个以上的加油站提供含有6%~10%乙醇的汽油，但在第二次世界大战结束后石油价格下跌导致美国乙醇需求量急剧下跌。自20世纪70年代石油危机之后，美国就开始发展生物燃料产业，至今已有30多年的历史，在此期间，美国生物燃料产业从几乎为零重新起步发展，到再次走向辉煌，特别是经历过去十多年的快速发展后拥有世界上最大的燃料乙醇生产规模，2012年美国市场上燃料乙醇销售量超过了140亿加仑。但在此发展过程中，美国生物燃料产业的发展也一直处于变化之中，结合其发展历程和政策变迁，大致可以将这30多年的发展历程分为以下四个阶段。[156]

一、开拓期

1975年，美国开始淘汰含铅汽油，而乙醇可以提高汽油辛烷值，另外，20世纪70年代发生石油危机，在这双重因素的推动下，美国开始重新发展生物燃料，也进入了美国新一轮发展生物燃料的开拓期。

1. 资源条件

首先，美国耕地资源将近20 000万公顷，占世界耕地总面积的13.15%，人均耕地面积0.7公顷，是世界人均耕地面积（0.23公顷）的2.9倍。其次，玉米产量高居世界第一，玉米出口占世界出口总量的2/3。同时，美国由于国内农业生产能力过剩还采取了土地休耕制度，耕地复种指数很低，一旦市场缺少粮食，休耕土地可以恢复耕作。这些农业资源的充分保障，是美国发展燃料乙醇的基础。

2. 政策支持

首先，美国的法案中自20世纪70年代末就开始规定使用一定掺和比例的乙醇汽油，并制定了有关标准，1978年的《能源税收法案》第一次提出乙醇汽油概念，对"乙醇-汽油混合燃料"进行了规定：在汽油中至少添加

10%的乙醇,并且乙醇不能来自汽油、天然气和煤炭。其次,为鼓励私有企业积极参与燃料乙醇生产,就必须以政策措施保证其从事燃料乙醇生产有利可图,美国1980年出台《能源安全法案》,对年产量低于100万加仑的乙醇生产厂商提供100万美元担保额度,与乙醇生产厂商签订购买协议保证最低收购价格,并对从巴西进口的乙醇征收关税,设置贸易壁垒。最后,为鼓励乙醇汽油的使用,政府免除乙醇汽油4美分/加仑的消费税,实际上也就是对燃料乙醇给予40美分/加仑的补贴,随后1983年《地上运输补助法案》将其提高到50美分/加仑,1984年《税制改革法案》则进一步将其提高到60美分/加仑,此补贴是补给燃料乙醇的流通环节,也就是分布在各大城市的生物燃料混配中心,以加快燃料乙醇进入市场的过程。此外,各州政府也出台有关政策,1980年就有25个州对乙醇汽油全部或部分减免货物税,进一步促进了乙醇的生产和消费市场。

尽管1979年美国石油公司刚开始生产燃料乙醇,但美国乙醇当年的产量就达到1 000万加仑,1980年就迅速增加到1.75亿升,1985年则跃升到5亿加仑,生产厂商达到了160多家。

二、调整期

1984年国际原油价格暴跌,这也使得燃料乙醇的成本面对石油明显缺乏竞争优势,政府各种优惠政策也就明显减弱甚至终止,美国燃料乙醇产业的继续繁荣发展就缺少了动力,生物燃料产业进入调整期,尽管20世纪90年代美国出台过有关促进政策,但并没有形成大气候,美国生物燃料在这个阶段实际上没有实质性发展,这种状态一直持续到20世纪末。

1. 原油价格及原料变化

从1985年开始一直到20世纪末,除了1990年第一次海湾战争爆发后数月内原油价格翻了一番外,国际原油价格总体上一直呈下降趋势,期间原油价格从1985年的每桶27美元猛跌至1986年的每桶12美元,第一次海湾战争以后的8年中原油价格更是一直处于下跌状态,1998~1999年掉到每桶20美元以下。

在1988年、1993年和1995年玉米都出现过大量减产(表5-4),玉米价格在1996年曾上涨了一倍,达到5美元/蒲式耳[①],当时大约一半乙醇生产

---

① 在美国,1蒲式耳≈35.2升(公制)。

厂商关闭，163 家厂商中只有 74 家开工（约占 45%），年生产约 5.85 亿加仑。

表 5-4　美国 1984~1999 年玉米种植面积、单产及总产量变化表

年份	种植面积/万公顷	单产/（千克/公顷）	总产量/万吨
1984	2 906.2	6 692	19 447.5
1985	3 027.0	7 219	22 518.0
1986	2 798.8	7 487	20 955.5
1987	2 394.4	7 494	17 943.7
1988	2 359.3	5 306	12 519.3
1989	2 722.3	7 023	19 119.7
1990	2 709.4	7 437	20 150.9
1991	2 785.9	6 815	18 986.7
1992	2 919.5	3 247	24 077.4
1993	2 546.3	6 321	16 095.4
1994	2 950.9	8 697	25 662.9
1995	2 630.4	7 121	18 730.0
1996	2 939.8	7 977	23 452.7
1997	2 940.9	7 952	23 386.7
1998	2 938.2	8 438	27 794.3
1999	2 854.5	8 397	23 971.9

数据来源：F. O. Licht

2. 政策支持

在此期间，美国也出台过一些政策，具体包括：1988 年通过《汽车替代燃料法》，鼓励使用替代能源；1990 年通过《综合性预算调解法案》，将对燃料乙醇的补贴调整下降到 54 美分/加仑；1992 年通过《能源政策法案》，增加了燃料乙醇 7.7% 与 5.7% 这两种添加比例的乙醇汽油，同时把乙醇添加比例高达 85% 的混合燃料作为一种可用的交通能源（简称为 E85），要求特定车队购买以 E85 为燃料的车辆，并出台政策对使用 E85 的车辆及出售 E85 的加油站进行税收减免。但总体上美国没有出台过实质性的刺激燃料乙醇市场加快发展的政策，对于促进生产、技术开发、市场拓展等没有进一步重要举措，基本采取了一个维持性的策略。

3. 市场拓展

与美国在此期间的政策基本一致，美国乙醇市场并没有特别的发展机遇，

1992年《能源政策法案》认可 E85 乙醇燃料作为合法交通能源后，美国汽车集团希望借此机会拓展有关市场。但由于 20 世纪 90 年代初期可以使用 E85 的汽车售价高于汽油汽车，更重要的是公共加油设施严重缺乏，在 1993 年的时候整个美国使用 E85 的汽车还不到 500 辆。E85 汽车发展很缓慢的一个重要原因是美国石油集团强烈反对 E85 的推广，此外，加油站要花费 20 万美元购买一台 E85 燃料加注泵，还要满足各种苛刻的条件。因此，E85 的实施并没有成为燃料乙醇发展的重大机遇。

4. 环境保护

美国由于排放了大量温室气体，国内外有加强环境保护的声音，美国环保政策有所加强。继 1988 年乙醇被规定为汽油添加剂以控制二氧化碳排放后，美国国会 1990 年通过《空气清洁法》修正案要求，39 个一氧化碳排放超标地区从 1992 年冬季开始必须使用含氧量不大于 2.7% 的含氧汽油（相当于添加 7.7% 乙醇），而美国 9 个臭氧超标地区从 1995 年开始也执行上述标准。在这十多年中，乙醇产量虽然总体上有缓慢增长，但乙醇生产厂商一直靠补贴度日，并且乙醇补贴力度有所降低，美国燃料乙醇产业并没有取得实质性发展。

三、扩展期

进入 21 世纪后，由于国际原油价格飞涨，再加上环保压力增大，美国更加重视发展生物能源，生物燃料由此得到迅猛发展，产业进入扩展期，一直持续到 2008 年爆发国际金融危机。

1. 社会经济环境

首先，国际原油价格飙升，从 20 世纪 90 年代末期的不到 20 美元/桶，到 2000 年迅速上升至超过 30 美元/桶，随后总体呈不断上升趋势，到 2008 年时曾一度超过 145 美元/桶。其次，中东地区政治局势始终错综复杂，难以得到根本解决，国际原油稳定供应由此蒙上阴影，美国对自身能源安全产生顾虑。最后，中国等发展中国家工业化速度明显加快，世界能源需求总量快速上涨。这些因素都推动了美国发展替代能源的进程和力度。

2. 政策支持

尽管美国 2001 年和 2003 年分别将乙醇生产补贴调降至 53 美分和 52 美分，除 1998 年通过《21 世纪交通效率法案》，把对乙醇生产补贴延长至 2007

年外，还采取一系列政策促进燃料乙醇产业发展。为有效促进乙醇生产，政府采取减免企业尤其是中小企业所得税、给予新建燃料乙醇企业一次性财政补贴、直接投资乙醇生产企业等措施。2005年美国通过《新能源法案》，包括180亿美元的能源税收减免计划，同时可再生燃料标准规定用燃料乙醇来替代甲基叔丁基醚（MTBE，汽油中的抗爆成分）作为添加物，要求美国汽油销售商销售含有10％乙醇的混合汽油，提出2006年和2012年燃料乙醇销售量分别达到40亿加仑和75亿加仑，自2013年开始每年至少有2.5亿加仑纤维素乙醇的发展计划。美国2007年国情咨文提出"10减20"战略目标，即通过增加可再生能源主要是生物燃料的供应和提高汽车燃料经济标准以在10年内减少国内汽油20％的使用量，相当于每年减少从中东进口石油3/4。2007年美国通过《2007能源独立与安全法案》，将可再生燃料标准比2005年能源法案提高一倍，并提出2022年美国可再生燃料要达到360亿加仑，包括150亿加仑玉米乙醇和210亿加仑非玉米乙醇（其中包含160亿加仑纤维素乙醇），见表5-5。2007年美国能源部拨款3.85亿美元用于支持预期总产能将达到1亿加仑的6家纤维素乙醇项目，同时对纤维素乙醇实行税收抵免1.01美元/加仑的政策，远高于玉米乙醇的45美分/加仑。此外，因巴西甘蔗乙醇生产成本远低于美国玉米乙醇生产成本，为保护国内乙醇企业，美国在一般乙醇进口关税2.5％的基础上将从巴西进口乙醇的关税提高到54美分/加仑。

表 5-5　美国2008～2022年可再生燃料乙醇发展进度表（单位：十亿加仑/年）

年份 项目	2008	2009	2010	2011	2012	2013	2014	2015	2016	2017	2018	2019	2020	2021	2022
普通燃料乙醇	9.0	10.5	12.0	12.6	13.2	13.8	14.4	15.0	15.0	15.0	15.0	15.0	15.0	15.0	15.0
高级燃料乙醇		0.6	0.95	1.35	2.0	2.75	3.75	5.5	7.25	9.0	11.0	13.0	15.0	18.0	21.0
纤维素乙醇				0.1	0.25	0.5	1.0	1.75	3.0	4.25	5.5	7.0	8.5	10.5	13.5	16.0
总量	9.0	11.1	13.05	14.20	15.7	17.55	19.90	23.5	26.5	29.5	33.0	36.5	40.5	46.5	52.0

数据来源：美国可再生燃料协会（Renewable Fuels Assoliation，RFA）

3. 原料稳定性

总体上，美国在这个阶段玉米种植总面积保持了稳中有升，通过技术改进提高了单产量，玉米生产总量也有所提高，见表5-6。但由于乙醇产业的快速发展，更多玉米被用于生产乙醇，见表5-7。2001年，美国燃料乙醇产业消耗了7.07亿蒲式耳的玉米，约占当年美国玉米产量的8.36％，2005年消耗超过16亿蒲式耳的玉米，约占当年玉米总产量的14％，到2008年时消耗超过37亿蒲式耳的玉米，超过当年总产量的30％。

表 5-6　美国 2000～2006 年玉米种植面积、单产及总产量变化表

年份	种植面积/万公顷	单产/（千克/公顷）	总产量/万吨
2000	2 956.5	8 903	26 321.6
2001	2 804.1	8 381	23 500.0
2002	2 805.0	8 157	22 880.5
2003	2 878.9	8 924	25 690.5
2004	2 979.8	10 065	29 991.4
2005	3 039.9	9 287	28 231.1
2006	2 859.0	9 360	26 759.8

数据来源：F. O. Licht

表 5-7　美国 2000～2008 年乙醇产量及玉米用量变化表

年份	乙醇产量/亿加仑	乙醇玉米用量/百万蒲式耳	乙醇玉米占玉米总产量的比例/%
2000	16.3	630	6.5
2001	17.7	707	7.2
2002	21.4	996	10.5
2003	28	1 168	11.4
2004	34	1 323	12.4
2005	39	1 603	14.2
2006	48.8	2 119	18.9
2007	65.2	3 049	23.9
2008	93	3 709	30.8

数据来源：USDA

4. 技术开发

美国政府加大了对研究开发活动的投入。以纤维素乙醇研发为例，由于成本和技术等问题还无法实现大规模商业化，政府加大对纤维素乙醇研发的资金支持力度，希望实现技术突破，美国能源部于 2006 年拨款 3.75 亿美元在田纳西州、威斯康星州和加利福尼亚州建立了三个研究中心，以加速纤维质乙醇和其他生物燃料发展的基础研究，尽早实现规模化生产。2007 年通过《农场法案》，计划投资 16 亿美元主要用于纤维素乙醇的研究和生产，2008 年政府预算中追加 1.79 亿美元用于研究以木屑和柳枝稷为原料生产纤维素乙醇。2007 年联邦政府决定为生产纤维素乙醇的厂商提供 20 亿美元贷款担保以鼓励有关投资。此外，美国 2007 年《新能源法案》提出 2022 年之前要把燃料效率提高 40%，每加仑燃料乙醇能够让汽车和卡车行驶 35 英里[①]。

---

① 1 英里≈1.6 千米。

5. 环境改善

21世纪国际社会对环保问题的呼声日益高涨，2001年《东京议定书》要求世界40多个主要工业国家在10年内将温室气体排放量减少到1990年同等水平，而作为全球温室气体排放量最大的国家美国没有履行《东京议定书》，面对着国内外巨大的舆论压力。由于美国原汽油配方中添加的MTBE对地下水有污染，全国玉米种植商、乙醇生产商及有关组织积极游说政府采用乙醇代替MTBE，燃料乙醇顺势成为最理想的替代品。1999年美国加利福尼亚州空气资源委员会（California Air Resources Board，CARB）规定从2002年12月31日起（后被推迟1年）禁止本地区汽油中使用MTBE，随后纽约州等其他地区也出台相关规定，众议院环境保护和公共工作委员会2000年通过法案要在未来4年后完全禁止使用MTBE。

6. 市场拓展

首先，禁用MTBE使燃料乙醇产业获益，美国乙醇需求大幅度增加，乙醇对MTBE替代的过程见图5-6。其次，E85汽车得到了稳步发展，人们环保意识不断增强，愿意使用E85，美国汽车厂商开发了既可以使用E85又可以使用普通汽油的汽车，并于1996年批量上市，美国汽车厂商同时还向传统加油站所有者提供资助进行E85设备改造，E85加油站愈来愈多，见表5-8。因此，美国E85汽车1999年后发展较快，2000年就达到150万辆，2006年、2008年分别达到500万和600万辆，进一步增加了对燃料乙醇的需求。

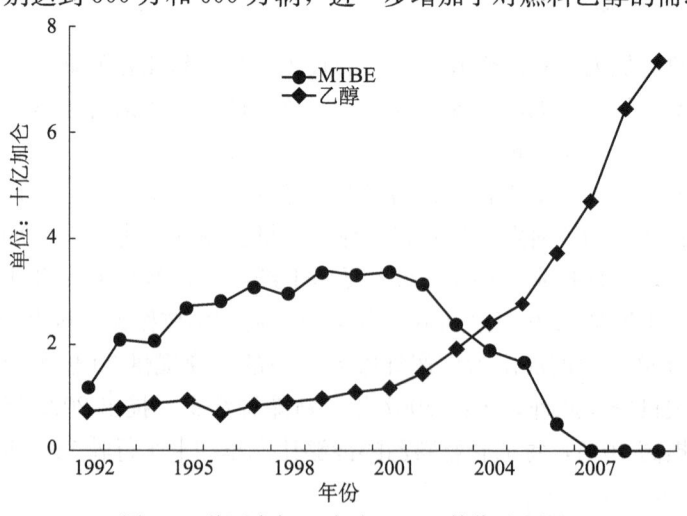

图5-6 美国市场乙醇对MTBE替代过程图

资料来源：RFA

表 5-8　美国 1999～2009 年 E85 加油站总数及分布情况

年份	E85 加油站数量/个	设 E85 加油站的州数量/个
1999	49	15
2000	113	18
2001	154	22
2002	149	22
2003	188	26
2004	200	28
2005	436	34
2006	762	37
2007	1 208	40
2008	1 644	44
2009	1 928	43

资料来源：AFDC

从 2000 年到 2008 年，美国乙醇的产量从 2000 年的 16.3 亿加仑上升到 2008 年的 92.5 亿加仑，2008 年其产量约占全球总量的 53%，已经成为全球生物能源大国。美国积极发展燃料乙醇产业对于 GDP 增加、促进就业、提升能源自主和减轻环境保护压力等方面都起到了积极作用，此外，美国把大量玉米用于生产燃料乙醇并减少粮食出口，客观上增强了其在国际粮食贸易中的主导权和控制权，世界粮食价格上涨也使作为粮食出口大国的美国获得巨大的经济收益。

燃料乙醇在美国投资界也受到了重视，企业投资迅速增加，华尔街的股票投资和风险资本大量涌入，燃料乙醇产能快速提升，实际燃料乙醇生产甚至超过了额定的产能，见表 5-9。乙醇企业上市融资非常热门，美国第二大乙醇生产商 VeraSun 首日上市就受到投资者青睐从发行价格 23 美元涨至 30 美元，成为纽约证券交易所当日涨幅最大的股票，紧随其后的鹰眼控股将其计划融资的数额从 3.5 亿美元提升到 5.2 亿美元。

表 5-9　美国 2000～2008 年燃料乙醇额定产能及其利用情况表

年份	全国额定产能/百万加仑	产能利用率/%
2000	1 749	93
2001	1 922	92
2002	2 347	91

续表

年份	全国额定产能/百万加仑	产能利用率/%
2003	2 707	104
2004	3 101	110
2005	3 644	107
2006	4 336	113
2007	5 493	119
2008	7 888	118

数据来源：RFA

四、二次调整期

从 2008 年爆发国际金融危机后，美国不少乙醇生产厂商被并购甚至出现倒闭现象，美国国内各界对发展生物能源也有不同的声音，美国燃料乙醇工业的进一步发展也面临着诸多挑战甚至困境，非粮燃料乙醇，特别是纤维素乙醇，受到了更多重视，美国生物能源产业也由此再次进入调整期。

1. 替代品及原料供应

国际金融危机爆发后，国际原油价格从 2008 年 7 月的每桶 140 美元狂跌至 2009 年初的每桶 40 美元。玉米价格在 2007 年和 2008 年一路攀升，很多公司在当时签订的玉米合约接近 7 美元/蒲式耳，而到了 2009 年 4 月芝加哥期货交易所玉米价格下降到 3.9 美元/蒲式耳。超过半数的美国燃料乙醇公司在 2008 年年底至 2009 年第一季度之间就出现了股价崩盘，全美排名第七和第八的燃料乙醇生产商先后宣布倒闭，2008 年 12 月美国第二大乙醇生产商——Verasun 公司宣布破产。美国乙醇产业受到重创，损失超过 20 亿加仑（总生产能力为 120 亿加仑）的产能，2009 年燃料乙醇产能利用率从上一年的 118％下降到 88％。

美国乙醇工业目前消耗的玉米占年产量的比例超过了 25％，稳定充足的玉米产量为 2022 年玉米乙醇 150 亿加仑产量的目标奠定了基础，但是对于 360 亿加仑可再生能源总目标，以及美国每年消耗的 1 700 亿加仑汽油和柴油燃料总量来说，纤维素乙醇原料和生物能源原料需要找到更切实可行的办法。

2. 社会环境

BP 公司墨西哥湾漏油大事故对环境的危害也进一步促进石油公司开发使

用生物燃料。但联合国呼吁美国立即暂停政府指令的乙醇生产，联合国粮农组织对美国把大量玉米用于乙醇生产可能产生的后果表示担忧，美国部分州以及肉制品和牲畜行业因为玉米价格不断上升也对燃料乙醇产业发展提出了不同的声音。国际上不少国家，包括如法国、印度和中国在内的G20成员国对美国的乙醇政策表示担忧。

3. 政策支持

美国2009~2011年继续对乙醇燃料生产提供退税补贴和对进口乙醇征收高额关税，每年补贴金额超过50亿美元。美国国家环境保护局（U. S. Environmental Protection Agency，EPA）2010年同意将汽油中乙醇的比例从10%（E10，10%乙醇）提高到15%（E15），但主要限制2007年及其之后的车辆。但美国政府决定自2012年起取消混合燃料生产每加仑45美分的税收抵免优惠以及每加仑54美分的进口关税，这对燃料乙醇产业的运营水平提出了更高的要求。2010年美国总统发布指令要求加快美国生物燃料行业的发展，并成立由美国能源部、农业部和国家环境保护局联合组成的跨机构工作组，工作组发布《发展美国的生物燃料》报告，启动美国发展生物燃料的中长期计划，计划动用国家力量来支持第二代和第三代生物燃料技术的发展，并推动其商业化进程。美国能源部2010年发布《藻类生物燃料技术路线图》，推动了藻类生物燃料商业化研究。

此外，EPA为有效推进可再生能源计划，创建了可再生燃料积分制度，实际上就是创建一套可再生识别编码制度（renewable identification number，RIN）。RIN是一组由38个字符组成的字符编码，用来标记一定数量的在美国生产或者进口到美国的可再生燃料。以燃料乙醇为例，当生产或进口乙醇时需要申报以获得相应数额的RIN积分，当乙醇被销售时，RIN积分的所有权随之转移给下游买方。通常来说，购买生物乙醇的是燃料乙醇的混合中心或销售商（EPA将其称之为义务主体），EPA每年根据汽油销售总量及可再生能源发展目标测算出汽油中所含乙醇的比例，由此各义务主体可以计算出自己需要获得的RIN积分数额，结余的RIN积分可以在下一年使用，不足的RIN积分可以延迟到下一年偿还但也必须在下一年偿还，RIN积分创建后在下一年年底后就失效，并且各义务主体使用上一年RIN积分的比例不得超过20%。美国还创建了RIN积分交易制度，允许义务主体和其他各方交易RIN积分，EPA专门建立了一个调试交易系统（EPA moderated transaction system，简称EMTS），用来管理和跟踪RINs的交易。EPA则可以通过统计各义务方上缴的 RINs 的数量了解每年的可再生燃料的使用量。值得一提的是，EPA 为不同生物燃料规定了不同的比例，并且不同可再生燃料所获得的 RIN 积分是不一样的。[157]

4. 市场拓展

美国乙醇产量不断趋高但增速下降，主要原因是美国市场 E10 汽油已趋饱和。E85 汽油消费虽然有所增加，但美国只有 1 500 多家 E85 加注站，数量太少使得 E85 汽车用户加油不方便，导致 E85 难以进一步扩大规模，这也使得机动车用乙醇汽油的份额很低。EPA 2010 年同意启用 E15 的汽车数量占当年美国汽车总数的 18%，但在 5 年内将增加到超过 1 亿辆车辆，E15 直接增加了 50% 的燃料乙醇消费量。虽然多家乙醇生产商获得 EPA 的 E15 汽油销售许可，E15 目前销售量还比较有限，主要是涉及汽车保修期、加错油的风险、基础设施成本高和目前市场需求小难以在短期内引起有关商家的重视等问题。

值得一提的是，EPA 曾提案建议美国政府削减纤维素乙醇生物燃料强制任务，美国 2012 年纤维素乙醇的强制目标消费量降至 345 万～1 290 万加仑，而在 2007 年制定的 2012 年目标消费量是 5 亿加仑，差距如此巨大的主要原因是目前美国纤维素乙醇产量难以满足可再生燃料标准计划（National Renewable Fuel Standard，RFS）目标，产量增速较慢的主要原因是目前生产成本较高，政府支持力度还不够。

5. 技术开发

用瑞士先正达公司研发成功的具有淀粉酶特质的玉米种子可以种植"乙醇玉米"，以此为原料可生产出更多的乙醇，美国农业部 2011 年同意对用于生产乙醇的转基因玉米完全解除管制，此举标志着企业专门为多产乙醇推出的生物技术作物在美国首次获得批准。弗吉尼亚州欧塞奇生物能源（OBE）公司于 2010 年着手开发冬季大麦乙醇作为先进生物燃料，将利用冬季大麦生产乙醇和高价值的联产品以供应东海岸市场。美国清洁能源投资（CEC）公司 2010 年在加利福尼亚州投资 5.75 亿美元开发第一套大型商业化规模甘蔗乙醇炼制厂，生产乙醇将符合该州的低碳燃料标准。

6. 产业生态化

美国在燃料乙醇产业布局上注意克服生物能源产业分散性带来的问题，

将玉米种植、乙醇生产和产品消费等产业链的各个环节统筹考虑，以更好地实现产业生态化，图 5-7 展示了美国目前 211 个在产的乙醇生产厂和 8 个在建的乙醇生产厂在各州的分布情况，表 5-10 展示了截止到 2012 年年底生产乙醇能力排前六名的各州生产数量之和超过了美国乙醇生产总量的 70％，其中，爱德华州的乙醇产能超过了美国乙醇生产总量的 1/4。

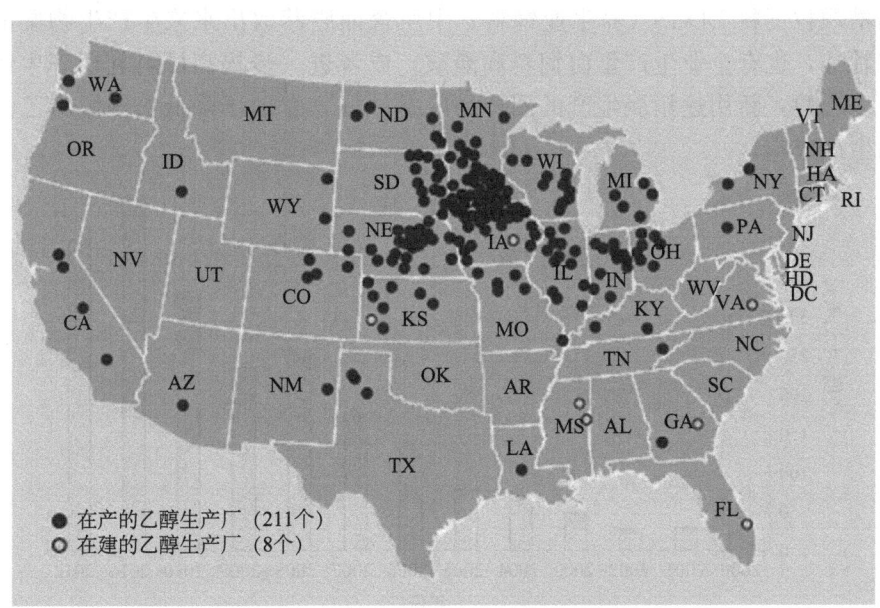

图 5-7　美国生物乙醇生产项目分布情况图

资料来源：RFA，2013

表 5-10　美国生物乙醇生产主要地区分布情况表

	额定产量/百万加仑	占总量比例/％	实际产量/百万加仑	占总量比例/％
爱德华州	3 848.0	25.93	3 843.0	28.86
内布拉斯加州	2 058.0	13.87	1 744.0	13.10
伊利诺伊州	1 412.0	9.52	1 374.0	10.32
印第安纳州	1 148.0	7.74	826.0	6.20
明尼苏达州	1 147.1	7.73	1 010.6	7.59
南达科他州	1 016.0	6.85	1 016.0	7.63
合计	10 629.1	71.64	9 813.6	73.70
美国生产总量	14 837.4	100	13 317.9	100

数据来源：RFA，2013

7. 新用途拓展

乙醇生产企业为更好地降低成本，同时实现产业生态化，积极开发副产品，在过去十几年中生物乙醇产业中副产品的产值规模快速提高，见图5-8。为了进一步提高综合经济效益，美国企业用溶剂将燃料乙醇副产品干酒槽颗粒饲料 DDGS（养牛业饲料）中所含油脂萃取出来来生产生物柴油和甘油，也有企业生产蛋白饲料和醋酸，或者进一步提高原料利用率生产更多乙醇。新用途拓展生产的副产品收益较好，有助于降低美国燃料乙醇的生产成本。

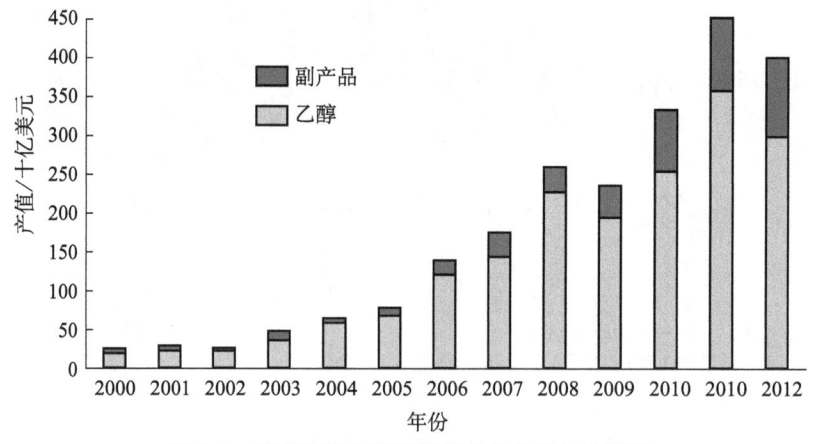

图 5-8 美国生物乙醇及其副产品产值变化情况

资料来源：RFA

8. 国际合作

美国乙醇产业随着建立了发展优势，也更加注重国际合作。一方面，由于乙醇生产成本下降和国内市场阶段性饱和，美国乙醇出口量明显增加，2010年美国乙醇出口总量达到3.97亿加仑，几乎比2009年增加了4倍。尽管巴西是美国在乙醇产业发展方面最大的竞争国，但巴西乙醇生产的原料甘蔗因自然灾害影响而将面临减产的危险，巴西国内灵活性燃料交通工具的使用不断增加对燃料乙醇的需求非常大，巴西在未来数年内都首先要满足国内不断增长的需求。此外，美国和巴西签署乙醇燃料合作备忘录，决定建立战略联盟，寻求建立燃料乙醇的全球生产标准，共同推动乙醇燃料在国际市场上的推广和应用。

尽管美国发展燃料乙醇取得巨大进步，有效降低了美国石油需求的对外依存度，见图 5-9。但相对于其发展目标，还面临纤维素乙醇生产成本高、关键技术需要突破、对世界粮食市场可能产生的巨大影响等现实问题，这些问题都有待解决和探索。

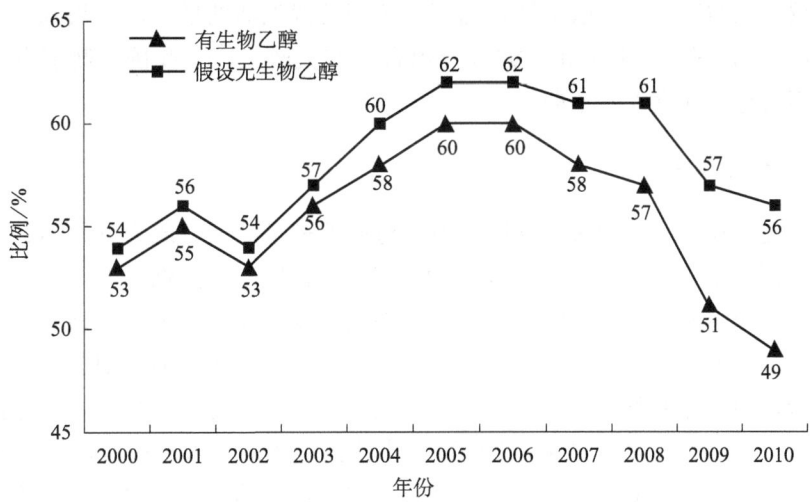

图 5-9　美国石油对外依存度变化及对比情况

资料来源：RFA and 美国能源信息局（Energy Information Administration，EIA）

第五节　我国生物能源产业生态系统演化过程研究

20世纪90年代末，我国开始以陈化粮为主要原料生产生物燃料。"十五"时期是我国生物液体燃料产业的真正起步阶段，主要是国家推动建设了陈化粮燃料乙醇生产项目、在局部地区开展了车用乙醇汽油试点工作。另外，一些民营企业陆续建设了以废油为原料的小规模生物柴油项目。"十一五"以来，国家倡导以非粮农作物为原料开发为主，许多企业包括一些大型企业积极投身非粮生物液体燃料产业，加大技术研发、原料基地和生产项目建设力度，对非粮生物液体燃料产业的形成和发展产生了一定的推动作用。我国生物能源产业实际上已经经历了一个"试之以粮、发之非粮"的历程。[158]由于我国生物能源产业发展的时间还不长，十多年的发展历程可以分为开拓期和调整期两个阶段。

一、开拓期（"十五"阶段）

早在20世纪80年代我国就调查了能源作物资源的有关情况，后来中国科学院等有关单位在调查研究的基础上提出了利用能源作物生产燃料乙醇作为可替代能源的有关建议。到20世纪末，我国能源供应压力大，粮食连续多年丰收，陈化粮积压量大，因此，有关用陈化粮作为原料来生产燃料乙醇这一建议很快被采纳并付诸实施，随即，车用乙醇汽油的推广使用被列入我国"十五"发展纲要，国家和地方政府出台了有关政策。[158]我国生物能源产业生态系统也由此进入开拓期。

1. 社会环境

首先，随着经济的快速发展，中国对原油需求猛增，成为世界第二大石油进口国，2003年、2004年中国原油进口量比上年分别增加了31.3%、34.8%，国内能源生产结构不合理特别是电力发展在当时经常出现空档以致影响经济发展，国内迫切需要拓宽能源供应渠道。其次，随着中国能源消耗的大量增加，导致温室效应气体排放量剧增，环保问题日益显现，国际国内舆论压力也逐渐变大，国内有发展可再生清洁能源的需求。最后，20世纪末我国连续数年粮食丰收导致农民卖粮难，粮食价格偏低导致农民增收难，国家没有建立粮食轮换机制出现大量陈化粮，粮食管理成本极高，黑龙江、河南等省的粮食管理费用都达到了数十亿元。

2. 原料稳定性及资源潜力

20世纪末国家粮食连续多年大丰收，大量粮食卖不出去，有些粮食甚至已积压7年不能再食用，当时全国各地陈化粮总量较大，并且还在不断增加，如河南省每年估计要积压400万吨的粮食。随着粮食价格在市场上放开，国内陈化粮交易机制更加完善，2002年12月全国处理陈化粮165万吨以上，因此，用于生产燃料乙醇的陈化粮资源应该是充足的，并且是可行的。

3. 政策支持

20世纪90年代我国开始对以甜高粱、小桐子为原料来生产生物燃料展开研究，"十五"期间重点加强了粮食燃料乙醇的开发研究。我国制定陈化粮乙醇生产政策，规定燃料乙醇必须由国家批准的定点生产企业供应，车用乙醇汽油必须由中石油和中石化两家企业负责生产供应，同时采取了与汽油联动价格政策、定额补贴及系列税费优惠等政策来保障燃料乙醇生产企业的利益。从2001年开始，国家投资50余亿元，批准全国建立4个以消化陈化粮为主要目标的燃料乙醇企业，包括吉林燃料乙醇有限责任公司、河南天冠集团、安徽丰原生物化学股份有限公司和黑龙江华润酒精有限公司,除天冠集团以小麦为原料外,其他三家均以玉米为主要生产原料,总生产能力102万吨,由于还有部分酒精和氨基酸生产企业也能够生产燃料乙醇,全国燃料乙醇的生产能力实际上大于这4家企业的生产能力。此外,国家出台了定向处理陈化粮的相关规定和政策,这部分陈化粮全部按有关规定定向销售给了酒精、饲料企业。国家2001年和2004年还分别发布了《变性燃料乙醇》和《车用乙醇汽油》标准。

4. 市场拓展

2004年国家发改委、财政部等八部委联合下发《车用乙醇汽油扩大试点方案》和《车用乙醇汽油扩大试点工作实施细则》,在中国部分地区开展车用乙醇汽油扩大试点工作。河南、吉林、黑龙江和安徽首先在全省范围内推广使用乙醇汽油,后来又扩展到了辽宁全省,以及湖北、河北、山东和江苏的部分地市。在开展乙醇含量为10%的乙醇汽油销售试点的9个省中,乙醇汽油已占汽油消费总量的20%,见表5-11。

表5-11 我国燃料乙醇企业生产销售情况

企业名称	投产年份	生产原料	年产量/万吨	销售范围
吉林燃料乙醇有限责任公司	2003	玉米	30	吉林(10万吨)、辽宁(20万吨)
河南天冠集团	2001	小麦	30	河南(13万吨),其余销往湖北9地市和河北4地市
安徽丰原生物化学股份有限公司	2005	玉米、马铃薯	32	安徽(10万吨),其余销往山东7地市、河北2地市和江苏5地市
黑龙江华润酒精有限公司	2000	玉米	10	黑龙江

资料来源:中国国家能源局

2006年我国进一步扩大燃料乙醇总产能到132万吨,生产销售132万吨燃料乙醇,并在此基础上销售了1 544万吨乙醇汽油。我国也成为继美国和巴西之后的世界第三大燃料乙醇生产国。

二、调整期("十一五"阶段以来)

随着陈化粮逐渐消耗减少,原料问题日益突出并成为燃料乙醇产业持续发展的瓶颈问题,同时国内对于粮食安全的担忧和呼声使得国家调整了产业发展方向，生物能源产业也进入了调整期。

1. 原料稳定性

随着国家不断深入改革粮食管理体制机制，对粮食管理涉及的包括收购、储存、轮换等方面的有关制度都进行了调整和完善，特别注意对库存粮食进行适时轮换，此外国家新建了大量现代化粮库，并对"四合一"新储粮技术进行推广应用，这也使得库存粮食质量完好率明显提高，陈化粮数量因此大为减少，燃料乙醇公司转而收购正常的粮食来进行生产，从而增加了粮食市场供需压力。另外，从国际上看，一方面，美国等国家在2006年（我国进入"十一五"）后进一步发展生物能源，加大了对粮食的需求；另一方面，全球主要粮食出口区域出现了一系列的自然灾害，影响了产量和出口，如俄罗斯、乌克兰等小麦主要出口国遭遇高温干旱天气减产近三成，加拿大降雨过量导致其西部小麦减产量达到17%，印度粮食库存管理不善导致近1 000万吨小麦和大米腐烂，在上述因素的驱动下，部分主要粮食出口国实施出口管制，同时国际粮价大幅度上扬。因此，对于我国这样一个人口大国来讲，在粮食供应存在风险的情况下，有限的粮食资源和日益提高的粮食价格显然难以满足燃料乙醇产业希望持续扩大的生产规模。

非粮燃料乙醇的原料一度以木薯为主，但由于我国木薯供应更多的是从泰国、越南等国进口，其中泰国更是占据了80%的份额，而泰国近年来加大了对其的出口限制，价格也不断升高，不仅木薯乙醇生产企业难以承担，更使得木薯乙醇与玉米乙醇相比都失去了成本优势。

2. 政策支持

各地2006年向国家发改委申报的生物燃料乙醇建设意向的生产能力总合超过1 000万吨/年，这进一步导致对燃料乙醇产业可能影响粮食安全问题的担心，并使得相关产业政策出现重大调整。2006年国家发改委等部门发布《关于加强生物燃料乙醇项目建设管理、促进产业健康发展的通知》和《关于暂停玉米加工项目的紧急通知》，要求生物燃料乙醇产业坚持以非粮为主，积极妥善地推动产业的发展。2007年国务院正式叫停新增玉米制乙醇项目，并明确燃料乙醇产业"不得占用耕地，不得消耗粮食，不得破坏生态环境"的发展原则。同年，国家发改委出台《关于促进玉米深加工业健康发展的指导意见》，明确了不再建设以玉米为主要原料的新燃料乙醇项目；农业部也制定了《农业生物质能产业发展规划（2007—2015年）》，明确能源作物的开发应该以"不与人争粮、不与粮争地"为前提,农业生物能源产业应注重利用农业废弃物及甘蔗、甜高粱、木薯等能源作物,保障国家粮食安全是农业发展的首要任务。

国家有关部门也出台了促进生物燃料产业发展的有关政策。国家发改委2007年颁布了《可再生能源中长期发展规划》,提出我国2020年生物燃料乙醇年利用量达到1 000万吨、生物柴油年利用量达到200万吨,以每年替代约1 000万吨成品油的阶段性发展目标。此外,为解决原料不足的问题,国家出台了对符合相关要求和标准的林业原料基地和农业原料基地进行补助的政策,补助标准分别为200元/亩①和180元/亩。

3. 技术开发

许多企业和科研机构积极开展非粮燃料乙醇的相关研究。我国开发薯类、甜高粱等能源植物生产燃料乙醇技术取得实质性进展:木薯和甘薯乙醇技术实现了商业化应用;甜高粱乙醇技术已开发出高品质杂交种籽,发酵工艺和技术达到实用水平,在黑龙江和内蒙古建设了年产数千吨乙醇的示范装置。我国在纤维素乙醇技术的研究开发上也开展了一定工作:在研究方面,清华大学和山东大学对纤维素原料转化乙醇关键生产技术开展了深入研究,我国木质纤维素乙醇技术在原料预处理、纤维素转化等方面有明显进展;在开发方面,山东龙力生物科技股份有限公司、吉林燃料乙醇有限公司、河南天冠集团等不少公司也启动纤维素制乙醇示范项目,在黑龙江、河南和山东等地建成年产数百吨和数千吨乙醇生产示范装置。[159]

4. 市场拓展

随着经济发展和汽车保有量不断增加,我国石油消费保持较高增长速度,2010年中国成品油需求量达到将近2.2亿吨,交通领域汽油需求量达到将近9 000万吨,以混合汽油10%的乙醇添加比例来计算,市场至少需要1 000万吨左右的乙醇。此外,2008年广西开始在全境封闭销售、使用车用乙醇汽油,成为我国第10个推广使用车用乙醇汽油同时是第一个推广使用非粮原料车用乙醇汽油的省份。但是,市场中乙醇生产总量并没有明显的变化(表5-12),其中燃料乙醇的生产水平更是变化甚微:一方面,受限于原料限制和政策限制,粮食乙醇市场情况总体变化不大;另一方面,尽管广西2007年建成

---

① 1亩≈666.7平方米。

年产 20 万吨木薯乙醇项目，但由于原料成本不断趋高，再加上缺少足够的支持，导致资金周转困难，不少木薯乙醇企业降负生产甚至停产，运行举步维艰，难以取得实质性发展。国家发改委 2007 年提出的 2010 年达到增加非粮原料燃料乙醇年利用量 200 万吨的目标仅仅完成了 10%。

表 5-12　中国燃料乙醇 2007～2012 年生产量情况

年份	产量/百万加仑
2007	486.00
2008	501.90
2009	541.55
2010	541.55
2011	554.76
2012	555.00

数据来源：RFA 和 F.O. Lichts

总体上来说，"十一五"以来是我国发展生物液体燃料产业的转型期，中国生物燃料发展进一步明确了发展方向，由以粮食为原料转变为"非粮"，在技术开发、资源和政策等方面进行一系列调整，以实现该产业的健康、可持续发展。

第六节　案例研究的启示

在生物燃料发展热潮中，美国、巴西在产量、产能、市场、技术等方面都有领先优势，两国生物燃料产量占世界总产量的 3/4 左右，在生物燃料发展方面都有明确发展规划和相应政策措施，在可预见的未来也将对世界生物能源产业发展产生重大影响。了解美国、巴西的生物能源产业演化历程，有助于把握世界生物能源产业的总体发展情况和演化趋势。通过对美国、巴西生物能源产业演化过程的分析和总结，我们发现国际生物能源产业演化过程具有自身的规律和特点。下面我们将结合第四章中产业生态系统的概念与构成，基于生态学角度，从内生系统、外生系统、共生系统三个角度分析生物能源产业生态系统的演化规律和特点。

第一，生物能源内生系统，包括生物能源一次开发及其二次加工在内的生物能源产品生产系统，其演化动力和特点主要是在资源具有可持续发展条件的基础上，产业发展初期主要通过政府政策支持推动，中长期则主要通过技术创新不断降低生物能源产品成本和原料消耗，推动产品升级以提升产品综合性竞争力。

一方面，以甘蔗、玉米、小麦等糖和淀粉为原料的燃料乙醇生产技术具有长期的工业化应用经验，其产品与现有车用燃料及发动机可以良好兼容，都已经实现商业化、大规模的生产应用。具有优越气候条件和丰富原料的国家一般占据先天优势容易实现较低的生产成本，此外过去几十年政策体系的不断调整和完善、生产全过程各环节的技术水平持续改进及不断累积的规模和范围经济效益推动传统生物燃料生产成本明显下降。巴西甘蔗乙醇的成本很有优势，在石油价格为40~50美元时燃料乙醇企业就能够提供在市场上与汽油竞争的产品，而美国玉米乙醇企业能够在石油价格为70~90美元左右时提供燃料乙醇产品，与世界其他国家相比都有比较明显的优势。但是近年来随着粮食价格快速提高，传统生物液体燃料竞争力又明显减弱。另一方面，国际生物燃料产业积极酝酿向非粮原料转型，升级技术大力发展二代生物燃料纤维素乙醇，为生物液体燃料的扩大生产应用开辟了广阔道路。纤维素乙醇发展较快，发展前景比较乐观，包括美国、巴西等生物能源强国也特别重视发展纤维素乙醇并取得良好进展。但是，纤维素乙醇商业化应用目前仍面临原料转换复杂、固定投资成本高、纤维素酶成本高、原料利用率和乙醇产出率低等瓶颈问题，有机构测算过相同生产规模条件下纤维素乙醇所需投资是玉米乙醇的7~8倍，因此，需要政府和产业界提供更多的投资和支持，才能降低投资和运行成本，提高原料利用率和总体经济效益，为生物液体燃料进一步扩大生产和应用开辟出更大空间。

第二，生物能源外生系统主要是生物能源消费市场，其演化的主要特点是生物燃料消费市场与石油市场、粮食市场的"一体化"，三者之间具有联动传导机制，主要体现在生物能源原料供给的稳定性和生物能源消费的可持续性上。从短期来说，生物燃料市场的演化趋势和过程很大程度上将受到石油市场和粮食市场变化的影响，彼此相互影响并保持动态均衡；从长远来说，生物燃料市场的演化方向及结果与石油市场、粮食市场的演化方向及结果有重要关联。

一方面，生物燃料乙醇和用于交通燃料的汽油彼此之间存在互补性关系的同时也存在替代性关系。在规定燃料乙醇混合比例较低的国家，燃料乙醇和汽油更多的是互补性关系，市场对生物燃料乙醇的需求会随着汽油销售量的提高而不断增加。但在燃料乙醇混合比例较高的国家，二者之间的替代性比较强，燃料乙醇又可以成为汽油的替代品，燃料乙醇和汽油的销售在市场上会存在竞争关系，两者的成本和价格的关联性更强。因此，生物燃料市场与石油市场密切相关，生物燃料价格与国际原油价格高度相关。另一方面，生物燃料市场与粮食市场密切相关，因为目前世界多国生物燃料的主要原料是玉米、小麦等粮食，而原料成本在生物能源产品总成本中所占比例较高，特别是燃料乙醇中原料生产成本超过总成本的50%，因此，发展生物燃料导致对粮食需求量增加，从而促使农产品价格上涨甚至引起粮食危机，这又反过来提高生物燃料的原料成本，降低生物燃料生产厂商的利润，从而对生物燃料产业的发展产生消极作用。[160] 此外，燃料乙醇市场还受到国际贸易、国内经济形势等的影响。

在过去的十多年中，美国的玉米、汽油和燃料乙醇的市场价格呈现出高度相关性，燃料乙醇与汽油价格走势基本一致，甚至价格增长幅度也差不多，考虑到单个产品市场价格变化影响传递到其他产品市场并产生相应的价格反应有时需要一定的时间差这个因素，燃料乙醇和汽油价格充分证明了其高度相关性。燃料乙醇产业扩张和粮食市场需求增长共同加剧了对玉米需求的增加，玉米价格在过去数年中价格上升比例更高一些。实际上，玉米、汽油和燃料乙醇的市场价格会受到经济形势、国际市场变化、补贴政策、关税调控等诸多因素的影响，见图5-10（选取了关键时间节点有关数据绘制）。巴西2003年以后推广使用灵活燃料汽车使得乙醇与汽油价格二者呈现出很强的正相关关系，随着巴西灵活燃料汽车数量的大量增加，汽油和乙醇价格正相关关系就越强。乙醇需求增加在提高乙醇价格的同时也和糖加剧了对原料甘蔗的需求，糖的成本和价格也相应提高，因此，乙醇价格和糖价也产生了高度正相关关系。[160]

第三，生物能源共生系统主要指内生系统和外生系统所处的生态环境，其演化动力主要体现在进一步平衡化石能源消耗和不断减少温室气体排放的需求推动方面，这也是实现生物能源产业生态内生、外生、共生系统健康和谐可持续发展的基础。

20世纪80年代以来，国际社会开始关注生物液体燃料在整个生产使用过程中的能源产出效益，即最终生物液体燃料产品提供的能量能否超过其原料及产品在生产、转换和运输全过程的化石能源投入（两者的比值称为化石能源平衡系数）。20世纪90年代后随着对气候变化问题的高度关注，国际社会包括各国政府也开始关注生物燃料在整个生产使用过程中是否减少了温室气体排放量。国际上普遍运用生命周期分析方法研究评价生物液体燃料的能量效益和温室气体排放影响，虽然仍然存在不同的声音，但随着对各种生物液体燃料

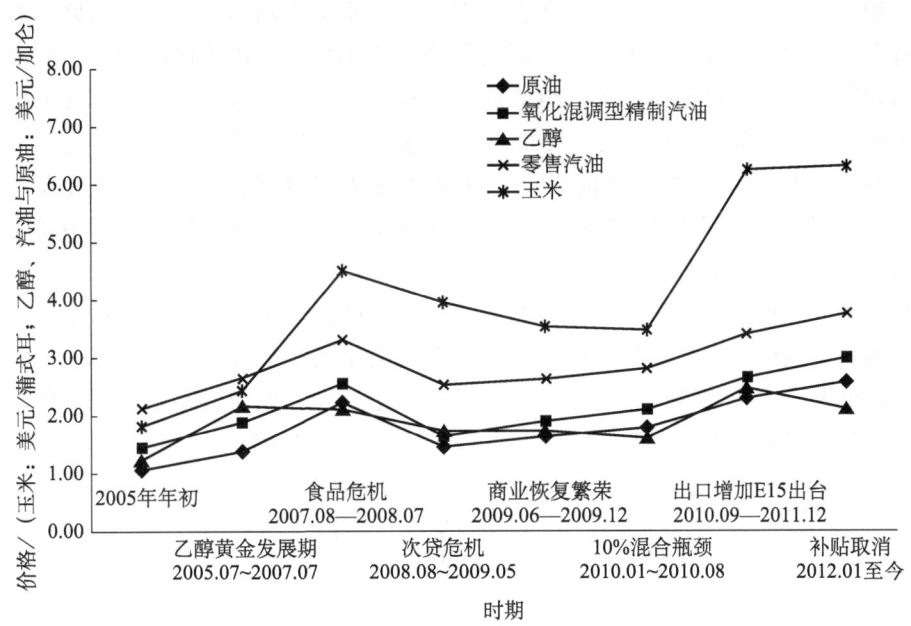

图 5-10 美国市场原油、乙醇、汽油与玉米价格 2005 年以来走势图
资料来源：DOE 和 USDA

相关效果研究的系统开展，发现大部分生物燃料乙醇具有一定的能量效益和减排温室气体效应，但采用不同原料生产生物燃料乙醇的能量效益和减排温室气体效应实际上存在很大差异，二代燃料乙醇和一代燃料乙醇相比有更好的相关表现，一代燃料乙醇中甘蔗乙醇也远胜于玉米乙醇，见表 5-13。

表 5-13 不同生物燃料乙醇的能量和环境效益评价情况

原料	化石能源平衡系数	温室气体减排率/%	LCA 单位能量产出/（吨油当量/公顷）	LCA 单位二氧化碳减排量/（吨公顷）
玉米	1.03～1.67	12～32	0.05～0.70	0.76～2.02
甘蔗	3.14～8	67～75	2.38～3.06	8.48～9.49
甜菜	1.25～2	31	0.58～1.46	3.27
小麦	1.35～2	45	0.38～0.73	2.37
木薯	1.6	—	0.87	—
纤维素	2～36	70～110	2.12～4.11	10.73～16.85

资料来源：国家再生能源实验室（U.S. National Renewable Energy Laboratory，NREL）

此外，通过对巴西和美国案例的研究，同时结合我国发展情况，我们发现，在生物能源产业系统的演化过程中，有几个因素起到非常重要的作用，主要包括以下三个方面。一是生物能源供给系统的稳定性，即资源禀赋条件及相关生产政策,例如,巴西和美国都具有丰富的生物质资源;巴西联邦政府专门成立了多部门的生物质能源委员会;美国建立了由美国能源部、农业部和国家环境保护局三个部门组成的跨机构工作组等,负责制定综合性的国家生物燃料政策;两国还为此专门出台国家发展战略,例如,1975年巴西实施的《国家乙醇计划》是世界上最大的化石燃料替代方案,美国发布了《2007—2017年生物质发展规划》。二是生物能源消费的可持续性,即消费市场的拓展、能源消费政策的支持、环境的改善对于产业的发展和演化至关重要。例如,税收激励是巴西生物燃料乙醇发展的重要手段,主要包括给予弹性燃料车辆低于汽油燃料车辆的税收,以及给予乙醇加油站税收优惠。三是生物能源产业中关键种企业,其技术发展水平、创新能力、经营状况、创新投入与产出对于整个生物能源产业生态系统的演化也起到非常重要的作用。

第七节 小 结

产业生态系统与自然生态系统一样会不断发展和演化,其动态演化过程一般可分为开拓期、扩展期、成熟期、重塑期四个阶段,不同阶段之间还可能伴随有调整期,产业生态系统在演化的不同阶段具有不同的特征和核心任务,主导系统演化的关键因素也有差异。产业生态系统演化机制可以从两个角度来讨论。首先是内部机制和外部机制共同作用的结果。内部机制是自组织作用,自组织作用包括了竞争和合作,竞争是根本动力,合作起稳定演化方向的作用;外部机制主要是指环境选择,包括来自其他产业生态系统的影响、社会经济文化因素变化和自然界变化等几个方面,经过环境检验其是系统演化的必要条件。其次,可以从关键要素推动产业生态系统演化的动力角度来讨论,其机制是内生系统——基于经济效益提升的产业生态系统演化,外生系统——基于成本推动的产业生态系统演化,共生系统——基于环境效益改善的产业生态系统演化。此外,还分析总结了巴西、美国和我国生物能源产业生态系统的演化历程,巴西和美国生物能源产业生态系统在四个不同阶段的动态演化是自组织和环境选择相结合也就是内部机制和外部机制共同作用的结果,其中,内部机制包括企业技术研发能力的不断加强、产品经济效率的提升,外部机制包括自然资源禀赋条件、环境政策及产业政策支持、消费市场的不断拓展、环境改善等方面,同时从内生系统、外生系统、共生系统的角度分析两国生物能源产业生态系统的演化规律和特点。

第六章 生物能源产业生态系统评价体系的构建

从现有研究来看,我国对于产业生态系统健康性评价的研究还不够系统和深入,特别是对战略新兴产业生态系统相关问题更是缺少相关研究。同时,通过构建生物能源产业生态系统评价体系,有助于对我国生物能源产业进行更加客观、全面的分析,对该产业的发展有现实意义。由于产业生态系统也是一种生态系统,所以可以借鉴生态系统健康性理论来研究产业生态系统健康性问题。

在本章中,首先对产业评价、产业系统评价和产业生态系统评价体系指导思想和原则进行系统梳理和总结;其次,在对生态"健康性"丰富含义进行解释的基础上探讨产业生态系统的健康性内涵;最后,提出产业生态系统健康的概念之后对衡量产业生态系统健康性的评价指标体系进行设计,提出相应的方法、原则和指标,并进一步构建生物能源产业生态系统健康性评价模型和关键种企业成长性评价模型,继而利用模型对中国的生物能源产业生态系统健康性进行评价分析。

第一节 生物能源产业生态系统评价的必要性

首先,生物能源产业生态系统评价是产业生态系统管理中非常重要的组成部分。产业生态系统与自然系统的一个非常重要的差别就在于前者的参与主体是具有强烈意识来干预或改进系统运行状况的人,生物能源产业生态系统本身也是由人设计和创造出来的。要想实现对系统演化过程及演化方向的正确干预，进行客观准确的评价并搞清楚系统的实际状况是基本前提。

其次，我国生物能源产业生态系统的形成时间还不长，即使是巴西、美国的生物能源产业生态系统发展时间也就短短30多年。尽管目前对于不同原料的能量效应和减排效果开展了生命周期分析，但还缺少对整个产业生态系统的评价开展相关研究。而对系统开展全面系统的评价，判断系统是否处于健康良好的运行状态，既有利于及时总结系统发展历程中的经验以便固化推广，也有利于及时发现存在的问题并进行调整，以实现系统更良性的发展。

最后，多国生物能源产业生态系统演化过程并不是一帆风顺的，系统发展会遭遇调整期，并且我国生物能源产业生态系统正值调整期，国际和国内对于该系统的发展方向及规模持有不同的态度和声音。生物能源产业生态系统面临的外部环境非常复杂，我们迫切需要建立一套相应的评价体系来全方位衡量产业发展状况，这不仅有利于客观把握生物能源产业的发展态势，更有利于从宏观上优化系统的外围环境，从长远角度切实保障系统的可持续发展能力。

第二节　战略性新兴产业生态系统评价的重点及原则

战略性新兴产业是引导未来经济社会发展的重要力量，发展战略性新兴产业已成为世界主要国家抢占新一轮经济和科技发展制高点的重大战略。生物能源也被国家纳入战略性新兴产业的重点发展方向之一。根据有关资料，战略性新兴产业是以重大技术突破和重大发展需求为基础，对经济社会全局和长远发展具有重大的引领带动作用，知识技术密集、物质资源消耗少、成长潜力大、综合效益好的产业。从概念出发，战略性新兴产业生态系统要实现其历史使命和既定目标，对战略性新兴产业生态系统开展评价需要重点关注以下内容。

一、系统的成长性

国家明确从财政、税收、金融等方面出台系列政策扶持战略性新兴产业发展，并制定了极有挑战性的目标：2015年战略性新兴产业增加值占国内生产总值的比重达到8%左右，2020年战略性新兴产业增加值占国内生产总值的比重达到15%左右，再经过10年左右，战略性新兴产业的整体创新能力和产业发展水平要达到世界先进水平。战略性新兴产业在产业规模、产品功能、技术发展、就业机会等方面应有巨大的成长空间。因此,战略性新兴产业生态系统的评价要特别注重系统的成长性指标。

二、系统的可持续性

发展战略性新兴产业的背景是我国的国情现状,即我国在人口多、人均资源少、生态环境脆弱等不利条件下希望加快工业化和城镇化发展,改善民生的任务艰巨,资源环境压力很大。可以说,战略性新兴产业本身就是国家为实现可持续发展、促进资源节约型和环境友好型社会建设的产物。同时,战略性新兴产业生态系统的发展面临着诸多挑战,一方面面临着国内企业技术创新能力不强,国内财税、市场、投融资等政策法规体系和体制机制不完善等突出问题,另一方面战略性新兴产业往往是世界各国战略必争产业,面临着与国外相比差距较大、发达国家已在全球构建了严密的专利技术网并占领了市场主要份额等发展障碍。因此,战略性新兴产业生态系统的评价应把其可持续发展性作为重要内容。

三、系统的影响力

战略性新兴产业生态系统发展的意义不是仅仅局限于该产业内部,更重要的是其长远的和外在的影响,对我国提升国力在国际上构建竞争新优势、掌握发展主动权,在国内推进产业结构升级、加快经济发展方式转变等都有重要影响。战略性新兴产业强调自主创新,辐射带动力强,对于带动传统产业转型升级、配套产业成长、创造新的经济增长点、创造就业等方面都具有重要的影响,对于引导资金投放、人才吸引和技术发展等具有导向作用。因此,战略性新兴产业生态系统评价体系应该关注系统对外部环境的影响效应。

由于战略性新兴产业的发展时间比较短,我国相应的战略性新兴产业生态系统还处于演化过程中的早期阶段,系统功能还很不完善,系统价值链还比较短,价值体系还没有成熟,与外部环境的相互作用还在调整变化中,同时有关数据材料还难以全面准确获得,因此,对于战略性新兴产业生态系统的评价要避免面面俱到、追求建立过于全面的评价指标体系,而应根据实际情况选择关键指标开展评价以求实效。乔芳丽等提出战略性新兴产业评价构建应遵循目的性、综合性、层次性、重要性、科学性和可操作性、定性和定量相结合等原则。[161]樊茗玥等指出针对战略性新兴产业评价指标设计和评价方法等有一定主观性,对战略性新兴产业发展状况构建的评价模型和获得的评价结果只是初步的，具有探索性的尝试。[162]

第三节　生物能源产业生态系统健康性评价体系的设计

一、生物能源产业生态系统评价原则

在应用生物能源产业生态系统评价指标体系进行评价时，需遵循以下原则[163]。

1. 阶段性原则

生物能源产业生态系统评价应该充分考虑系统所处的阶段，对于处于初级发展阶段的系统可以选择部分主要指标，如关键种企业的状况等，随着系统不断发展成熟而逐步丰富指标体系。

2. 关键因素原则

一方面，生物能源产业生态系统中群落组成复杂，与外围环境也有着多层次、多维度的相互作用，在评估时应该考虑可操作性及操作成本等，在众多因素中选取关键因素。另一方面，考虑到我国生物能源产业生态系统还处于发展初期，评价关键因素就可以反映系统发展的重要情况。在明确生物能源产业生态系统评价目的后，开展系统分析找到关键因素，并在此基础上进一步细化确定关键指标。

3. 合理性原则

生物能源产业生态系统评价体系的构建必须合理，主要体现在：一是选择能够客观和真实地反映生物能源产业生态系统的发展状况及趋势的指标；二是指标标准必须制定合理，经过论证并不断根据情况调整；三是评价过程特别是评价的方法要合理，要注意数据取得的可靠性和典型性，尽量利用权威、准确的研究成果。

4. 生态性原则

生物能源产业生态系统的构建不仅仅是借鉴和运用生态系统理论，更为重要的是，从推动系统形成的主要原因到系统产品生产、消费和分解全过程都和自然生态系统直接关联，因此，对生物能源产业生态系统进行评价一定

要从生态角度出发构建有关指标。

5. *层次性原则*

生物能源产业生态系统评价指标体系是综合的多层次体系，指标的纵向结构要体现层次性，某一层次的指标对上一层次目标在能实现很好的覆盖的同时，还要考虑在下一层次指标中有充分的体现，这样才能构建层层关联、结构清晰、逻辑关系分明的评价指标体系。

二、生物能源产业生态系统的当前发展目标

考虑到生物能源产业生态系统目前面临不少问题，其发展目标应该在满足健康性产业生态系统一般标准的基础上，根据自身特点及所处阶段有所调整，能够解决问题并逐步优化发展成为一个健康的、可持续发展的产业生态系统。因此，中国生物能源产业生态系统的发展目标可以归纳为以下几个方面：首先，生物能源产业生态系统应可以很好地发挥其功能，实现对自然资源的高效利用，同时有助于建立良好的生态环境；其次，生物能源产业生态系统可以实现自身的可持续发展，系统中各成员能够形成良好的分工合作机制，以关键种成员为核心的群落可以快速成长；最后，生物能源产业生态系统应具有较强的适应环境影响的能力，能够满足追求能源安全、环境保护等多重目标，并协调好各方面的关系。

三、生物能源产业生态系统健康性内涵

"健康"原本是医学概念，指人或者动植物等生命体的状态，而苏格兰的地质学家与生态学家James Hutton 1788年提出可以将地球看成一个综合系统、可以自我维系的大生命体，这被认为是自然生态系统健康概念的雏形[85]。随后陆续有许多生态学家提出了土地、河流、湖泊等自然生态系统具有类似生命体的状态，例如，Aldo Leopold 1941年提出"土地健康"概念，并用"土地疾病"来描述土地功能的紊乱[164]。后来随着全球各国工业化的广泛推进带来对生态环境的巨大破坏，对生态系统健康的研究更加得到重视。Rapport 20世纪70年代末从医学概念中获得启发提出了"生态系统医学"的概念，运用医学概念将生态系统作为一个整体来研究[165]。Schaefer和Herricks等学者1988年研究了有关生态系统健康度量问题[166]。Rapport 1989年正式提出生态系统健康概念并论述其内涵，认为生态系统健康可以用活力、组织结构和恢复力等有关特征来定义[167]。Costanza 1992年从生态系统自身

出发定义生态系统健康，将生态系统健康的内涵归纳为包括生态内稳定、没有疾病、多样性、稳定性、有活力及系统要素间平衡等有关内容，提出主要从活力、组织结构和恢复力三个方面综合评价生态系统的状态。[170]活力表示生态系统的功能，可根据新陈代谢或初级生产力来测量；恢复力也称抵抗能力，是用在威胁出现时维持系统结构和功能的能力来评价；组织结构则用系统组分间相互作用的多样性及数量来评价。[171]国际生态系统健康学会（International Society of Ecosystem Health）1994年成立，该学会将生态系统健康的研究描述为研究生态系统管理的预兆性特征及有关预防性、诊断性问题，以及生态系统健康与人类健康之间关系的系统科学。当然，也有一些学者对"生态系统健康"概念提出了质疑，甚至有人认为这是一个蹩脚的类比。但无可否认，越来越多的研究表明生态系统确实呈现出了健康与不健康的属性，目前"生态系统健康"已经成为横跨社会学、经济学、医学、环境科学、生态学等多门学科的综合性学科，它为人们理解生态系统与自身活动的关系提供了新视角。

开展产业生态系统健康性研究的目的就是揭示产业生态系统持续性发展规律，揭示在胁迫下生态系统的负荷能力和恢复能力与健康的关系，研究产业生态系统健康与自然、社会、经济、政治、文化等生态系统健康之间的耦合关系，以实现产业的可持续性。[168]结合以上有关生态系统健康的有关理论，要建立生物能源产业生态系统健康性评价标准，首先要搞清楚其健康性的有关内涵。有学者认为，当一个生态系统的内在潜力能够实现、保持其稳定状态、在遇到干扰时有自我修复能力以及以最少的外界支持来维持其自身管理时，就可以认为这个系统是健康的。[169]考虑到生物能源产业生态系统是一个真正融合在自然、社会、政治、经济和文化等复合环境中的系统，所以其健康性不仅仅要符合自然生态系统健康的标准，更要能够反映系统在保障生态服务功能、满足人类生活需要、符合社会政治文化价值取向等方面具有重要作用。结合中国生物能源产业生态系统的具体特征及发展目标，生物能源产业生态系统健康性包括以下几重内涵。

第一，系统有很好的成长性。系统自组织能力不断增强，系统中的成员能够不断成长，关键种企业可以发展壮大，这同时是系统变得更加健康和"强壮"的过程。实际上，处于发展初级阶段的生物能源产业生态系统的成长性很大程度上能从关键种企业的成长性来反映。

第二，系统可以实现可持续发展。首先，是和自然生态系统有机耦合，具有良好的环保效应；其次，一方面系统能够通过不断挖掘内在潜力，有效、快速地应对外界环境变化，特别是在调整期可以很好地应对，另一方面系统可以在和复杂环境相互作用过程中形成更有利于自身发展的机制和条件，在内部和外部机制共同作用下实现系统的可持续发展。

第三，系统的组织机制和价值体系相对稳定，系统分工稳定，合作有序，系统的生产、消费和分解功能可以稳定实现，系统各个成员之间、系统与外部环境之间的物质、能量和信息可以进行良性的循环互动。

事实上，生物能源产业生态系统不仅仅包含了核心企业与其供应商、销售商、合作者、竞争者和顾客等，而且还包括政府部门、投资者、环保机构乃至各种利益相关者等，是一个复杂的经济共生系统。所以，影响系统健康性的因素很多，也很复杂，实际上生物能源产业生态系统健康性的内涵也会随着系统发展到不同的阶段而不断调整变化。目前，我国有学者已经对软件、纺织业等产业生态系统的健康性开展了研究。

四、生物能源产业生态系统健康性评价关键指标

在分析生物能源产业生态系统评价原则、当前发展目标和健康性内涵之后，根据我国生物能源产业生态系统还处在发展初期，考虑到可操作性及实际效果，我们可以选取若干关键指标来评价系统健康性状况。

通过对已有研究总结发现，众多学者对产业生态系统的评价标准主要集中在稳定性和可持续发展性两个方面，结合第五章中对系统演化过程关键要素的分析，这两方面同样适用于评价生物能源产业生态系统的健康性。由于我国生物能源产业生态系统处于发展初期，系统成长性非常重要，本书在现有研究的基础上，创造性地提出产业生态系统健康性评价的第三个关键指标"关键种企业的成长性"。提出生物能源产业生态系统健康性评价的三个关键标准，一方面是借鉴了生态系统健康性评价及产业生态系统的有关研究成果，另一方面是充分考虑了中国战略性新兴产业和生物能源产业的自身特点。

1. 稳定性

一般而言，系统稳定性主要是指系统的状态、特征、组织及外部环境在一定时期内保持不变或在较小的幅度范围内变化。由于我国生物能源产业生态系统是战略性新兴产业生态系统，其稳定性的内涵主要包括两个方面：一方面，从资源角度看，需要有足够的生物质资源才能够保证生物能源产业生态系统的稳定，要合理利用现有各类生物质资源，同时结合前瞻布局新增加生物质资源的分布才可以保障系统的稳定；另一方面，国家及政府有关部门

需要有比较稳定的生产政策来保障系统内相关成员相对比较连续长期的生产等活动。

2. 可持续发展性

生物能源产业生态系统本身的兴起正是因为社会对于可持续发展的追求,所以就更需要满足具备可持续发展性的有关特征。生物能源产业生态系统的可持续发展性内涵主要体现在三个方面：首先,要看它对环境保护方面的实际贡献,是否能够帮助减排；其次,环境本身以及我国具备的实际资源条件如土地和水资源等能否支撑生物能源产业生态系统的可持续发展；最后,国家是否出台了有利于生物能源产业生态系统可持续发展的消费政策。

3. 关键种企业的成长性

我国生物能源产业尚属发展阶段,少数关键种企业的成长性对于整个产业的发展至关重要。一方面,在近几年国内燃料乙醇行业的发展态势中,小规模的单体企业越来越少,生产规模在10万吨/年以上的企业占据主导地位,少数关键种企业成为市场的绝对领导者,占据了主要市场份额,但目前由于政策及产业发展还不成熟等,燃料乙醇市场还没有真正建立市场机制,关键种企业并没有经受市场的检验,同时国内关键种企业和美国、巴西等国的大型燃料乙醇企业在技术、市场、运营和资本运作等方面还存在很大差距,迫切需要迎头赶上。实际上,少数关键种企业能否在未来一段时间进一步成长,对于中国整个生物能源产业的发展和成长乃至在世界生物能源产业格局中的位置都至关重要。另一方面,生物能源产业系统中的关键种企业还要面临来自国内其他产业生态系统的竞争,竞争的结果将直接决定系统是否能健康发展,同时还对系统向何方向演化产生重要影响。中国能源企业中不乏中石油、中石化等巨无霸企业,生物能源关键种企业既要和它们构建良好的合作关系,也要和它们在一定范围内、一定程度上开展竞争。另外,其他新能源产业发展也很快,也涌现出了如新奥集团等发展很快的企业,生物能源关键种企业是否能够尽快地成长对于生物能源产业在中国整个能源产业中的位置至关重要。

要评价生物能源产业生态系统是否健康,就应搞清楚系统中这三个关键指标的水平。如何测评这三个关键指标的值,以及影响着三个关键指标变化的最根本的因素有哪些,是我们要关注并解决的问题。

五、生物能源产业生态系统健康性评价指标体系建立

根据生物能源产业生态系统健康性评价的三个关键指标，并在总结和借鉴国内外对相关产业生态系统评价指标体系的相关研究基础上，结合生物能源产业生态系统的自身特点，构建生物能源产业生态系统健康性评价指标体系。

1. 生物能源产业生态系统的评价指标

根据生物能源产业生态系统概念、内涵和指标评价体系应能够全面覆盖、结构层次合理、繁简得当、代表性强的要求，并遵循阶段性原则、关键因素原则、合理性原则、生态性原则和层次性原则，运用层次分析法建立一个由5个层次指标构成的生物能源产业生态系统评价指标体系，由3个一级指标、8个二级指标、13个三级指标，14个四级指标及若干个5级指标组成的评价体系，尽量准确地反映生物能源产业生态系统的内部构成、发展现状和变化趋势，努力揭示影响生物能源产业生态系统健康性发展的主要本质特征和内在规律，具体见图6-1。

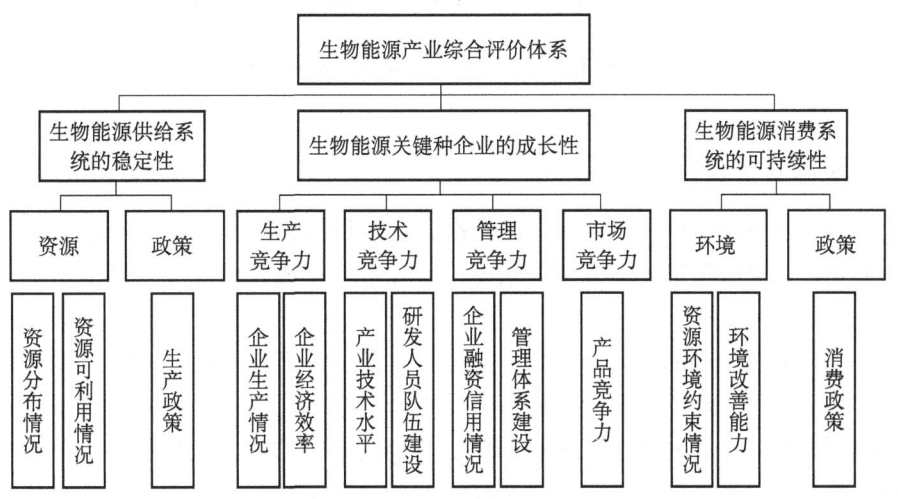

图6-1 生物能源产业生态系统健康性评价体系

2. 生物能源产业生态系统关键种企业成长性评价体系

在开展研究的过程中，发现关键种企业的成长性对生物能源产业生态系统健康性非常重要，甚至占据了最重要的位置，因此，在此基础上进一步构

建了关键种企业成长性评价体系，该评价体系包括4个一级指标、7个二级指标和14个三级指标，尽可能地反映影响关键种企业成长性的重要因素，见图6-2。

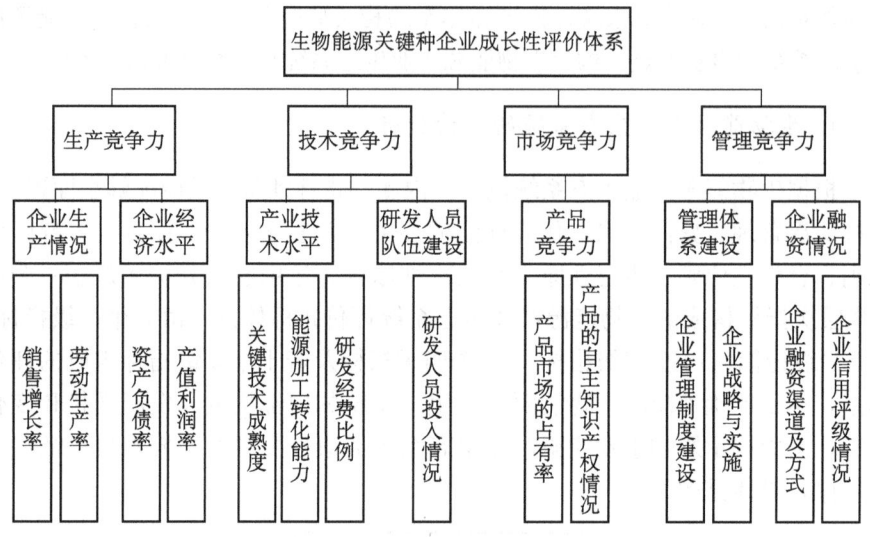

图6-2 生物能源产业生态系统关键种企业成长性评价体系

3. 具体指标描述

（1）销售增长率。销售增长率是指企业本年销售增长额与上年销售额之间的比率，反映销售的增减变动情况，是评价企业成长状况和发展能力的重要指标。

（2）劳动生产率。劳动生产率是指劳动者在一定时期内创造的劳动成果与其相适应的劳动消耗量的比值。劳动生产率水平可以用同一劳动在单位时间内生产某种产品的数量来表示，单位时间内生产的产品数量越多，劳动生产率就越高；也可以用生产单位产品所耗费的劳动时间来表示，生产单位产品所需要的劳动时间越少，劳动生产率就越高。劳动生产率还可以综合体现企业生产技术水平、经营管理水平、职工技术熟练程度和劳动积极性。劳动生产率[万元/（人·年）]＝产业总产值/全部从业人员年平均数。

（3）资产负债率。资产负债率指公司年末的负债总额与资产总额的比率，表示公司总资产中有多少是通过负债筹集的，该指标是评价公司负债水平的综合指标。同时也是一项衡量公司利用债权人资金进行经营活动能力的指标，也反映债权人发放贷款的安全程度。

(4) 产值利税率。指报告期已实现的利润、税金总额（包括利润总额、产品销售税金及附加和应交增值税）占同期全部工业总产值的百分比，反映产业的生产盈利能力。产值利税率＝（利税总额/产业总产值）×100%。

(5) 产业关键技术成熟度。根据产品都的生命周期理论，该周期分为导入期、成长期、成熟期和衰退期四个阶段。产品能够满足顾客对其性能的平均需求就代表着产品技术的成熟。此外，产业关键技术成熟度反映了产业现有技术产业化应用的情况。

(6) 能源加工转化能力。指将能源经过一定的工艺流程生产出新的能源产品的能力。能源加工转化能力反映了生物能源生产技术应用的效率情况，由设备水平和技术水平确定。

(7) 研发经费比例。是指生物能源企业的研发经费投入占总销售收入的比例。

(8) 研发人员投入情况。人才投入情况反映了生物能源产业人才的培养及人力资源的投入情况，特别是反映了生物能源产业 R&D 人员所占整个产业人员的比例。

(9) 产品市场占有率。指在某一时间，某一个公司的产品（或某一种产品），在同类产品市场销售中占的比例或百分比。产品市场占有率反映了燃料乙醇在国内能源市场中所占的份额比例。

(10) 企业管理制度建设。是指企业为求得最大效益，在生产管理实践活动中指定的各种带有强制性的义务，并能保障一定权利的各项规定或条例，包括企业的人事制度、生产管理制度、民主管理制度等一切规章制度。

(11) 企业战略与实施。企业战略是对企业各种战略的统称，包括竞争战略、营销战略、发展战略、品牌战略、融资战略、技术开发战略、人才开发战略、资源开发战略等。其中，指标15（企业管理制度）和指标16（企业战略）是反映公司管理能力的重要指标，同时也是反映关键种企业成长性的重要指标。

(12) 企业融资渠道及方式。企业融资是指企业向外部有关单位和个人以及从企业内部筹措生产经营所需资金的财务活动，企业的融资是企业进行生产经营活动的必要条件。

(13) 资源分布情况。资源分布情况指在一定地区或区域内某种资源的散布状况。在本书中指燃料乙醇作物的区域分布情况。

(14) 资源可利用程度。指在技术与经济条件下，以不影响生态环境为前提,可能合理开发利用的资源。资源可利用程度具体指在技术条件允许的条件下,某种生物能源作物可以被开发的资源储量。

(15) 市场成长能力。市场未来发展趋势与发展速度,包括市场规模的扩大,以及利润和参与者的增加。市场成长能力是指随着市场环境的变化,企业资产规模、盈利能力、市场占有率和持续增长的能力,反映了市场未来的发展前景。市场成长能力反映了燃料乙醇在国内能源市场所占份额的增长前景。

(16) 资源环境约束情况。资源环境约束体现为资源需求不断增长、资源供给能力不足、国家对环境保护的要求不断加大,以及人民群众的环境需求不断提高。本书中,资源环境约束情况反映了燃料乙醇生产对水、土壤等资源环境所带来的影响情况。

(17) 环境改善能力。反映了燃料乙醇在"减排"和降低污染方面所起到的作用。

(18) 生物能源生产政策。指国家颁布的以促进生物质原料的多元化与大规模生产、实现产业供应链一体化为目的的相关政策,具体包括生物能源配比的实施、有利于生物能源发展的投融资政策、补贴机制、生物能源产业的支撑政策等。

(19) 生物能源消费政策。指国家权衡某一时期生物能源状况和矛盾特点,根据社会主义市场经济原则,为实现经济健康发展,确保城乡居民收入、消费水平稳步提高的经济目标,而做出的决策选择和采取的具体措施。具体表现为强化绿色能源市场交易机制建设、促进绿色经济消费的相关政策。包括:生物能源标志、能耗标准建立、生物能源市场建设与交易制度安排、关于生物能源的政府采购政策、采用碳税在内的环境税收政策。

4. 评价指标权重的确定方法

权重是表示指标对评价目标重要程度的系数,确定权重常用的方法有专家问卷法、客观赋权法、级次分析法等。客观赋权法的原始数据是由各指标在评价单位中的实际数据形成的,它不依赖于人的主观判断,因而此类方法客观性较强,而忽视了多目标决策的主观要求,且对指标的筛选要求过高,所以限制了它的使用;级次分析法需要进行一致性检验,而结果往往会出现自相矛盾;专家问卷法可以充分利用专家丰富的知识、经验、信息等,取长补短,更全面、更周密地对指标确定权重。基于上述考虑,采用专家问卷法确定各评价指标体系的权重。在权重调查中,曾向企业、学术界、产业界和政府相关部门的 100 多位相关专家发出《生物能源产业生态系统评价专家调查问卷》，所有专家均独立填写调查表，结合专家意见对权重进行计算，从而确定生物能源产业生态系统评价指标权重体系。

第四节 我国生物能源产业生态系统健康性评价

根据上文设计的生物能源产业生态系统评价体系，笔者对我国的生物能源产业生态系统开展了实证研究，对其进行健康性评价。

一、样本选取

实证研究主要采用问卷调查方式，以邮件形对研究和从事中国生物能源产业的相关人员进行问卷调查。问卷调查范围面向 6 个领域，包括农业生物技术领域、工业生物技术领域、环境生物技术、海洋生物技术、能源生物技术、生物资源、科技政策领域和其他生物技术领域，涵盖了生物能源产业生态系统所涉及的所有领域。被调查人员包括从事生物能源领域研发的科研、管理人员，以及来自生物能源产业的相关生产、技术、管理人员，他们对生物能源产业生态系统较为熟悉。此项调研分为两轮，第一轮为生物能源产业生态系统综合评价，发放问卷 100 份，回收 60 份有效问卷。第二轮为生物能源领域关键种企业的成长性评价，第二轮发放问卷 100 份，回收 63 份有效问卷。共计投放问卷数量 200 份，回收有效问卷 123 份。本次调查基本反映了我国生物能源产业的总体状况，以及关键种企业的成长性情况。

其中，被调查对象的文化程度分布情况如图 6-3 所示，当前职业分布情况如图 6-4 所示，专业领域分布情况如图 6-5 所示。

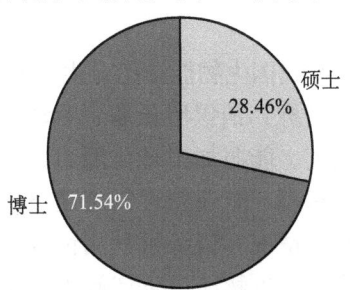

图 6-3 被调查对象的文化程度分布情况

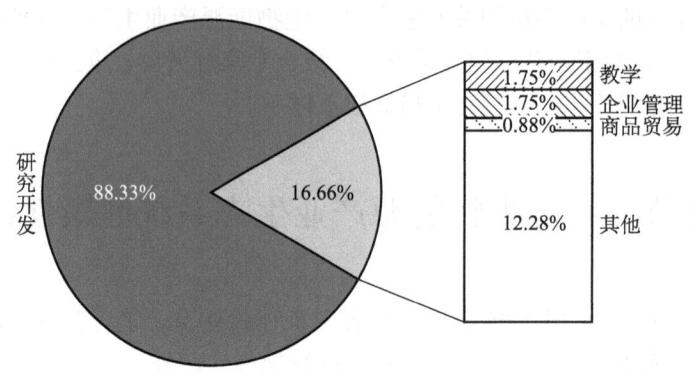

图 6-4　被调查对象的职业分布情况

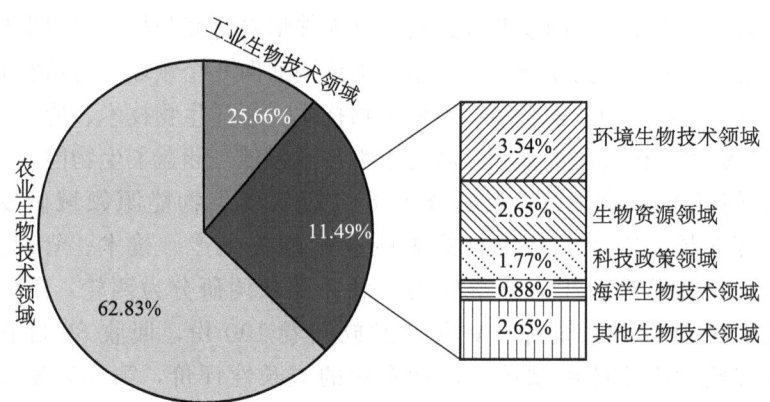

图 6-5　被调查对象的专业领域分布情况

二、实证方法

1. 描述性统计

本书通过描述性统计对我国生物能源产业生态系统的基本情况进行统计。具体描述性统计包括以下指标：销售增长率、劳动生产率、资产负债率、产值利税率、关键技术成熟度、能源加工转化能力、研发经费比例、研发人员投入情况、产品的市场占有率、企业管理制度建设、企业战略与实施、企业融资渠道及方式、资源分布情况、资源可利用情况、市场成长能力、资源环境约束情况、环境改善能力、生物能源生产政策和生物能源消费政策，每个统计指标的准确内涵详见上文有关内容。

2. 层次分析法

美国运筹学家、匹兹堡大学教授 T. L. Saaty 于 20 世纪 70 年代提出层次分析法（analytic hierarchy process，AHP），方法比较简易，但可对较为模糊或较为复杂的决策问题使用定性与定量分析相结合的手段做出决策，特别是将决策者的经验判断给予量化，它将人们的思维过程层次化，逐层比较相关因素，逐层检验比较结果的合理性，由此提供较有说服力的依据[170]。很多决策问题通常表现为一组方案的排序问题，这类问题就可以用层次分析法解决。近几年来，此法在国内外得到广泛应用。

由于直接对我国生物能源产业生态系统进行评价太过于抽象，所以采用层次分析法对生物能源产业生态系统进行分层评价较为实用、方便、有效。运用层次分析法建模来解决实际问题，大体上可按建立层次结构模型、构造出各层次中的所有判断矩阵、判断矩阵的一致性检验、权向量四个步骤进行。[171]

三、实证结果及分析

1. 生物能源产业综合评价体系的实证结果及分析

在本次调查问卷过程中，根据设计问卷的问题，各位专家在最初阶段对于各指标在评价体系中应占权重有不同意见，因此，我们多次对专家的问卷结果进行反馈，最终形成了一个统一的判断矩阵：

矩阵 A_1

A_1	资源	生产政策
资源	1.00	0.50
生产政策	2	1

矩阵 A_2

A_2	环境	消费政策
环境	1.00	1.00
消费政策	1.00	1.00

矩阵 A_3

A_3	稳定性	成长性	可持续性
稳定性	1.00	0.33	3.00
成长性	3	1.00	4.00
可持续性	0.33	0.25	1.00

矩阵 A_4

A_4	生产竞争力	技术竞争力	管理竞争力	市场竞争力
生产竞争力	1.00	1.00	3.00	5.00
技术竞争力	1.00	1.00	3.00	4.00
管理竞争力	0.33	0.33	1.00	2.00
市场竞争力	0.20	0.25	0.50	1.00

通过 matlab 算出矩阵的最大特征值,并进行一致性检验,相关数据如表 6-1 所示。

表 6-1 一致性检验结果

判断矩阵	n	λ_{max}	CI	RI	CR
A_1	2	2	0	0	0
A_2	2	2	0	0	0
A_3	3	3.071 0	0.003 6	0.58	0.06
A_4	4	4.015 5	0.005	0.90	0.006

由此可见,4 个矩阵的 CR 值均小于 0.1,一致性检验通过。

各判断矩阵的最大特征值 λ_{max} 的归一化特征向量如表 6-2 所示。

表 6-2 λ_{max} 的归一化特征向量

判断矩阵	λ_{max}	权向量 w
A_1	2	$(0.33, 0.67)^T$
A_2	2	$(0.5, 0.5)^T$
A_3	3.071 0	$(0.272, 0.608, 0.120)^T$
A_4	4.015 5	$(0.4, 0.379, 0.14, 0.081)^T$

可见,在整个生物能源产业综合评价体系中,生物能源供给系统的权重是 0.32,生物能源消费系统可持续性的权重是 0.123,而生物能源关键种企业成长性的权重高达 0.557,由此可见,生物能源关键种企业的成长性对于生物能源产业综合评价来说是最重要的因素。其中,在生物能源供给系统方面,生产政策的权重占据了 0.67,而资源占的权重只有 0.33;在生物能源消费系统可持续性方面,环境与消费政策的权重基本一致,均占 0.5;在生物能源关键种企业的成长性方面,生产竞争力权重最高,占据了 0.4,技术竞争力其次,权重为 0.379,然后是管理竞争力,权重达到 0.12,市场竞争力的权重最低,只有 0.07。

而且,二级指标相对于综合评价体系的权重的计算＝各二级指标权重×一级指标权重。据此可以算出二级指标相对于综合评价体系的权重,见表 6-3。

表 6-3　综合评价体系二级指标权重表

资源	生产政策	生产竞争力	技术竞争力	管理竞争力	市场竞争力	环境	消费政策
0.09	0.18	0.24	0.23	0.09	0.05	0.06	0.06

由此可知，二级指标的重要性排名前五的是生产竞争力、技术竞争力、生产政策、资源及管理竞争力。

在计算过程中，通过对调查问卷中各三级指标的得分总和除以调查问卷的数量得出三级指标的平均值，见表 6-4。

表 6-4　综合评价体系三级指标得分表

三级指标	"十五"得分	"十一五"得分	涨幅/%
资源分布情况	64.47	70.11	8.75
资源可利用情况	60.11	66.87	11.25
生产政策	64.72	77.25	19.36
企业生产情况	55.00	60.50	10.00
企业经济效率	49.50	58.00	17.17
产业技术水平	58.33	61.33	5.14
研发人员队伍建设	61.00	65.00	6.56
企业融资信用情况	59.00	60.50	2.54
管理体系建设	54.50	60.50	11.01
产品竞争力	56.50	60.00	6.19
资源环境约束情况	41.32	48.16	16.55
环境改善能力	55.03	60.87	10.61
消费政策	61.94	77.10	24.48

由表 6-4 可知，在"十一五"期间影响生物能源产业生态系统综合评价体系的各个要素得分均优于"十五"期间的得分。其中，生物能源消费政策的涨幅最高，上涨了 24.48%，可见该期间政策方面的举措力度较大。

从三级指标开始，每个二级指标的得分等于其下面每个三级指标的加权平均和，即二级指标得分＝其下面第一个三级指标得分×该三级指标权重＋其下面第二个三级指标得分×该三级指标权重，依次类推每一个二级指标的得分。

同样，一级指标得分计算方法与上面类似。

最后算出综合评价体系的得分，通过上述方法计算的结果见表 6-5。

表 6-5　综合评价体系总体得分表

项目	"十五"得分	"十一五"得分	涨幅/%
综合评价体系	58.06	65.19	12.28

由此可见,在各种影响因素的影响下,"十一五"的生物能源综合评价体系得分是 65.19,高于"十五"时期的得分 58.06,涨幅达到 12.28%,从较差水平上升到中等水平。这表明了生物能源产业生态系统越来越得到我国生物能源领域专家的认可,该产业的未来发展前景更为乐观。

2. 生物能源关键种企业成长性评价体系的实证结果及分析

由矩阵 A_3 可知,企业成长性在生物能源产业综合评价体系中的权重高达 0.608,占据着非常重要的地位。所以,本书对企业成长性进行深入探讨,根据关键种企业成长性的特点,建立了生物能源关键种企业成长性评价体系,并用层次分析法进行分析,如图 6-2 所示,分析过程同上。

在本次的调查问卷过程中,根据设计问卷的问题,各位专家同样在最初阶段对于各指标在评价体系中所占权重有不同意见,因此,我们多次对专家的问卷结果进行反馈,最终形成了一个统一的判断矩阵。

矩阵 B_1

B_1	生产竞争力	技术竞争力	市场竞争力	管理竞争力
生产竞争力	1.00	3.00	7.00	9.00
技术竞争力	0.33	1.00	6.00	8.00
市场竞争力	0.14	0.17	1.00	3.00
管理竞争力	0.11	0.13	0.33	1.00

矩阵 B_2

B_2	企业生产情况	企业经济水平
企业生产情况	1.00	2.00
企业经济水平	0.5	1

矩阵 B_3

B_3	产业技术水平	研发人员队伍建设
产业技术水平	1.00	1.00
研发人员队伍建设	1.00	1.00

矩阵 B_4

B_4	管理体系建设	企业融资情况
管理体系建设	1.00	2.00
企业融资情况	0.50	1.00

通过 matlab 算出矩阵的最大特征值，然后进行一致性检验，相关数据如表 6-6 所示。

表 6-6　一致性检验结果

判断矩阵	n	λ_{max}	CI	RI	CR
B_1	4	4.205 3	0.068 4	0.9	0.076 6
B_2	2	2	0	0	0
B_3	2	2	0	0	0
B_4	2	2	0	0	0

由此可见，4 个矩阵的 CR 值均小于 0.1，一致性检验通过。

各判断矩阵的最大特征值 λ_{max} 的归一化特征向量如表 6-7 所示。

表 6-7　λ_{max} 的归一化特征向量

判断矩阵	λ_{max}	权向量 w
B_1	4.205 3	$(0.561, 0.311, 0.085, 0.043)^T$
B_2	2	$(0.67, 0.33)^T$
B_3	2	$(0.5, 0.5)^T$
B_4	2	$(0.67, 0.33)^T$

由表 6-7 可见，在整个生物能源关键种企业成长性评价体系中，指标重要性的排序依次是生产竞争力＞技术竞争力＞市场竞争力＞管理竞争力。其中，在生产竞争力中，企业生产情况权重是 0.67，企业经济水平权重是 0.33；在技术竞争力中，产业技术水平权重是 0.5，研发人员队伍建设权重是 0.5；在管理竞争力中，管理体系建设权重是 0.67，企业融资情况权重是 0.33。

而且，二级指标相对于综合评价体系的权重的计算＝各二级指标权重×一级指标权重。据此可以算出二级指标相对于成长性评价体系的权重，见表 6-8。

表 6-8　关键种企业成长性评价体系二级指标权重表

企业生产情况	企业经济水平	产业技术水平	研发人员队伍建设	产品竞争力	管理体系建设	企业融资情况
0.374 329	0.187 164 387	0.155 321	0.155 321	0.085 365	0.028 334	0.014 167

在计算过程中,通过对调查问卷中各三级指标的得分总和除以调查问卷的数量得出三级指标的平均值,见表 6-9。

表 6-9　关键种企业成长性评价体系三级指标得分表

三级指标	"十五"得分	"十一五"得分	涨幅/%
销售增长率	54	61	12.96
劳动生产率	51	62	21.57
资产负债率	60	69	15.00
产值利税率	55	61	10.91
关键技术成熟度	61	70	14.75
能源加工转化能力	47	55	17.02
研发经费比例	60	63	5.00
研发人员投入情况	57	58	1.75
产品的市场占有率	53	56	5.66
产品的自主知识产权情况	62	67	8.06
企业管理制度建设	54	60	11.11
企业战略与实施	61	65	6.56
企业融资渠道及方式	59	62	5.08
企业信用评级情况	54	60	11.11

由表 6-9 可知,在"十一五"期间影响生物能源关键种企业成长性评价体系的各个要素得分均优于"十五"期间的得分。其中,劳动生产率的涨幅最高,上涨了 21.57%。

从三级指标开始,每个二级指标的得分等于其下面每个三级指标的加权平均和,即二级指标得分＝其下面第一个三级指标得分×该三级指标权重＋其下面第二个三级指标得分×该三级指标权重,依次类推每一个二级指标的得分。

同样,一级指标得分计算方法与上面类似。

最后算出成长性评价体系的得分,通过上述方法计算的结果见表 6-10。

表 6-10　关键种企业成长性评价体系总体得分表

项目	"十五"得分	"十一五"得分	涨幅/%
成长性评价体系	55.30	61.81	11.77

由此可见,在各种影响因素的影响下,"十一五"期间生物能源关键种企业成长性评价体系的得分是 61.81,高于"十五"时期的得分 55.30,涨幅达到 11.77%。

第五节 小 结

本章在借鉴生态系统健康性理论基础上，对生物能源产业生态系统的健康性进行分析研究。首先分析了生物能源产业生态系统评价的必要性，并针对战略性新兴产业生态系统总结了其评价重点及原则。为了建立健康产业生态系统的评价标准，借鉴相关知识分析了生物能源产业生态系统评价的原则、当前发展目标和健康性的有关内涵。提出生物能源产业生态系统健康性评价的三个关键指标，包括稳定性、可持续发展性和关键种企业的成长性，并在此基础上构建了生物能源产业生态系统健康性评价指标体系，主要包括5个层次指标构成的生物能源产业生态系统评价指标体系：由3个一级指标、8个二级指标、13个三级指标、14个四级指标及若干个5级指标构成的评价体系。进而构建了生物能源产业生态系统关键种企业成长性评价指标体系，作者运用两个评价指标体系对我国生物能源产业生态系统进行了实证研究。

本章实证研究主要采用问卷调查的方式，以邮件形式对研究和从事中国生物能源产业的人员进行问卷调查。此项调研分为两轮，第一轮为生物能源产业生态系统综合评价，第二轮为生物能源领域关键种企业的成长性评价。本次调查基本反映了我国生物能源产业的总体状况及关键种企业的成长性情况。通过描述性统计方法和层次分析法的分析，发现生物能源关键种企业的成长性对于生物能源产业综合评价体系是最重要的。二级指标的重要性排名前五的是生产竞争力、技术竞争力、生产政策、资源及管理竞争力。同时发现，"十一五"期间影响生物能源产业生态系统综合评价体系的各个要素得分均优于"十五"期间的得分，这表明生物能源产业生态系统越来越得到我国生物能源领域专家的认可，该产业的未来发展前景很好。对于生物能源关键种企业成长性评价体系而言，指标重要性的排序依次是生产竞争力＞技术竞争力＞市场竞争力＞管理竞争力。

第七章 我国生物能源产业生态系统实证分析

作为世界能源消费大国,中国能源消费构成长期以煤炭为主,同时国民经济对于石油的依赖性也不断增加,2011年我国的石油对外依存度已经上升至55.2%,首次超过了美国,这对我国的能源安全和经济社会可持续发展构成了严重威胁。因此,通过大力开发生物能源,可以降低煤炭和石油的消费比例,对于优化我国能源产业结构、增强能源供应体系的可靠性均有重要意义。

20世纪90年代以来,在促进农业发展、保障能源安全、应对气候变化、保护环境等多重目标的驱动下,越来越多的国家都实施积极战略并制定政策加快发展生物能源产业。但近年全球生物能源产业的快速扩张对全球粮食安全和自然生态环境的潜在影响也逐步显现,有待于建立促进可持续发展的生物能源产业发展道路。在未来数十年,我国作为发展中国家不仅面临加快社会经济发展的重要任务,在保障能源安全、保护自然和生态环境、促进农村农业发展等方面还都面临着巨大挑战。因此,利用生物能源产业生态系统评价指标体系来尽可能准确地反映我国生物能源产业生态系统的内部构成、发展现状和变化趋势,努力揭示我国生物能源产业生态系统发展的主要本质特征和内在规律,对探讨我国生物能源产业及相关领域的发展战略和对策,切实促进经济、社会和自然可持续发展具有重要意义。

为此,本章将主要考察中国生物能源产业发展历程和现状,运用本书第六章所提出的生物能源产业生态系统评价指标体系,来分析我国生物能源产业在稳定性、可持续性与关键种企业的成长性等方面的现状,并以案例分析方法对我国生物能源产业生态系统中关键种企业——吉林燃料乙醇有限责任公司、河南天冠集团和山东龙力生物科技股份有限公司进行实证研究，在此基础上初步提出促进我国社会经济可持续发展的生物能源产业的发展道路和政策建议。

第一节 我国生物能源产业生态系统发展面临的形势

我国生物能源产业发展面临的形势可谓机遇和挑战并存，政策导向、能源危机、生态环保问题严重、发展"三农"等显然为生物能源产业的未来发展提供了良好的机遇，而对粮食安全、耕地面积不断减少等问题的担心也是生物能源产业发展过程中需要面对和跨越的障碍。

一、积极的政策环境给生物能源产业带来发展机遇

当前资源、能源、环境等多重危机困扰着全球局势，生物能源被许多发达与发展中国家看做是解决问题的突破口之一，纵观美国和巴西等国生物能源产业生态系统演化的过程，政府积极创造利于生物能源发展的政策环境是不可或缺的，包括出台国家发展战略、建立专门的科研与管理机构，以及给予立法、财政、税收等政策支持。我国政府在发展生物能源的过程中，也注重从国家层面制定鼓励性的政策给予积极引导。2005 年颁布了《可再生能源法》，是生物能源发展史上的里程碑式事件；2007 年公布了《可再生能源中长期发展规划》，提出了发展生物液体燃料的目标，而《生物产业发展"十一五"规划》更是明确提出了要"加快培育我国生物能源产业"，最近科技部研究制定了《生物质能源科技发展"十二五"重点专项规划》鼓励生物能源产业发展。生物能源产业被纳入国家战略性新兴产业范畴更是为我国生物能源产业发展创造了良好的机遇和政策环境。此外，政府密切关注生物能源发展动向，及时制定相应政策和管理办法进行调整与引导，例如，2006 年国家发改委针对燃料乙醇"与民争粮"的问题及时发布《关于加强玉米加工项目建设管理的紧急通知》，2006 年财政部、国家发改委、农业部、国家税务总局、国家林业局联合印发《关于发展生物能源和生物化工财税扶持政策的实施意见》，提出将建立风险基金制度、实施弹性亏损补贴，提供原料基地补助和示范补助，以及税收优惠等措施，扶持发展生物能源。2007 年财政部印发了《生物能源和生物化工原料基地补助资金管理暂行办法》，对农业和林业原料基地进行补助。

总的来说，中国的生物能源产业面临的政策环境是积极和正面的，因此，中国生物能源产业应当借助政策环境的东风，抓住机遇，健康、快速地发展。

二、严峻的能源挑战使发展可再生能源势在必行

首先，能源是支撑人类文明进步与现代社会发展的不可或缺的物质基础，甚至已成为现代文明赖以生存的"血液"，然而当今中国正在面临着前所未有的能源短缺危机[172]。我国的化石能源储量中，煤炭丰富而油、气资源较为贫乏，据估计石油剩余储量约为23亿吨，仅可支撑14年[173]，因此，长期以来中国能源结构以煤炭为主，石油和天然气等所占比例较小，远低于世界平均水平，见表7-1。更为严重的是，我国能源消费增量巨大，增速更是远超世界其他国家，根据《BP世界能源统计（2012）》报告，从2010到2011年仅中国一国就贡献了全球能源消费增量的71%。我国工业化程度的不断提高必然对石油资源需求越来越大，我国城镇化的不断推进必然对天然气资源需求越来越大，我国汽车数量的快速增加必然对交通燃料的需求越来越大。

表7-1 中国历年不同能源生产比例构成表

年份	能源生产总量构成比例/%			
	原煤	原油	天然气	水电、核电、风电
1978	70.3	23.7	2.9	3.1
1980	69.4	23.8	3.0	3.8
1985	72.8	20.9	2.0	4.3
1990	74.2	19.0	2.0	4.8
1995	75.3	16.6	1.9	6.2
1996	75.0	16.9	2.0	6.1
1997	74.2	17.2	2.1	6.5
1998	73.3	17.7	2.2	6.8
1999	73.9	17.3	2.5	6.3
2000	73.2	17.2	2.7	6.9
2001	73.0	16.3	2.8	7.9
2002	73.5	15.8	2.9	7.8
2003	76.2	14.1	2.7	7.0
2004	77.1	12.8	2.8	7.3
2005	77.6	12.0	3.0	7.4
2006	77.8	11.3	3.4	7.5
2007	77.7	10.8	3.7	7.8
2008	76.8	10.5	4.1	8.6
2009	77.3	9.9	4.1	8.7
2010	76.6	9.8	4.2	9.4
2011	77.7	9.2	4.3	8.8

资料来源：《中国统计摘要2012》

其次，我国石油对外依存度不断上升。近年来，石油对外依存度不断上升，我国从 2001 年到 2011 年石油年产量一直低于石油年消费量，而且中国石油年产量增长缓慢，始终占世界的 5% 左右，而中国石油年消费量则持续变大，从 2001 年占全球消费量的 6.35%一路飙升至 2011 年占全球消费量的 11.38%，见表 7-2。这表明我国石油对外依存度不断上升，根据最新数据，1993 年我国刚刚成为石油净进口国时对外依存度仅为 6%，2012 年创纪录地达到 57.8%，比 2011 年、2009 年和 2006 年分别高 1.1、6.6 和 9.6 个百分点。

表 7-2 中国与世界 2001～2011 年石油产量与消费量

年份	石油产量/百万吨			石油消费量/百万吨		
	中国	世界	中国石油产量占世界比例/%	中国	世界	中国石油产量占世界比例/%
2001	164.8	3 606.7	4.57	228.4	3 595.6	6.35
2002	166.9	3 587.5	4.65	247.5	3 629.8	6.82
2003	169.6	3 704.5	4.58	271.7	3 702.7	7.34
2004	174.1	3 879.3	4.49	318.9	3 856.6	8.27
2005	181.4	3 916.4	4.63	327.8	3 901.7	8.40
2006	184.8	3 929.2	4.70	351.2	3 944.2	8.90
2007	186.3	3 928.8	4.74	369.3	4 005.0	9.22
2008	190.4	3 965.0	4.80	376.0	3 987.3	9.43
2009	189.5	3 869.3	4.90	388.2	3 908.9	9.93
2010	203.0	3 945.4	5.15	437.7	4 031.9	10.86
2011	203.6	3 995.6	5.10	461.8	4 059.1	11.38

数据来源：《BP 世界能源统计年鉴（2012）》

再次，我国能源稳定供应的安全风险存在重大隐患。目前我国原油进口大部分来自中东、非洲，因此，海外主要石油合作项目相对比较容易受到地缘政治形势、出口国调整和国际社会制裁等因素的影响，石油稳定供应存在实质性隐患。首先，由于石油是战略性能源，国际上围绕石油资源所进行的争夺愈演愈烈，美国"能源独立"战略将对世界格局产生重大影响，油气资源富集的中东、北非等地区的一些国家出现政治动荡或受到部分发达国家的封锁与制裁。其次，石油资源丰富的国家政策调整频繁，石油项目合作不确定性因素增多，如南美部分国家实施资源"国有化"，东非等地区随着外国投资者大量进入，出现了不少政策、环保问题，对外国投资者尤其是中国公司形成了隐性壁垒。最后，"中国威胁论"影响我国石油企业的国际化经营，当前多个中国石油企业海外拓展项目屡遭干扰甚至排挤。[174]

最后，近年国际油价大幅飙升，对中国经济的影响越来越大。原油价格大幅度上涨，从 21 世纪初 20 美元/桶左右上升到目前 100 美元/桶左右，期间曾经一度超过140美元/桶。国际油价居高不下直接给中国带来了一系列问题，包括经济发展成本不断升高，贸易盈余减少，不利于保持国内价格总水平的稳定等。

在上述因素的共同推动下，我国开发利用可再生资源势在必行，这对于生物能源的发展显然是有力的推动因素。而在众多的可再生能源中，生物能源由于其产品多样性，特别是可以生产液体燃料，就具备了不可替代性。

三、减排压力和环境保护问题必须采取有效措施应对

中国的能源消费结构长期以来以煤炭为主，据统计煤矿开采每年排放污水30亿立方米，而燃煤造成了我国90%的二氧化硫排放量，致使大约1/3的国土遭受酸雨污染，目前我国二氧化硫排放量已经高居世界第一；在二氧化碳方面，数据显示中国已经是世界上最大的二氧化碳排放国，2012年世界顶级学术期刊 Nature 子刊发表的英国丁铎尔气候变化研究中心的科研报告显示，2011年全球碳排放最多的依次是中国、美国、欧盟和印度。[175]尽管中国作为制造业大国为其他国家承担了非常可观的隐性碳排放，生产了全球其他国家大量消费的中国产品，但在历次国际气候大会或者政治场合，环境问题依然经常成为中国备受发达国家指责的"把柄"。《里约热内卢环境与发展宣言》曾指出"为了可持续发展，环境保护应是发展进程的一个整体部分，不能脱离这一进程来考虑"，因此，是否能够保护环境、确保人与自然的和谐是区分可持续发展模式与传统发展模式的重要标准，应当引起我国的高度重视。

发展生物能源对于解决上述问题显然具有很好的针对性效果。美国及欧洲各国等西方国家均把发展生物能源作为相应的措施及手段。根据我国的实际情况，一方面，在广大农村对产量极大的农作物秸秆和废弃物资源长期以来都采取焚烧处理，据统计我国平均每年大约有2亿吨作物秸秆就地焚烧，极易造成空气中烟尘和颗粒物增加，不利于人体健康并造成污染；另一方面，中国长期以来工业生产和机动车等大量消耗化石能源，可再生能源所占比例过小，持续产生含硫、含碳、氮氧化物等污染物，降低空气质量，造成气候变暖。[176]而生物能源以农作物废弃物为原料解决了原始处理方式带来的环境影响，同时可以降低环境污染并减少温室气体排放，种植能源作物还可以提高边际土地利用率，增加绿色植被的覆盖率和碳汇，改善生态环境。

四、发展生物能源是解决"三农"问题的重要方向

具有深刻历史与社会背景的农业、农村、农民"三农"问题是我国长期需要面对并解决的重大问题。我国广大农村地区长久以来依靠农业种植和养殖生产业为主，农业生产率偏低，产业结构不协调，大部分农民生存状态有待改善，农民收入经常落后于 GDP 增长（图 7-1），近几年因政府采取给农民减负等措施有一定改善，但农民收入绝对值依然严重偏低。[177] 生物能源不仅可以取材于各种农林作物，还可以利用其他植物及其残体、禽畜粪便及有机废弃物等作为原料，而这些物质都与农业生产和农民生活密切相关，因此，生物能源可以使农业在提供农产品的基础上增加提供能源原料这一重要功能，将农业与能源紧密地联系起来。首先，在保障粮食作物生产稳定的前提下，适当地推广生物能源的原料作物，可以有效改进农村种植结构的组成，这是解决"三农"问题的重要方向之一；其次，发展生物能源产业涉及能源作物的种植、收集、储存、运输及生产过程中的设备制作等有关环节，在催生和促进了物流行业、加工行业、服务行业等发展的同时可以延长农业产业链，有利于增加农民就业机会和提高农民收入水平；再次，生物能源产业原料生

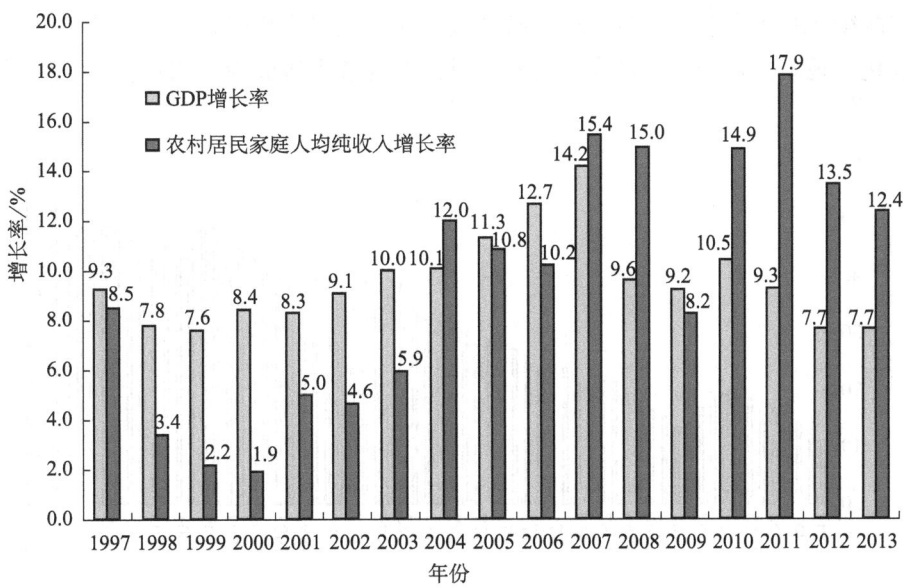

图 7-1　农民人均纯收入与 GDP 增长率变化情况

资料来源：国家统计局网站

产在"三农",而加工和市场则多数在工业和城市,因此,它是构建新型工农城乡关系的很好的纽带,可促进农村工业化、城镇化;最后,广大农村在利用生物能源方面具备近水楼台的先天优势,在农村推广使用生物能源有利于实现农村燃料清洁化,优化农村能源结构与用能方式,提高农民生活质量。[178]

因此,我国发展生物能源可以有效促进农村发展、农业增效、农民就业和增收,为解决"三农"问题和社会主义新农村建设做出应有的贡献。

五、粮食安全问题是绕不过的现实门槛

粮食安全是关系到国家安全的头等大事,联合国粮农组织提出粮食安全包括三项基本内涵,即产量足够多、最大限度地稳定供应和确保需者有其粮。根据国家统计局发布的数据,2012 年我国粮食总产量比 2011 年增长了 3.2%,达到了 5.9 亿吨,在 2013 年又增长 2.1%,达到了 6.02 万吨,创下了连续 10 年增长的记录(图 7-2),然而粮食价格与食品价格却也同时持续大幅度上涨,这表明我国粮食安全问题存在一些深层次的隐患。首先,耕地面积逐年减少,水资源短缺问题严重,据统计过去 20 年间我国耕地面积平均每年减少 300 万亩左右(图 7-3),而且城市建设大量占用耕地、水土流失、荒漠化等现象并未见明显改善,未来中国耕地的减少将成为制约粮食安全的重

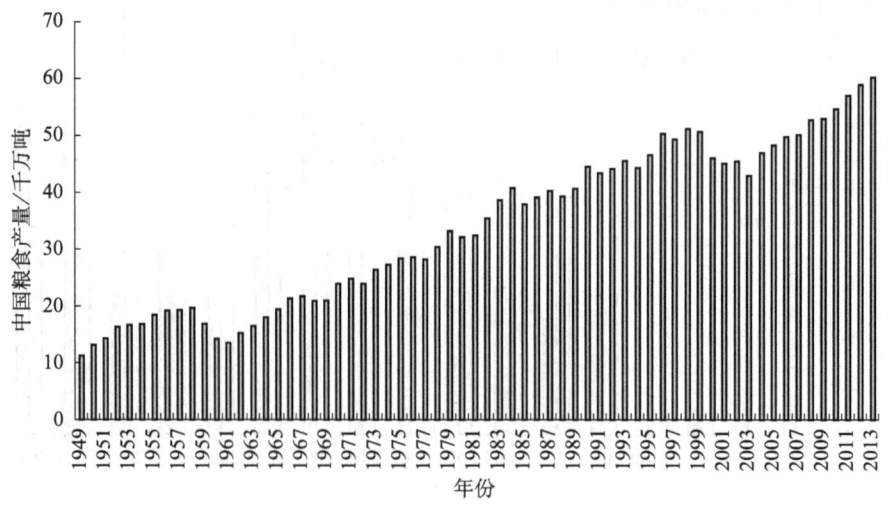

图 7-2 我国粮食产量历年变化图

资料来源:国家统计局网站

要因素。[179]其次，我国耕作粗放，农业成本高、单产低。粗放型粮食生产模式导致消耗大、污染严重，生产效率低下，进而使得农民缺乏耕种的积极性，农业劳动力减少。另外，2012年我国大豆和谷物的进口量都显著高于2011年，国际粮价上涨从各个角度对我国粮食安全也进一步传递了压力。因此，中国在粮食产量连续增加的背后，受耕地资源、生产力、成本与国际贸易等因素的影响，粮食安全问题实际上面临着许多不确定的风险。

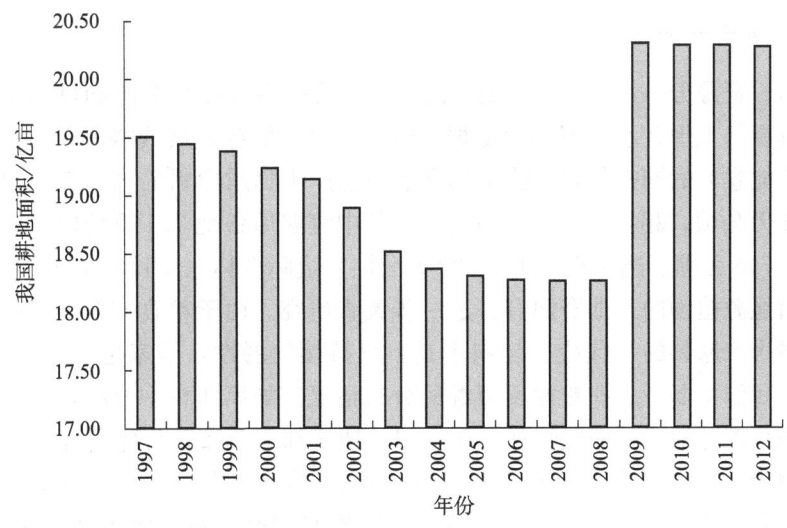

图7-3 我国耕地面积历年变化图

资料来源：根据历年《中国国土资源公报》及国土资源部网站数据整理，另外2009年国土资源部调整了调查标准和技术方法

发展生物能源与粮食安全问题是紧密相关的，第一代生物能源以粮食作物作为其原料，尽管在消化过剩粮食、稳定粮价等方面起到了很大作用，但是人们迅速提出了担忧，即发展生物能源需要消耗大量的粮食，会不会给粮食安全带来严重威胁，因此，我国以粮食为原料生产生物燃料不具备可持续性，并且总有担心扩大生物能源产业会影响到粮食安全的声音。尽管国际著名学术期刊 Nature 2011年有文章指出，发展生物能源并不一定要牺牲粮食安全，如果做法合适，甚至可以增加非洲的粮食保障。[180]

但无论如何，生物能源产业必须从原材料的选择到发展路径上绕开这个障碍和"雷区"，例如，扩大取材范围以现有农林业的非食用部分甚至工业废弃物为主要原料，利用不适于种植粮食的荒山荒地种植能源作物，中国应当结合自己的国情，走出一条既能合理发展生物能源又能保障稳定粮食供给的道路。

第二节 基于健康性评价体系对我国生物能源产业生态系统的总体分析

一、我国生物能源产业生态系统的稳定性

1. 资源方面

(1) 资源分布情况:生物能源的资源主要指现有原料资源和可用于增加原料资源的土地及水等资源。根据《中国可再生能源发展战略研究丛书——生物质能卷》的调查报告,我国具有潜力生产生物质原料的边际性土地多达 13 614 万公顷,相当于现有耕地面积,其中宜农后备地 734 万公顷、宜林后备地 5 704 公顷、边际性农地 2 000 万公顷、边际性林地 5 176 万公顷,但适合种植能源植物的土地资源有待进一步调查研究。由于粮食安全等,以粮食为主要生产原料的一代生物燃料不具备可持续发展性,国家也明确不支持,因此,我们主要考虑非粮原料资源的分布情况。如第四章中介绍,我国生物质资源呈现分散式分布的特征,在全国各地区都有分布,具体情况见表 7-3,并且因为季节生产等具有间隙性。要将分布高度分散的、形式多样的生物质资源采集到一起进行生产,由于成本、物流配套设施不成熟等多方面因素,不仅难度很大,成本也非常高。但我们可以看出,不同地区的生物质资源从种类到数量都还是有区别的,我们需要更好地因地制宜,就近、就地取材,选择合适上马的项目。

表 7-3 全国 2010 年生物质资源分布情况

地区	秸秆资源量/万吨	秸秆标准煤/万吨标准煤	薪柴资源量/万吨	薪柴标准煤/万吨标准煤	畜禽粪便资源量/万吨	粪便标准煤/万吨标准煤
东北区	3 181.3	1 590.6	1 242.9	887.8	10 702.1	378.4
蒙新区	1 802.9	901.5	588.4	420.3	6 650.3	235.1
华北区	6 406.2	3 203.1	2 019.2	1 442.3	19 088.7	674.9
长江中下游	6 599.8	3 299.9	3 271.0	2 336.5	15 807.1	558.9
华南区	1 546.7	773.4	3 283.4	2 345.3	9 138.5	323.1
黄土高原区	1 312.8	656.4	1 132.5	808.9	5 297.1	187.3
西南区	3 016.4	1 508.2	3 899.9	2 785.7	21 500.1	760.2
其他地区	114.9	57.5	47.1	33.6	5 948.1	210.3
全国	23 981.0	11 990.5	15 484.4	11 060.3	94 132.8	3 328.3

资料来源:国家发改委能源研究所 2010 年生物质能发展研究报告

(2) 资源可利用情况:由于生物能源产品形式多样,所以可以用于生物

能源生产的原料资源也多种多样,包括生产一代燃料乙醇的玉米、小麦等粮食资源,生产1.5代燃料乙醇的甜高粱、木薯、甘薯等,生产二代燃料乙醇的农作物秸秆和林业剩余物,此外还有可以用于生产燃料乙醇和生物柴油的废糖蜜、食品加工业和饮食业废油、棉籽油等废弃糖油类资源等。从生物能源总体可以利用的生物质资源来讲,根据《中国可再生能源产业发展报告》中的数据,我国各类可利用生物质资源呈逐步增长的趋势,具体情况见表7-4。

表7-4 我国可利用生物质能资源潜力情况(单位:亿吨标准煤)

类别	可利用量			
	2005年	2010年	2020年	2030年
农作物秸秆	0.69	0.88	1.43	2.34
林木剩余物	0.63	0.71	0.91	1.16
畜禽粪便	1.07	1.21	1.55	1.98
工业有机废物	0.39	0.44	0.57	0.73
城市有机废物	0.025	0.03	0.07	0.15
能源农作物	—	0.04	0.25	0.34
能源林业	—	0.05	0.82	1.32
合计	2.8	3.4	5.6	8.0

但无论是对于不同形式的生物能源产品,还是从不同的时间维度来说,原料资源的差异情况比较大。

在短期内,可用于生产一代燃料乙醇的原料如第五章中分析的那样基本没有增长空间,而目前纤维素乙醇大规模商业化技术还不成熟,可用于生产1.5代燃料乙醇的木薯、甘薯等在进口渠道上也存在系列问题,因此,短期内可以努力的方向就是增加国内生产木薯、甜高粱等原料的能力。国内部分地区还是有较好的挖掘空间,由于木薯适应性广,粗生易种,耐干旱瘠薄,可在旱地缓坡连片栽培,适合在广西等地区种植。以广西为例,据统计全区尚未开发的荒山荒地约800万公顷,其中约有200万公顷干旱的低坡荒地适宜种植木薯,在2~3年时间内,这200万公顷的干旱地的7%~10%完全有可能发展成为种植优良木薯品种的好地,则全区的新增的木薯种植面积可达到14万~20万公顷,以现有亩单产计算,可增加产量225万~300万吨。此外,可通过推广良种良法、品种替换,推广种植甜高粱等。

从中期来讲,由于我国人口数量和饮食水平持续增高,而优良耕地和水资源越来越短缺,可以考虑通过开发劣质边际土地等途径发展能源植物,如种植麻疯树等。相关土地评估显示,我国现有约3 200万~7 600万公顷边际性土地,包括734万~937万公顷后备耕地、866万公顷冬闲田、1 600万~

5 704万公顷后备林地,但适合于能源植物的土地资源有待进一步查清。

从长期来说,我国没有特别多的水土资源作为增量用于生产生物能源的原料资源,更多地应该是考虑发展技术来充分利用现有的各种废弃生物质资源。从目前来看,比较可行的应该是利用纤维素乙醇技术充分利用秸秆和林业剩余物等。我国的农作物秸秆和林业剩余物年产量约为 2.5 亿吨,中长期可望达到 6 亿吨以上,可满足年产 300~500 亿吨第二代生物能源的原料需求。

2. 生产政策方面

国务院 2012 年出台了《"十二五"国家战略性新兴产业发展规划》,在新能源产业相关部分明确提出"加强下一代生物燃料技术开发,推进纤维素制乙醇、微藻生物柴油产业化,开展重点地区生物质资源详查评价,鼓励利用边际性土地和近海海洋种植能源作物和能源植物"等意见,拟采取建成 10 万吨级甜高粱乙醇示范工程、实施绿色能源示范县建设、加强生物能源植物原料的育种与产业化、实现低成本纤维素酶和微藻生物柴油技术突破、制定完善生物质能利用技术标准和工程规范、健全检测认证体系等一系列有效措施,发展目标是突破下一代生物液体燃料技术,特别是在纤维素制乙醇技术上取得重大进展,推动生物质能源规模化、专业化、市场化开发建设,促进生物质能加快应用。科技部在此基础上也出台了《生物质能源科技发展"十二五"重点专项规划》,提出了以利用废弃生物质资源(秸秆、畜禽粪便、村镇垃圾等)及能源植物为主,培育一批新型高效生物质新品种,突破一批生物质高效转化与利用的核心技术,培育一批具有市场竞争力的生物质能源企业,培养一支生物质能源研发与产业化人才队伍,构建完善的生物质能源利用及资源综合利用技术体系。可以看出,我国政府对生物能源产业抱有厚望的同时也给予了大力支持,由于现阶段生物能源的成本往往高于常规能源,尤其在初期阶段,构建生物能源产业生态系统各个环节,如原料生产与运输、燃料生产、加注站、车辆应用等,都离不开国家在生产政策上的倾斜。我国在生物能源生产政策上的政策支持,有利于从上游维护生物能源供给系统的稳定性。

二、我国生物能源产业生态系统的可持续发展性

1. 环境保护方面

(1) 环境改善能力。从巴西、美国的实践经验,以及像本书前面有关部

分分析的那样，生物能源特别是二代燃料乙醇对降低环境污染、减少温室气体排放具有良好效果。环境污染是制约我国经济增长的最大矛盾之一，也是我国当前面临的最严峻的问题之一，而造成环境污染的重要原因之一来自化石能源的大量利用，因此，我国通过大力发展生物能源可以调整和优化能源结构，降低能源排放强度，为我国经济发展争取更大的环境排放空间。尤其是在以粮食为原料生产生物能源已经被逐步摒弃的背景下，采用多样化的非粮原料生产生物能源对于我国的环境保护意义更为重大。例如，我国有机废弃物产量居世界前列，以年均5%~10%的速度递增，如果把这些废弃物白白扔掉或者烧掉，无疑既浪费了能源又污染了环境，有效利用这些有机废弃物生产生物能源，可以节约资源、防止污染、增加农民收入，可谓利国利民。又比如，我国有大量植被贫乏、原始生产力低、生态薄弱的边际性土地，包括盐碱地、荒山、荒坡、沙地等，在这些土地上种植能源生物质，既可以为生物能源提供原料，又可以改造当地环境，大量增加二氧化碳的固定量，形成新的碳汇而实现减排作用，这本身就是一个生态改善的过程。

（2）资源环境约束情况。如上文分析的那样，尽管粮食安全因素、耕地资源的有限性对发展一代生物能源确实形成了发展障碍，但发展1.5代燃料乙醇还有余量可以挖掘，发展二代燃料乙醇有较大的空间。因此，从中长期来讲，资源环境对生物能源产业的发展还是可以起到良好的支撑作用的。

我国"十二五"规划明确提出"面对日趋强化的资源环境约束，必须增强危机意识，树立绿色、低碳发展理念，以节能减排为重点，健全激励与约束机制，加快构建资源节约、环境友好的生产方式和消费模式，增强可持续发展能力，提高生态文明水平"。党的十八大报告也大力提倡"把生态文明建设放在突出地位，融入经济建设、政治建设、文化建设、社会建设各方面和全过程，努力建设美丽中国，实现中华民族永续发展"，从这个角度来看，我国的生物能源产业具有较好的可持续性和发展前景。

2. 消费政策方面

2012年出台的《"十二五"国家战略性新兴产业发展规划》中提出了生物能源产业在2015年和2020年的发展目标，其中生物液体燃料2015年的年利用量要达到500万吨，2020年的年利用量要达到1 200万吨，同时在2020年要实现新一代生物液体燃料的商业化推广，此外，还要完善生物燃料、能源化利用农林废弃物的激励政策及市场流通机制。《生物质能源科技发展"十二五"重点专项规划》也提出"加强生物质能源科技创新统筹协调，推动有关部门完善生物质科技发展相关政策和法规，落实国家投资补贴和税收减免政策，制订促进快速发展生物质能源的燃料替代行动计划以及示范工程推广应用的后补助政策，联合相关部门支持科技补助方式创新，推进制定补贴生物质能源产品、企业和用户的政策"。这些政策的出台有利于在下游保持生物能源消费系统的可持续性，实现引导和促进生物能源产业健康发展的目标。

三、我国生物能源产业生态系统关键种企业的成长性

关键种企业方面。进入21世纪以来，我国在黑龙江、吉林、辽宁、河南、安徽、广西、河北、山东、江苏、湖北等地区全部或局部开展车用乙醇汽油试点工作，初步形成了我国现有燃料乙醇市场格局，也初步形成了一些具备一定规模的生物能源企业，这些企业在国家扶持和自身努力下，在技术发展、管理规范和市场拓展等方面不断提升实力，在我国生物能源产业的发展过程中，它们作为关键种企业将发挥重要的作用。我国在燃料乙醇的生产上实行的是国家指定企业定点生产制度，目前在燃料乙醇行业较为成熟的代表性企业有吉林燃料乙醇有限责任公司、河南天冠集团、安徽丰原生物化学股份有限公司、中粮生化能源（肇东）有限公司及广西中粮生物质能源有限公司，目前总生产能力已经超过了180万吨/年。另外，山东龙力生物科技股份有限公司获得国家燃料乙醇定点资格成为国内首家纤维素乙醇生产定点企业，在二代燃料乙醇生产企业中占据举足轻重的位置。

下面分别以吉林燃料乙醇有限责任公司、河南天冠集团和山东龙力生物科技股份有限公司作为实证研究对象，结合本书第六章中提出的关键种企业成长性评价体系，对我国生物能源产业生态系统中关键种企业的成长性进行评价和分析。

案例1：吉林燃料乙醇有限责任公司

吉林燃料乙醇有限责任公司创立于2001年，是由中石油、吉林粮食集团有限公司和中粮集团有限公司共同出资的，注册资本12亿元，位于吉林市经济技术开发区中心地带，占地140公顷。[181]

生产竞争力

"十五"期间国家实施了新兴能源的试点和示范工程——吉林60万吨/年燃料乙醇项目，这是吉林燃料乙醇有限责任公司的发展基础。2003年该公司建成了年产30万吨燃料乙醇能力的生产线，在当时是国内规模最大也是现代化程度最高的乙醇生产企业。吉林是玉米主产区、全国最大的商品粮生产基

地,起初吉林燃料乙醇有限责任公司着力发展玉米乙醇,既大量消耗"陈化粮",又提高了当地农民种植玉米的积极性。采用当时国外最先进的技术和设备,并且在国内首创了改良湿法的生产工艺,做到了1吨生物燃料乙醇消耗玉米3.1吨,耗能0.5~0.6吨标准煤(当时美国的燃料玉米能耗相当于0.4吨标准煤)。吉林燃料乙醇有限责任公司进一步延长其产业链,以燃料乙醇为主体的同时向其他副产品深加工延伸,例如,利用蒸馏过程中产生的酒糟生产出优质酒糟蛋白饲料,从玉米中提取胚芽后生产出玉米油,变废为宝,使玉米资源得到更加充分的利用,在生产1吨燃料乙醇的同时还能产出酒糟饲料0.95吨及玉米油67千克。2005年和2006年经过两次改造,吉林燃料乙醇有限责任公司燃料乙醇年产量达到了40万吨左右,2007年年产量达到50万吨,同时产出酒糟蛋白饲料43万吨/年、玉米油2.25万吨/年、乙酸乙酯5万吨/年,每年加工转化玉米165万吨[182]。后来国家出于粮食安全考虑,以玉米等粮食为原料的第一代燃料乙醇逐渐被淡化,吉林燃料乙醇有限责任公司也迅速转型,于2007年9月底在江苏省启动了年产3 000吨的甜高粱茎秆制乙醇示范项目,使燃料乙醇生产的原料多样化,为公司非粮燃料乙醇时代继续保持较强的生产竞争力而做准备。[182]因此,吉林燃料乙醇有限责任公司目前已经形成了以燃料乙醇为主体,以酒糟饲料、玉米油等副产品的深加工为延伸的完整的产业链条。

技术竞争力

为了提高公司的技术竞争力,吉林燃料乙醇有限责任公司本着"以人为本"的原则,大力优化了公司员工的人才结构,目前公司正式员工500余人,其中60%的人具有大专以上至博士学位,45%的员工具有专业技术职务,在操作层员工中大多数都已经取得中级工到高级工的职业技能资格,所有员工平均年龄仅34岁,这支结构优化、专业素养较高的人才团队是该公司的宝贵财富。[183]

吉林燃料乙醇有限责任公司在培养人才储备的同时,大力增强产学研合作力度,与许多大专院校、科研院所进行成果对接,广泛吸收国内外先进科研成果,联合进行中试和生产试验。为了在优势领域提升自主创新能力,吉林燃料乙醇有限责任公司还开发出了一批具有自主知识产权的设备、技术及产品。例如,该公司探索出了拥有自主知识产权的改良湿法,大大简化了当时流行的湿法生产燃料乙醇的工艺流程,降低了成本,这个国内首创的工艺生产出的燃料乙醇含量在99.5%以上;又如吉林燃料乙醇有限责任公司大力推进关键常规设备的国产化,既降低了设备投资,又促进了国产燃料乙醇设备的改进，而且对设计方案进行了优化，降低配套工程的成本，强化主装置的品质。目前吉林燃料乙醇有限责任公司已经建成了完善的技术中心，形成了以发展规划部、技术中心、质检中心为主体的科研体系，并配套了全自动生物反应器、高效液相色谱仪、离子色谱仪等先进的科研设备。

管理竞争力

吉林燃料乙醇有限责任公司实行董事会领导下的总经理负责制，在按照《公司法》规范运作的同时，对公司的管理模式进行了创新。该公司坚持"规模适度、平台先进"的原则，摒弃计划经济下国企常见的人浮于事的旧习，把注意力集中在生产、经营和发展上，在内部管理上确立了"五个不配"、"四个不办"的原则，通过精简岗位将员工数量控制在了500余人，仅为同类型企业的1/4左右。同时，该公司实行公开招聘和业绩考评制来提高员工的积极性和工作效率。

吉林燃料乙醇有限责任公司重视质量管理，在成立之初就建立了质量、环境、职业健康安全三合一的管理体系，三者分别通过了ISO 9001—2000、ISO 14001—1996、OHSAS 18001—2001的认证，拥有一套完整的《管理手册》、《管理程序》等公司内部规范，形成了自上而下的完整的预防、管理和控制体系，并获得了国家标准化管理委员会的肯定，公司的质量检测中心也通过了国家级实验室认可。

另外，值得一提的是，吉林燃料乙醇有限责任公司还制定了《职业健康安全管理方案》和《危险源辨识和风险评价手册》等，建立了长效的风险分类分析治理机制，以便对生产过程中的危险因素进行管理，及时识别并评价潜在风险，使每位员工清楚地认识到自己岗位的重要性。

市场竞争力

吉林燃料乙醇有限责任公司目前已经具备了较强的市场竞争力，其主导产品——燃料乙醇已成功在吉林、辽宁两省封闭推广使用，作为绿色环保能源，取得了显著的社会效益和环境效益。首先，这与国家、地方政府的政策支持密不可分，吉林燃料乙醇有限责任公司是国家批准建立的第一个大型燃料乙醇生产基地，2003年和2004年吉林省政府和辽宁省政府先后颁布了《吉林省销售和使用车用乙醇汽油暂行规定》和《辽宁省销售和使用车用乙醇汽油的规定》，为该公司打开了两省市场，而且政府大力支持加油网络建设、组建乙醇汽油领导小组、规范燃料乙醇市场等行为都对吉林燃料乙醇有限责任公司的发展起到了巨大的促进作用，主导产品燃料乙醇作为绿色环保能源已成功在吉林、辽宁两省封闭推广使用[181]。其次，吉林燃料乙醇有限责任公司所取得的成绩与自身的努力也密不可分，该公司一开始就本着"绿色产品、绿色工艺"的建设思路，花大力气建设符合国家要求的高品质环保设施，建立了行业领先的绿色生产运行系统，符合国家清洁能源的要求与和谐发展的趋势。

案例2：天冠集团

首钢控股河南天冠企业集团有限公司（简称河南天冠集团）位于历史文化名城南阳市，该公司现有在职员工6 500余人，占地4 300余亩，总资产约70亿元。

生产竞争力

天冠的产品范围较广，设计生物能源、生物化工、有机化工、精细化工、工业气体、电力、饮料酒等，其主要产品包括燃料乙醇、酒精、生物天然气、全降解塑料、生物柴油、谷朊粉、DDG饲料、总溶剂、多元醇、二氧化碳、白酒、啤酒等，产品总产量约100余万吨，年收入超过60亿元。天冠经过多年发展，逐渐形成了以生物能源及生物化工为主体，以综合利用和精深加工为双翼的"一体两翼"格局。在生物能源方面，天冠拥有年产50万吨的燃料乙醇生产能力，以及可持续复制的年产1万吨纤维乙醇标准示范装置，同时还建有年产1.5亿立方米生物天然气工程。从原料资源上讲，南阳水资源十分丰富，占河南全省总量的20.4%，另外河南省粮食产量高居全国第三位，南阳又是河南省的粮食主产区。

在"一体两翼"战略的基础上，河南天冠集团把燃料乙醇产业作为重中之重，坚持以低碳、循环与可持续发展为核心生产理念，确立了新的战略发展规划——"生物炼制、能化并举"，该规划一方面以产品价值的多层次、多梯次开发和资源最大化利用为手段，围绕生物质资源的精深加工与综合转化，不断完善生物能源产业链，目前已经形成了以燃料乙醇为主线，联产生物天然气、饲料、蛋白粉、油料、固体燃料和有机肥的成熟体系；同时，河南天冠集团以生物能源为依托开发了生物化工产业链，大力推进生物乙烯、PPC全降解塑料等项目，形成"能化并举、双轮驱动"的局面，发展迅速。另一方面，河南天冠集团通过在各产品之间建立内在的有机联系和设计科学的循环路线（图7-4），把产业链中产生的废弃物进行回收，并加以资源化和无害化处理，使其以二氧化碳和水的终极形式返回大自然，不产生有害物质，从而达到了节能减碳和变废为宝的目的。通过上述一系列努力，河南天冠集团最终把整个生物质的生产转化过程，打造成为绿色、低碳、环保、持续发展的循环经济产业链，形成取之于自然、用之于自然、还之于自然的良性循环。根据河南天冠集团提出的目标，将形成208万吨燃料乙醇、100万吨综合利用产品、20万吨全降解塑料产品、5亿立方米生物天然气、100万吨综合利用产品、20万吨生物质化工产品的综合生产能力，年销售额超过300亿元，税利35亿元。

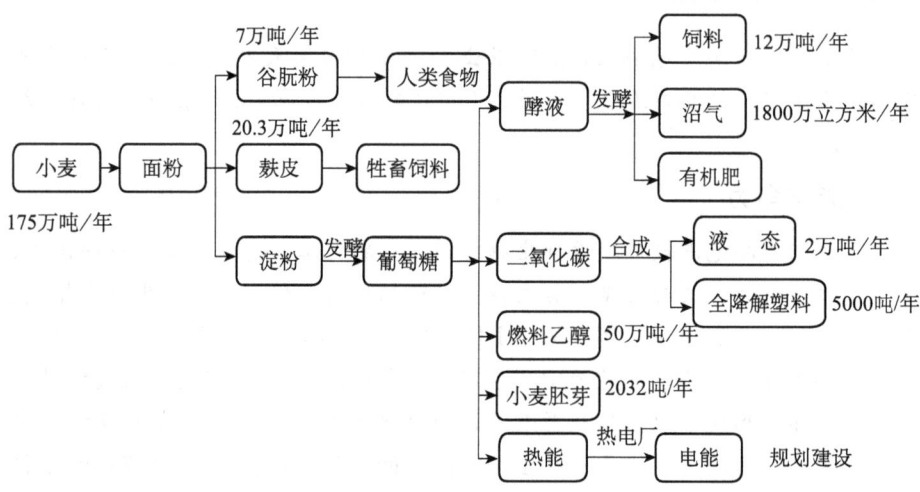

图7-4　天冠燃料乙醇生产线示意图

技术竞争力

"科学技术是第一生产力"，这是河南天冠集团在发展中始终坚持的指导思想，因此，天冠在注重自主研发的同时加强了产学研合作，重视引进高技术专业人才，重视构筑高水平的科研平台，从而形成了较强的企业研发能力，不断完善自身技术和工艺水平，不断提升产品的有关标准和整体生产水平。例如，河南天冠集团在燃料乙醇生产中的低成本脱水技术是目前国际最先进的（通过组团对美国考察可得以验证），比现有的共沸法、分子筛、盐萃取、膜分离等都更适合低成本和规模化生产。此外，河南天冠集团还针对乙醇与汽油的混配使用开展了大量的研究工作，解决了含水乙醇变性与汽油混配、无水乙醇与汽油直接任意混配的问题，并进行了单车、批量、大批量行车实验，同时还在国家规定单位进行了油品混配的分析、检验，做了常用车型的台架试验，对尾气排放均做了完整、规范的测试，均取得了较好的效果。目前，河南天冠集团的科研领域已经涵盖了生物技术、基因技术、化工技术及纳米技术等多个领域。

根据河南天冠集团提供的资料，目前该公司已经形成了行业领先的技术优势，获得151项科研成果（其中国家级22项、省部级84项），以及23项重要专用技术和发明专利，多项成果在国内外具有重要影响。例如，南阳5号和南阳8号酵母是经典工业乙醇生产酵母，已经被列入乙醇教科书，在全国应用广泛；河南天冠集团燃料乙醇的原料采用多元化清洁生产工艺，更是该企业数十年生产实践经验积累的结晶，堪称乙醇工艺的行业典范；国家级发明专利生物天然气技术受到较多关注，并被联合国有关组织高度认可，将其认定为具有国际性推广价值的技术项目；开发出的车用生物天然气使天然气新能源汽车迅速得到开发推广，还成功研发出生物柴油；在纤维素乙醇技术方面也取得了一定的突破，尤其是万吨级纤维素乙醇产业化示范项目成功实现了纯生物质生产，使我国在第二代生物燃料研发的竞争中占据了更加有利的位置，河南天冠集团已经具备了很强的技术竞争力。

河南天冠集团在生物能源技术上取得的一系列成果，是与其对人才队伍建设和科学研究的重视紧密相关的。河南天冠集团通过实施各种有效的人才工程，吸引并留住各类人才，努力营造良好的环境和企业文化氛围，形成了较好的人才梯度。在具体操作上，河南天冠集团一方面通过建立各类研发平台引进行业科技前沿领域的专家，加强重大课题研究攻关；另一方面以科技合作、项目开发等形式汇聚在生物能源领域有专利技术的高精尖人才，促进产品研究开发，并推动科研技术的产业化转化，从而不断提升企业的创新能力。目前，天冠已经同多家科研单位和大专院校建立了合作关系，包括中国科学院、中国农业科学院、清华大学、华中科技大学、中山大学、中国农业大学、浙江大学、山东大学等。值得一提的是，天冠还和英国伦敦大学学院共同设立生物能源联合实验室，旨在引进及共同开发先进低碳生物能源、化工技术，推进该类技术产业化，引进及共同培养低碳技术人才等。强大的人才队伍成为河南天冠集团发展生物能源的中坚力量，目前河南天冠集团的专家团队承担着几十项生物能源和生物化工领域的研究课题，其中不乏国家863计划、国家科技支撑计划等重大课题。为了加强研发能力，河南天冠集团还先后组建了国家级企业技术中心、博士后科研工作站、国家生物质燃料加工技术研发分中心和河南省生物燃料工程技术研究中心，特别值得一提的是，2012年还依托河南天冠集团成立了车用生物燃料技术国家重点实验室，这些都已经成为相关研究领域内产学研结合的有效载体和平台，在中国生物燃料的研究领域占据了一席之地。

管理竞争力

河南天冠集团把企业管理放在非常重要的位置,河南天冠集团从1998年开始导入ISO9002质量体系,将其主要产品类型全部纳入质量体系认证工作,严格的管理使该公司每年都顺利通过认证中心的年度监督审核。2003年,河南天冠集团进行了"ISO9001:2000"的转版认证,取得了乙醇、白酒、醋酸、二氧化碳等主要产品的认证证书;随后两年,天冠以质量认证为基础,逐步对谷朊粉、醋酸等产品推行HACCP认证管理体系,保证采用不锈钢制作所有与产品接触的设备管道,进而实现封闭生产状态,避免外来污染,以确保产品品质,也因此曾获得国家质量监督检验检疫总局的好评。天冠严格按照国际质量体系认证的要求,制定出了一整套质量管理体系,涵盖了从质量方针与目标的制定到供产销全过程的质量控制、质量检查等各环节,这些措施为提高企业的综合竞争力、促使企业走向持续发展道路提供了强力保障。

市场竞争力

2004年11月,河南省省政府第84号令发布《河南省车用乙醇汽油管理办法》(以下简称《办法》),河南省全境自2004年12月1日起,规定推广车用乙醇汽油。河南成为国家规定在全境范围推广乙醇汽油的五个省份之一。河南天冠集团提出"以市场为导向,以科技为支撑,以管理为依托",因此,河南天冠集团在科技和管理方面下大力气、努力提高自身生产能力的最终目的是在市场竞争中占据一席之地。经过上述努力,河南天冠集团已经在中国的生物能源市场中占据了重要的地位,目前河南天冠集团已经成为国内唯一一家同时具有燃料乙醇、生物天然气、生物柴油三大生物能源产品的企业,被国务院确定为国家520家重点企业之一,被河南省省政府确定为50家高成长型重点企业集团之一,也是国家新能源高技术产业基地主体企业之一。作为国家指定的燃料乙醇定点生产厂家,河南天冠集团还是生物能源行业唯一的国家循环经济试点企业,也是全国变性燃料乙醇和燃料乙醇标准化技术委员会的依托单位。事实上,河南天冠集团在建设之初就表现出了长远的市场眼光,在其地址选择上充分考虑了原料和交通优势。河南天冠集团位于南阳市区,交通十分便利,基于公路和铁路的大十字网,其运输半径涵括北京、上海、郑州、石家庄、合肥、南京、武汉、西安、长沙等省会城市,运输距离均在1 000千米之内。南阳四季分明,环境适宜,原料非常丰富。

案例3：山东龙力生物科技股份有限公司

山东龙力生物科技股份有限公司（以下简称"龙力"）成立于2001年6月，是一家致力于现代生物工程研究与开发的国家重点高新技术企业，主营业务涉及生物产业、新能源产业、新材料产业三大国家战略性新兴产业。

生产竞争力

龙力以可再生资源的高效、循环利用为开发方向，秉承"生物炼制、绿色循环"的生产理念，致力于打造"玉米全株产业链"的发展目标，努力构建以玉米芯为原料的低成本、高技术的循环经济模式（图7-5，来自公司网站）。龙力的主要产品虽然是从低聚木糖起步，但是经过多年发展，已经逐步向淀粉、淀粉糖、木糖醇、纤维素乙醇等延伸，龙力目前已经形成了以功能糖、淀粉糖、新能源、新材料四个产业链为主导的较强生产竞争力。公司以玉米芯、玉米为原料，采用现代生物工程技术生产功能糖、淀粉及淀粉糖等产品，并循环利用功能糖生产中产生的玉米芯废渣来生产第二代燃料乙醇等新能源产品及木质素等高分子材料产品，主导产品包括低聚木糖、木糖醇及其衍生的食品、保健品和药品等、玉米淀粉、结晶葡萄糖、高麦芽糖浆、变性淀粉及纤维素乙醇产品等。实际上，目前龙力主营业务涵盖了生物产业、新能源产业、新材料产业三大战略性新兴产业，而其中以纤维素乙醇为主线的新能源产品链则是龙力最引人注目的亮点。

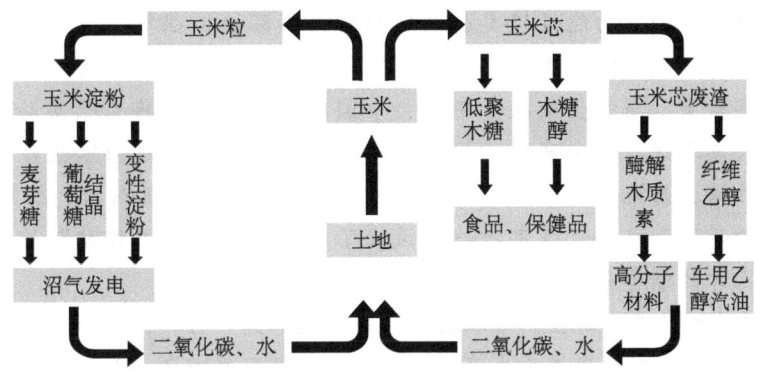

图7-5 龙力循环经济链条图

根据龙力提供的资料，企业从2005年开始研发纤维素乙醇生产技术，2006年成果顺利通过山东省科技厅成果鉴定，2007年建成了国内外第一套以玉米芯废渣为原料生产燃料乙醇的工业装置，并于同年中试生产线通过成果鉴定，总体达到国内领先水平。2009年10月完成了以玉米芯废渣为原料生产纤维素乙醇的生产线建设,其原料木糖渣仅占总成本的3.7%,而传统玉米乙醇的原料(即玉米)占总成本的比例高达82%,可见龙力在生产成本上具有明显优势。2009年龙力的纤维物乙醇生产线处于调试磨合阶段,实现小规模生产2 000多吨。2010年,龙力的纤维素乙醇实现了规模化生产,当年生产规模超过3.5万吨,销售收入超过1.6亿元。2011年,龙力共生产纤维素乙醇超过4万吨。如今,纤维素乙醇已经成为龙力主营业务收入和利润的重要组成部分,并有望成为公司未来发展的重要支柱。

技术竞争力

龙力一直高度重视提高企业的技术竞争力,重视产学研结合,与清华大学、中国农业大学、山东大学、中国海洋大学、浙江大学等高校有着长期稳定的合作,聘请了30多位专家教授担任公司的技术顾问,实现了广泛和深入的技术交流和资源共享。在强大的人才团队的支持下,龙力承担了包括国家科技攻关计划、国家火炬计划、国家863计划、国家高技术产业化示范工程项目、国家生物质高技术产业化专项等几十项重大课题和项目,目前取得了一批科研成果和拥有自主知识产权的核心技术,申请30多项专利,其中20多项获得了授权,先后获得了3项国家级奖项,分别是"玉米芯酶法制备低聚木糖"项目获2006年度国家技术发明二等奖、"玉米芯废渣制备纤维素乙醇"项目获2011年度国家技术发明二等奖、"嗜热真菌耐热木聚糖酶的产业化"项目获2011年度国家科学技术进步二等奖。目前,龙力还建立了国家功能性糖类公共实验室、国家糖工程技术研究中心龙力分中心、山东省功能糖工程中心、省级企业技术中心、山东省秸秆生物炼制重点实验室、省级企业技术中心、中国农业大学共建酶工程实验室、中国海洋大学共建海洋中药现代化工程中心、山东大学共建国家生命科学与技术人才培养基地等研发平台,为公司培养了一大批科研人才。2010年龙力经人力资源和社会保障部批准,设立了"博士后科研工作站"作为企业高层次人才的储备库。

龙力在纤维素乙醇生产领域具有较强的技术竞争力。2005年,龙力率先全面进入利用玉米芯废渣来生产纤维乙醇的项目研发中来;2006年,龙力与山东大学联合开发了"利用现代生物技术酶解工业纤维废渣生产乙醇技术",并且取得了"利用玉米芯加工残渣发酵生产纤维素酒精的方法"的国家发明专利。在国际上,成本居高不下是纤维素乙醇产业得不到大规模产业化生产的根本原因,针对纤维素乙醇在原料和纤维素酶方面存在的国际性难题,龙力进行了科技攻关,取得了一些技术突破。在原料方面,龙力发明了低成本、高效率的木糖渣预处理技术，大大压缩了成本，提升了产品附加值，产生了可观的效益；在纤维素酶方面，拥有一系列国家发明专利，如从培养基入手的"木糖渣等廉价工业副产物为碳源、氮源的廉价培养基配方"专利、从菌株入手的"斜卧青霉工业菌株就地生产廉价的纤维酶技术"专利、从活性入手的"高活性纤维素酶的制造方法"专利、从机制入手的"浓醪发酵、代谢调控机制纤维素酶的高效生产技术"专利等。

管理竞争力

龙力倡导"产品质量零缺陷，服务标准无极限"的管理理念，建立科学的质量管控体系，打造产品安全保障体系，以期在本行业建立核心竞争力。龙力通过积极开展各项贯标认证活动，先后取得了 ISO 9001、ISO 14001 等质量和环境管理体系认证，OHSAS 18001 职业健康安全管理体系认证，食品与药品的 GMP 认证，HACCP 认证，药品生产许可证，美国 FDA 注册，犹太食品认证，清洁生产认证，伊斯兰教哈拉认证等，使企业形成了全产业链的食品安全质量控制体系。

在原料方面，龙力对原料来源地区的农业环境质量进行调研与监测，并以高标准要求原辅料供应商，针对不同的原辅料对相应的供应商实行分类管理，在合作之前对供应商进行现场审核；龙力筛选原料及生产用辅料，严格按照控制性文件对其实行批批检验，确保原辅料的质量指标符合标准要求，并依照现行国家标准或行业标准制定、完善公司所需的原辅料验收标准。在生产方面，龙力成品包装间按照 GMP 车间设计，配备有中央空调和除湿机，包装间的温湿度及正压设为关键控制点，加之完善的生产技术，减少人为污染及误差，将质量问题降到最低。先进的录像监控系统对生产关键控制点实施 24 小时全程监控；大力推行现场 6S、OEC 管理、TPM 设备全面管理，鼓励创新，不断加强监督检查力度，实现现场规范化、制度化和标准化的精细化现场管理；实施精益生产把精益的管理思想渗透到生产管理的每个细节，在降低生产成本的同时也显著提升了产品质量。在检验方面，龙力的产品检测中心通过了中国合格评定国家认可委员会的评定，获得国家实验室认可，并配有高标准和高专业技能的检测人员，对每批产品进行全项检测，严格按照检测报告对产品进行分类储存及销售。通过上述措施，龙力把品牌战略贯彻到公司经营的各个环节，建成了完善的产品售前、售中、售后服务体系。

龙力重视人才管理，把"人本"作为企业的核心价值观之一，认为人才是企业发展的终极动力，非常重视企业的人才队伍建设。龙力长期以来积极开发人力资源,以"引进、培训、考评、提升"为主要方针,建立了公开、公平、公正的用人原则,把"创建学习型组织"、"争做知识型职工"纳入企业发展总体规划。建立考核目标体系,通过竞争上岗优化组合机制;搭建学习平台,通过完善培训体系提高员工素质;创新管理方式,通过引进人才为企业发展注入新鲜活力。

市场竞争力

对技术、人才和管理的重视使龙力具备了比较强的市场竞争力,现在龙力已经成为国内最大、市场占有率最高的低聚木糖生产企业,也是国内功能糖领域重点支柱企业,目前龙力牌食品添加剂木糖醇、低聚木糖产品已经被认定为"山东名牌产品","龙力"商标被认定为中国驰名商标,2011年7月28日龙力在深圳证券交易所A股成功上市,龙力成为全球重要的功能糖生产企业。目前,龙力还名列全国发酵行业循环经济十佳企业、全国淀粉糖行业20强企业、中国食品添加剂和食品配料行业百强企业和山东省农业产业化重点龙头企业。

"生物质能源十二五规划"将推进非粮乙醇行业快速发展,我国非粮乙醇2015年产量目标为350万吨,而我国2012年非粮乙醇产量不足50万吨,发展空间巨大。龙力作为国内唯一的纤维素乙醇生产企业,直接受益于"生物质能源十二五规划"。2012年5月龙力获得了国家燃料乙醇定点资格。龙力纤维素乙醇年产量为5.15万吨/年,目前已与中石化山东分公司签订定向销售意向,公司纤维素乙醇产品将以联动价形式定量销售给中石化山东分公司,同时免征营业税,享受增值税全额退税和国家财政补贴等优惠政策,预计每年将给公司多带来7 000万元的利润。

第三节 我国生物能源产业生态系统当前的突出问题

尽管我国在过去十几年中已经制定若干相关规划并采取多项政策措施来促进生物燃料产业发展,我国生物燃料产业的发展也有初步起色,在技术、市场和管理等方面都有一定进展,但是仍然存在一些比较突出的问题,成为生物能源产业进一步发展的瓶颈,主要包括:原料资源难以得到保障、政策体系的系统性不强、产业开放性不够和技术支撑体系不健全。

一、原料资源难以得到保障

如上文分析，对于一代燃料乙醇而言，以粮食为原料已经难以增加，甚至目前的原料水平都难以长期持续。对于二代燃料乙醇而言，由于生产成本和技术等多方面因素，相当长时间内还难以实现大规模商业化生产，当然，即使有关问题得到解决，如何以合理的成本把高度分散的秸秆等原料搜集到一起进行规模化生产也是需要提前考虑的重要问题。

对于目前具有一定发展空间的1.5代燃料乙醇而言，其原料资源保障也存在较大问题。一方面，在本书第五章中曾经分析到，非粮燃料乙醇的原料一度以木薯为主，但由于我国木薯的供应很多是从泰国、越南等国进口的，其中泰国更是占据了80%的份额，而泰国近年来加大了对其出口限制，价格也不断升高，不仅木薯乙醇生产企业难以承担，也使木薯乙醇与玉米乙醇相比失去了成本优势。另一方面，我国自己种植木薯和甜玉米等原料也还有实际困难，主要原因有以下三点。第一，不同部门和研究机构对我国缺少科学评价和规划的大量边际土地如盐碱地等生产资源的潜力的看法存在明显差异，究竟有多少适合种植生物质资源的土地及其生产能力还没有可靠的答案，实际上，由于边际土地测量周期比较长，历史数据往往大大滞后于现实，例如，南方不少宜农宜林荒山荒坡已经被当地农民开荒利用，但还在有关部门的边际性土地统计数据中。第二，生物能源产业由于涉及农业、工业和服务业等多个领域，农业主管部门对生物能源产业中的原料种植缺少系统规划，例如，《"十二五"国家战略性新兴产业发展规划》中生物农业产业部分并没有提出生物质能源原料种植有关计划，农业部和各地区也没有进一步制订促进木薯、甜玉米等原料种植发展专项计划，更多的是学者专家的分析和建议。第三，木薯和甜玉米都属于经济农作物，很多时候属于订单农业，需要根据订单和市场需求来确定种植面积，由于其收获要及时、保存时间不宜过长等特点，如果不能及时销售，那么种植户会有很大的经济损失，并且目前示范应用的甜玉米品种大多数没有经过审定，需要在种植地经过从试种再到大面积种植的过程。而目前的燃料乙醇厂商在地理位置分布，以及采用木薯和甜玉米作为原料来生产燃料乙醇上都存在很大的局限性。

二、政策体系的系统性不强

如上文所述，尽管我国已采取多项政策措施初步形成了一套政策支持体系来促进生物能源产业的发展，但是结合实际情况，目前政策体系的系统性不强,主要体现在以下几个方面。

第一,生物能源产业涉及部门众多,但目前在国家层面没有形成有效的决策和运转机制。生物能源产业被划归到能源工业主管部门管理,而生物能源产业中的源头在于农业,但是根据 2011 年 9 月 8 日的国办发〔2011〕41 号文件,国家能源委员会组成部门中并没有农业部和国家林业局等部门,这对于生物能源产业的推动、对于生物能源在国家能源发展格局中的位置显然是很不利的因素。此外,国家发改委、财政部、科技主管部门、能源主管部门、农业主管部门、国务院国有资产监督管理委员会及各地区在制定发展生物能源产业的政策及规划时,缺少统一有效的协调机制,没有建立国家层面的生物能源产业协调领导小组和办公室。

第二,目前的政策体系自身存在空白之处,一些重要的机制和政策还有待建立,包括:行政监管、经济激励相关政策目前仅限于试点示范阶段少数几个粮食燃料乙醇企业的生产和应用;如何界定非粮乙醇的原料范畴;如何制定有效措施确保原料的稳定和优质供应;如何鼓励资本进入产业;如何保证符合质量标准的非粮液体燃料顺利进入市场和推广应用等。

第三,产业支持政策存在不合理和不明朗的问题。例如,财政部 2007 年印发的《生物能源和生物化工原料基地补助资金管理暂行办法》确定对林业原料基地补助标准原则上核定为 200 元/亩,农业原料基地补助标准为 180 元/亩,该项政策忽略了农业原料和林业原料的种植差别,农业原料基本上都是一年生植物,而林业原料则属多年生植物,甚至是 5 年以上才能产生收益,因此,国家给予的 200 元/亩的补助覆盖的时间跨度是 5 年以上,两者相比之下,支持力度显然是不同的。此外,产业扶持政策也不够明朗。尽管国家颁布了相关鼓励性政策,但缺乏明确的实施细则,使有关企业"看得见但够不着",得不到资金支持。

尽管发展生物能源产业最终要靠市场,要立足于提高企业自身竞争力,但是在发展初期,国家采取合适的经济激励政策将有助于突破制约因素,加快产业发展进程。但是究竟应该采取什么措施可以更好地实现上述目的,是简单地复制现行的既减税免税,又给补贴,又实行价格优惠的多种政策模式,还是把生物燃料原料基地建设、收集储运、加工转换和产品流通及应用视为一个系统,尽量优化政策手段以起到更好的效果?这是一个值得我们进一步探讨的课题。

三、产业开放性不够

第一,国内生物能源市场采取了定点生产、定向流通的封闭式管理体系,整个产业实行的是政策性的封闭运行，国家批准由 4 家陈化粮燃料乙醇企业和广西中粮生物质能源有限公司负责定点生产燃料乙醇，中石油和中石化两公司调配乙醇汽油，未经国家批准而擅自购买其他企业乙醇产品的定点企业将不能享受财政补贴，国内有实力的民营企业没有在燃料乙醇生产等领域获得发展的机会。政府部门严格控制生物燃料乙醇从生产到销售的各个环节，没有形成真正意义上的市场化，从一定程度上干扰了生物能源市场的正常秩序，例如，中石油、中石化只收购拿到正式批文的 4 家定点供应企业的生物燃料乙醇。第二，国内没有出台吸引有实力和经验的外资生物燃料乙醇企业参与我国燃料乙醇产业开发。对于生物能源产业这样一个战略性新兴产业来说，有效借鉴美国、巴西等国发展燃料乙醇的经验的重要途径之一就是要吸引这些国家有实力的燃料乙醇企业来我国投资合作。我们知道，巴西、美国等国的生物燃料乙醇企业不仅允许外资参与，还采取了鼓励性的有效措施，并收到了积极的效果。国外燃料乙醇企业已经积累了比较丰富的技术和管理经验，这对我国生物能源产业的发展尤为重要。第三，我国在燃料乙醇市场采取封闭区域强制使用制度影响了跨地区车辆使用性能，对于市场接受燃料乙醇产品实际上起到了负面的作用。

四、技术支撑体系不健全

生物燃料乙醇要实现大规模生产，并在和其他能源竞争的过程中具有竞争力和生命力，就迫切需要解决整个产业的技术支撑体系建设问题。生物燃料乙醇产业的技术支撑体系包括：生物能源技术工艺和装备生产，生产管理中的高能效、高减排的生产工艺路线，原料种植过程中的良种选育技术，关于生物能源资源评价、技术标准、产品检测和认证等全过程体系，覆盖从原料搜集到产品运送的全过程的物流体系等。目前，我国生物能源产业的上述技术支撑体系还非常不健全，不能适应生物能源产业大规模发展和市场化运营的需要。而技术支撑体系往往正是需要多年积累的关键知识，是科研成果能否实现有效转化的关键所在，对于成本控制、生态效果、产业综合效益、产业不同环节有效衔接实现运转顺畅等都至关重要。值得注意的是，我国目前技术支撑体系建设不能简单照搬其他国家的做法，例如，我国颁布的《变性生物燃料乙醇》和《车用乙醇汽油》有关强制性国家标准在技术内容上等采用了美国材料与试验协会（ASTM）标准，由于各国、各地区生物燃料原料差异性很大，生产工艺也有区别，我国建设生物能源产业支撑体系需要根据我国实际情况开展。

第四节 我国生物能源产业生态系统的发展战略及政策建议

随着我国原油对外依存度的不断增高,石油资源日渐趋紧,生态环境问题日渐突出,发展生物能源产业对我国发展生态文明、实现社会经济可持续发展变得愈发重要。由上文分析可知,我国生物能源产业发展可谓机遇和挑战并存,在具有政策支持、发展潜力良好等有利条件的同时,也存在着一些突出问题亟待解决,因此,我国能否制定正确的发展战略来推动生物能源产业就显得非常重要。

一、发展战略

基于我国实际情况,我国生物能源产业生态系统比较现实的发展战略可以概括为"多做基本功,必须分步走,咬紧不放松"。其中,"多做基本功"包括丰富夯实原料资源、加强技术支撑体系建设、突破关键技术瓶颈、完善政策体系和逐步建立并完善市场机制等基础的、但对当前和长远发展都很重要的工作;"必须分步走"主要指的是要对发展生物能源产业制定分阶段推进目标,中短期立足于发展以木薯和甜高粱为原料的1.5代燃料乙醇,中长期要重点发展纤维素燃料乙醇;"咬紧不放松"主要指的是不能因为当前面临原料保障障碍等一些问题,而忽略发展生物燃料乙醇的重要战略意义,需要通过整合国内各种资源逐步解决生物燃料各个问题,特别是要集成多方技术解决生产过程中各关键环节的技术问题,掌握具有自主知识产权的纤维素乙醇和合成燃料生产技术,进一步巩固和扩大生物液体燃料产业,加速推进我国纤维素乙醇技术的产业化进程,使生物燃料乙醇年生产量逐步达到数千万吨,成为我国能源结构中占有重要地位的清洁替代燃料[184],同时在未来国际二代燃料乙醇竞争中占据有利位置。

二、政策建议

完善的产业政策是顺利完成生物能源产业发展战略的基本保障,应进一步完善适应生物燃料乙醇发展战略的支持和监管政策体系。本书系统梳理了我国生物能源现行政策,可分为战略规划与总体计划类、法律法规类、行政监督与行业管理类、经济激励类共四类,详见书后"附录Ⅲ 我国生物能源现行政策概览表"。在搞清现行政策体系现状后,根据我国生物能源产业发展战略目标并结合我国实际现状,提出如下政策建议。

第一,加强统筹规划,防止被边缘化。发展生物燃料乙醇作为国家的一项战略性举措,政策性强、难度大、发展周期长,涉及原料种植和生产、原料加工、乙醇生产、乙醇与组分油混配、储运和流通等多个环节,涉及相关配套规划、政策、标准和法规制定等多方面工作,因此,这是一项需要能源、产业、农林、国土、科技、财政、税收等多部门协同配合才能做好的复杂系统工程。因此,建议将农林主管部门增加进国家能源委员会组成部门,同时建立国家层面的生物能源产业协调领导小组和办公室,定期对生物能源产业发展相关问题开协调会议,检查各相关部门是否按照发展战略推进有关工作的同时解决现实问题。

第二,统一发展思路,避免各自为政。首先,从各主管部门政策的配套互补性上来说,总结过去十几年中国生物能源产业发展的历程,可以看出国家各部门曾经在生物能源发展非粮路线上高度一致,但目前能源、科技、农林和国土等相关部门对生物能源产业的认识并不一致,有些出台了相关规划和政策,有些还没有跟进措施,这就像木桶原理说的那样,整个生物能源产业难以发展,是因为受到了一些"短板"的限制,因此,各部门迫切需要统一对发展生物能源意义及思路的认识,这样在行动上才能相互一致、彼此配合。其次,应特别注重"政产学研"相结合的问题。生物能源产业是战略性新兴产业,发展面临若干政策、技术和市场等瓶颈问题,只有政、产、学、研共同发力,才能有较好的效果。最后,发展生物能源产业的思路不仅应停留在国家主管部门层面,更重要的是积极向地区、企业和农民宣传介绍产业机遇、有关政策,以及进行各种技术推广培训,避免信息不对称导致实际效果不好。

第三,转变发展理念,立足可持续发展。生物燃料的发端及发展主要是出于生态和环境的考虑,其发展的基础就是能够实现可持续发展。首先,产业内部应加强环保生态概念,不断降低能耗实现更好的能量效益,不断优化生产流程实现更好的环保效果。其次,生物能源对原料资源应该争取做到"吃干榨净",从利用单一原料生产单一产品向可利用多种原料生产多种产品转变,在生产生物燃料乙醇的同时注重开发各种附加产品,特别是开发高附加值的副产品和新产品,充分实现资源价值最大化。最后,要从生物燃料生产的全过程、全生命周期角度来看待其能量效益和环保效应,包括评估全生命周期的能量效益和温室气体减排效应,评估土地资源合理开发利用,全面评价对生态多样性的影响等，不能局限于生物燃料乙醇就生产论生产和就使用论使用的产业发展理念。此外，由于原料资源是否可持续对于燃料乙醇产业是否能可持续发展至关重要，近期和中期把产业链重心向能源植物种植和原料生产倾斜，应特别重视在部分有条件的地区保质保量地落实甜玉米和木薯等1.5代原料种植，同时要研究如何在中长期加强收集利用农作物秸秆和林业剩余物资源，合理布局建设木质能源林和工程微藻生产基地。

第四，完善政策体系，系统推进发展。政府要更好地发挥在促进生物能源产业中的重要作用，制定政策时在体现国家意志和创新导向性的同时，要注重切实采取能够促进生物能源产业发展的针对性政策。同时，各部门的政策和规划一定要配套，注意避免出现相互矛盾或者本位主义的情况，国家层面可以制定更加长期、综合的产业发展规划，关键指标可以更加具体一些。国家各部门应该尽快建立健全涵盖生物能源原料资源开发保障、原料加工和燃料乙醇生产、燃料乙醇流通和使用等全过程的产业监管和激励政策，特别要针对1.5代燃料乙醇和二代燃料乙醇制定与其发展进程相匹配的政策和管理办法。政策制定过程中在借鉴国外成功经验的基础上要立足中国国情，从自身情况出发，考虑长远利益。特别要注意的是，要抓好政策落实和执行，防止"看得见但够不着"、申请不透明、手续烦琐、时间过长等现象，从而影响政策实施效果。此外，建议有关部门对现行各项政策的实施效果进行认真的评估并完善政策内容及操作程序。

第五，重视科技创新，提升核心竞争力。首先，应该针对生物能源产业涉及的重要科技创新任务制订具体工作计划，并对生物能源的原料生产技术、生物资源转化技术、燃料乙醇应用技术等重点任务制定详细的技术发展路线图。[189]其次，建议增大科研投入设立专项加强生物能源基础研究和关键技术研究，同步开展新燃料和新发动机研究，加强跟踪国际相关科技进展的同时和国际相关机构加强开展对纤维素利用、废弃物处理、工艺改良等的有关研究。其次，进一步建立完善技术支撑体系，为我国生物能源产业发展提供专业化服务，如建立依托于科研机构、企业和高校的生物能源技术创新基地和产业中心等。此外，非常重要的是，要让各类生物能源企业成为技术创新的主体，鼓励有实力的大型企业开展生物能源共性技术研发，与科研机构、大学加强合作，共同承担国家生物能源重大科技项目、共同参与生物能源关键技术研发，同时要注意扶持小型生物能源企业开展技术和工艺创新。

第六，完善市场机制，推动市场发展。要充分发挥市场在推动生物能源产业发展方面的基础性作用，充分调动生物能源产业生态系统中相关各方的积极性，从而有效配置和利用各种生物能源产业可利用的资源。首先，应加强行业管理，制定统一标准，至少应包括非粮原料资源类型、生产工艺清洁节能指标、产品质量技术标准等。其次，要畅通燃料乙醇流通渠道，增强上、中、下游产业的衔接，市场不成熟时从政府层面制定指导价统一收购制度，建立和用好政府采购生物能源产品的有关政策，中石油、中石化等企业要按有关法律规定全额收购生物燃料乙醇产品，并积极建设混配中心，以促进生物能源产品在发展初期的推广使用，并降低燃料乙醇生产企业风险，并且从长期来看，我国生物能源市场现行的封闭区域调配使用制度应逐步调整为拓展使用方式、消费者自由选择。最后，要逐步开放市场形成多元化的市场竞争格局，鼓励多种所有制的内外资企业进入1.5代和二代燃料乙醇研发生产领域，同时考虑到生物质原料的分散性及成本等因素，应注重结合各地区条件加强发展中小规模、呈分布式布局的燃料乙醇加工厂，例如，东北玉米秸秆多可以重点发展秸秆乙醇产业，广西木薯多可以重点发展木薯乙醇产业，因此，应该特别注重给予民营企业政策支持以调动其积极性并发挥其优势。此外，要大力发展生物能源风险投资，要逐步降低生物能源风险投资公司的准入门槛，允许各种资本参与生物能源的风险投资，更多地依靠市场、依靠风险投资公司去发现和支持有前景的生物能源科技创新项目和科技成果转化项目，并为生物能源风险资本的进入和退出创造更加完善的资本市场环境。

第七，加强国际合作，争取发展有利位置。首先，应该积极参与国际生物能源有关组织，加强与联合国有关组织、粮食及气候有关国际组织之间的合作交流，在产业发展规则和政策制定过程中发挥积极作用，包括各种生物能源生产、技术和市场标准制定、生物能源生态环保效果评价、国际贸易有关规则制定等。其次，要完善生物能源产业开展国际合作的有关机制和制度，包括科研准则、原料和产品进出口监管制度，根据国内市场情况及时调整生物能源原料和产品进出口税率，在未来一段时期内可以考虑对进口燃料乙醇降低关税以培育国内生物燃料市场。再次，要同时采取"请外资企业走进来，让国内企业走出去"的策略，加强企业之间的交流与合作，可以设置较高门槛让有技术优势、较强资金实力和丰富运营经验的生物能源外资企业进入中国燃料乙醇生产市场，可以起到很好的"鲶鱼"效应，同时鼓励国内有实力的企业到国外直接参与能源作物种植和燃料乙醇的生产，甚至可以在当地设厂生产乙醇后返销回国内内场，可以在实现学习生产、技术、市场和管理经验的同时，增加我国燃料乙醇的生产渠道，并减少国内生产加工过程对环境带来的污染。

第五节 小 结

本章首先对我国生物能源产业生态系统所面临的形势进行分析，有利的政策环境、面临的能源挑战、减排压力与严重的环保问题，以及我国社会结构转型需求（农业结构调整、提高农民收入）等因素显然将是促进我国生物能源产业生态系统进一步发展的机遇。但与此同时，耕地面积、粮食安全、粮食价格快速上涨等因素将决定我国生物能源产业生态系统的演进不能复制美国和巴西生物燃料的发展模式，必须寻求新的发展途径。在对形势进行总结的基础上，同时结合本书第六章建立的评价指标体系，对我国生物能源产业生态系统的发展现状进行了系统的分析总结，分别从资源和生产政策，以及环境保护和能源消费政策等角度对系统稳定性和可持续性方面进行了描述和分析。另外，结合吉林燃料乙醇有限责任公司、河南天冠集团和山东龙力生物科技股份有限公司三个关键种企业的实证研究，分析了我国生物能源产业生态系统关键种企业的成长性，发现这些企业在国家的扶持和自己的努力下，逐步增强了自身生产、技术、市场和管理等方面的竞争力。随后，进一步总结分析了当前生物能源产业生态系统所存在的突出问题，包括原料资源难以得到保障、政策体系系统性不强、产业开放性不够和技术支撑体系不健全等。最后，针对我国生物能源产业生态系统发展现状及所面临的形势，提出了我国生物能源产业生态系统的发展战略及具体的针对性政策建议。

第八章 结束语

本书在界定和梳理生物能源生态系统相关概念的基础上,明确了研究目标和框架;通过深入梳理产业生态系统相关理论和研究成果,建构了生物能源产业生态系统;基于对生物能源产业生态系统的国际比较与借鉴,总结了国内外生物能源产业生态系统发展的基本特征,以及演化的动力机制与路线;通过剖析生物能源产业存在的问题及影响因素,基于生态学的有关理论明确了生物能源产业生态系统健康和谐发展的基本思路,分析得出了生物能源产业生态系统稳定性、关键种企业成长性、生物能源产业生态系统可持续性可以作为判断生物能源产业生态系统健康性的重要指标,继而通过建立我国生物能源产业生态系统综合评价体系,以及生物能源产业生态系统关键种企业成长性评价系统,基于模糊综合评价法、层次分析法等方法进行了我国生物能源产业生态系统综合评价的实证研究,并且通过分析我国生物能源产业生态系统发展的现状与问题,提出了我国生物能源产业生态系统的发展战略及相应的政策建议。

一、主要结论

本书得出了如下主要结论。

第一,以借鉴生态思想研究社会经济问题的学术渊源为研究起始点,得出本书构建的"生物能源产业生态系统"属于组织生态和产业生态的研究范畴。能源供需矛盾与环境问题日益突出、发展可再生的生物能源成为各国共同的战略选择、全球生物能源产业生态系统蓬勃发展成为生物能源产业生态系统构建的实践支撑。

第二,对于生物能源产业生态系统,可以从系统组成成分、系统功能和群落组成等不同角度来界定其构成。生物能源产业生态系统形成了生产者、消费者和分解者的分工形式，每个系统成员都有自身合适的生态位；整个系统包括了内生系统、外生系统和共生系统；系统包含了原料生产、原料销售、原料加工与成品生产、成品消费与废物分解四个群落；系统具有分散性强、价值网复杂、与生态环境的高度直接关联性、利益多重性、存在关键种企业、差异性大等特征。

第三，本研究认为与自然生态系统一样，产业生态系统具有生存和发展的特征，经历开拓期、扩展期、成熟期、重塑期大致四个阶段的动态演化，不同阶段之间还可能伴随有调整期。产业生态系统的动态演化是自组织和环境选择相结合的结果，也是内部机制和外部机制共同作用的结果。其中，自组织是内部机制，是根本动力，环境选择是外部机制，是必要条件。本书总结了巴西、美国和我国生物能源产业生态系统的演化过程，巴西生物能源产业生态系统的演化过程先后经历了开拓期、扩展期、调整期和成熟期，美国生物能源产业生态系统的演化过程先后经历了开拓期、调整期、扩展期和二次调整期，而我国生物能源产业生态系统已经经历了开拓期和调整期。另外，从内生、外生、共生系统的角度分析上述三国生物能源产业生态系统的演化规律和特点，其演化的机制是内生系统——基于经济效益提升的产业生态系统演化，外生系统——基于成本推动的产业生态系统演化，共生系统——基于环境效益改善的产业生态系统演化。

第四，在对产业评价、产业系统评价等相关理论和方法系统梳理的基础上，借鉴生态学的理念，提出了产业生态系统评价的原则——健康性，并且提出了健康产业生态系统的基本内涵。在此基础上根据生物能源产业生态系统的自身特点，创造性地提出了生物能源产业生态系统健康性的评价内容，即生物能源产业生态系统的稳定性、可持续发展性和关键种企业的成长性，并基于此提出了生物能源产业生态系统的评价模型和关键种企业的成长性评价体系。

第五，结合"十五"、"十一五"期间的生物能源产业生态系统的实证研究，从总体上看，我国生物能源产业生态系统自身的健康性及关键种企业的成长性方面呈现出一定的提升态势。同时，结合相应的评价指标发现，我国生物能源产业生态系统存在原料资源难以得到保障、政策体系系统性不强、产业开放性不够和技术支撑体系不健全等问题，同时针对我国生物能源产业生态系统发展现状及所面临的形势，提出了我国生物能源产业生态系统的发展战略，并且提出了具体的针对性政策建议。

二、主要创新

本书以当前国际上通用的实证研究方法为主,并且注重在产业生态系统构建、演化和评价等方面进行理论创新,结合我国生物能源产业发展实践展开了大量研究工作,主要回答了我国生物能源产业生态系统如何构建、如何演变、如何评价等问题,并提出了操作性较强的政策性建议。从理论研究角度看,一方面,国内外当前关于产业生态系统特别是新兴战略性产业生态系统健康性内涵的影响因素的研究比较少见,目前的研究也主要是以定性分析为主,在这方面对定量研究与定性研究结合使用还不够;另一方面,当前对于生物能源产业的研究,大部分学者主要集中在粮食安全和产业战略发展两个方面,而几乎没有学者尝试以复杂的生态系统的观点审视和研究生物能源问题。本书的创新性主要体现在以下几个方面。

第一,本书没有局限于生物能源企业个体生态的研究,没有局限于当前主要对某一两个方面问题开展研究,在立足国情的基础上运用并发展产业生态系统理论,注重从整个产业生态的立体角度来分析研究我国生物能源产业的现状、问题、发展和评价等重要问题,注重研究不同问题之间的相互关系,注重在整个产业发展的较长时间维度上深入地探究生物能源产业与外部环境之间的协同进化的复杂关系。

第二,本书对生物能源产业生态系统组成与结构、边界与范围、主要特征等反映产业生态系统内涵、特征的理论性问题进行了系统的归纳与分析,尤其是在对国内外生物能源产业生态系统的动态演化过程、规律和机制等有关问题进行深入分析的同时,进一步丰富发展了产业生态系统演化过程有关理论模型。

第三,本书从概念研究出发对产业生态系统的健康性内涵展开了大量理论研究,为后续开展生物能源产业生态系统的健康性内涵的影响因素研究奠定了良好的理论基础,同时结合战略性新兴产业生物能源产业的自身特点,创造性地提出了除稳定性和可持续性外,关键种企业的成长性也是系统健康性的重要评价标准。

第四,本书开展了系统的案例研究,对世界最大的三个生物能源国家同时也是三个代表性国家进行了深入分析,对我国具有代表性的三个关键种企业开展了案例研究,从研究过程到结论都和生物能源产业实践紧密联系,因此,对我国生物能源产业的健康发展具有较强的参考价值和和指导意义。

三、未来研究

尽管本书已完成,但笔者依然有两个比较突出的遗憾:

第一,由于个人生态学学科背景不强和篇幅所限,笔者未能充分运用各种生态学重要原理来系统开展对生物能源产业生态系统的类比研究,本书主要运用了生态系统构建、健康性内涵、关键种理论和生态系统评价等有关内容。

第二,限于我国生物能源产业发展现状及所处阶段,使得开展调查研究时获得的问卷数量及调查对象范围很难有更好的效果,同时相关参考资料比较难以搜集,在有关信息的准确性和全面性上难以确保,如果能很好地解决这两个问题,相信会有更理想的结果和效果。

面对本书存在的不足,以及今后的研究工作存在的可能改进之处,笔者对未来本研究课题的方向和方法提出以下展望,希望和感兴趣的学术同行能够有机会尝试并完成:

第一,对生物能源产业生态系统进行为期5年甚至更长时间跨度的连续性跟踪研究,对影响该系统影响性的各种因素进行更加系统的梳理,进一步优化该系统健康性评价体系。

第二,可以在本书的基础上,对不同战略性新兴产业生态系统采取对比研究方法,进一步研究关于战略性新兴产业健康性评价标准的共性之处,特别应加强研究系统中关键种企业成长性评价标准等一般规律。

第三,可以采取标杆研究,选择美国、巴西等国的关键种生物能源企业作为研究对象,有条件的可以开展实地调查,研究其在生产、技术和管理上的先进经验,并从中提炼出一般规律。

参考文献

[1] 姚国欣,王建明.第二代和第三代生物燃料发展现状及启示.中外能源,2010,15(9):23-36

[2] 石元春.我国需要新的国家能源战略.中国科学报,2010-12-09

[3] IEA. World Energy Outlook 2010. 2010

[4] FAO. The State of Food Insecurity in the World 2010. 2010

[5] Dufey A. Biofuels production, trade and sustainable development: emerging issues. Sustainable Markets Discussion Papers, 2006

[6] 韩文科.《中国战略性新兴产业研究与发展:生物质能》.北京:机械工业出版社,2013

[7] Searchinger T, et al. Use of U. S. Croplands for biofuels increases greenhouse gases through emissions from land-use change. Science, 2008, 319 (5867): 1238-1240

[8] Doornbosch R, Steenblik R. Biofuels: Is the Cure Worse than the Disease? OECD, Round Table on Sustainable Development, Paris, 2007

[9] Grossmann I E, Martin M, Ahmetovic E. Optimization of water consumption in second generation bioethanol plants. Industrial & Engineering Chemistry Research, 2011, 50 (7): 3705-3721

[10] Low T, Booth C, Council I. The Weedy Truth about Biofuels. Invasive Species Council. Melbourne, Australia, 2007

[11] Raghu S, Anderson R, Daehler C, et al. Ecology: adding biofuels to the invasive species fire? Science, 2006, 313: 1742

[12] Blaikie N W H. Designing Social Research. Cambridge: Polity Press, 1999

[13] 袁方.社会研究方法教程.北京:北京大学出版社,1997

[14] 雷蒙·布东.社会学的方法.北京:商务印书馆,1995

[15] Haeckel E. Zur Entwicklungsgeschichte der Siphonophoren. Utrecht: C. van der Post, Jr., 1869

[16] Hannan M T, Freeman J. The population ecology of organizations. American Journal of Sociology, 1997, 82 (5): 929-964

[17] Carroll G R. Ecological Models of Organizations. Cambridge: Ballinger Pub. Co., 1988

[18] Hannan M T, Freeman J. Organizational Ecology. Cambridge: Harvard University Press, 1989

[19] Hannan M T, Carroll G R. Dynamics of Organizational Populations: Density, Legitimation and Competition. New York: Oxford University Press, 1992

[20] Baum J A C, Singh J V. Evolutionary Dynamics of Organizations. New York: Oxford University Press, 1994

[21] Carroll G R, Hannan M T. Organizations in Industry: Strategy, Structure, and Selection. New York: Oxford University Press, 1995

[22] Singh J V. Organizational Evolution: New Directions. Newbury Park: Sage, 1999

[23] Aldrich H. Organizations Evolving. Newbury Park: Sage, 1999

[24] Carroll G R, Hannan M T. The Demography of Corporations and Industries. Princeton: Princeton University Press, 2000

[25] 郭宁. 通信产业生态系统研究. 北京邮电大学博士学位论文, 2005

[26] Tansley A G. The use and abuse of vegetational concepts and terms. Ecology, 1935, 16: 284-307

[27] MooreJ F. The Death of Competition: Leadership and Strategy in the Age of Business Ecosystems New York: John wiley & Sons, 1996

[28] Iansiti M, Levien R. The new operational dynamics of business ecosystems: implications for policy, operations and technology strategy. Harvard Business School Working Paper Series, No. 03-030, 2002

[29] Esty D C, Porter M E. Industrial ecology and competitiveness. Journal of Industrial Ecology, 1998, (1)

[30] 李玉琼. 网络环境下企业生态系统创新共生战略. 北京: 经济科学出版社, 2007

[31] 李艳玲. 企业生态学对企业的启示. 研究与探讨, 2007, (1): 20-22

[32] 陆玲. 企业生态学原理初探. 中日管理比较. 广州: 中山大学出版社, 1995

[33] 梁嘉骅, 葛振忠, 范建平. 企业生态与企业发展. 管理科学学报, 2002, (2): 34-40

[34] 宋林, 顾力刚. 企业生态系统中成员的关系研究. 中国管理信息化, 2010, 13 (15): 95-98

[35] 方莹, 王晓萍. 企业生态系统的内涵与结构层次研究. 商业时代, 2009, (7): 41-42

[36] 王晓萍, 刘志峰. 企业生态系统的形成机制与运作机理研究. 商业时代, 2009, (8): 48-49

[37] 曹利军, 黄泳. 企业生态系统进化模型与进化机理研究. 企业经济, 2012, (3): 56-59

[38] 谷鸣, 程通. 企业生态系统评价体系探析. 商业时代, 2008, (33): 46-47

[39] 顾力刚, 方康. 企业生态系统的创新战略. 科技进步与对策, 2008, 25 (7): 58-60

[40] 薛晓芳, 覃正. 虚拟企业生态系统的进化机制研究. 生态经济 (学术版), 2008, (1): 238-241

[41] 胡斌. 企业生态系统中合作收益的分配机制研究. 统计与决策, 2008, (12): 23-25

[42] 胡斌, 章仁俊. 企业生态系统的动态演化机制研究. 标准科学, 2008, (8): 4-8

[43] Frosch R, Gallopoulos N. Strategies for manufacturing. Scientific American, 1989, 261: 144-152

[44] MooreJ F. Predators and prey: a new ecology of competition. Harvard Business Review, 1993, (10): 75-86

[45] Eisenhardt KM, Galunic D C. Coevolving: at last, a way to make synergies work. Harvard Business Review, 2000, 78 (1): 91-111

[46] Korhonen J. Four ecosystem principles for an industrial ecosystem. Journal of Cleaner Production, 2001, (9): 253-259

[47] Hawken P, Lovins A B, Loovins L H. Natural Capitalism: Creating the Next Industrial Revolution. Earthscan, Little Brown & Co., 1999

[48] Nicholas G. Industry ecosystems: developing sustainable industrial structures. Thesis (M.S.),

Massachusetts Institute of Technology,1995

[49] Lambert A J D, Boons F A A. Eco-industrial parks: stimulating sustainable development in mixed industrial parks. Technovation, 2002, 22 (8): 471-484

[50] 肖忠东,孙林岩. 工业生产中物质流程的均衡分析. 管理工程学报, 2003, 17 (2): 36-40

[51] Cabezas H, Pawlowski C W, Mayer A L, et al. Simulated experiments with complex sustainable systems: ecology and technology. Resources Conservation and Recycling, 2005, 44 (3): 279-291

[52] Basu A J, van Zyl D J A. Industrial ecology framework for achieving cleaner production in the mining and minerals industry. Journal of Cleaner Production, 2006, 14 (3/4): 299-304

[53] 刘则渊,代锦. 产业生态化与我国经济的可持续发展道路. 自然辩证法研究, 1994, 10 (12): 38-42

[54] 王如松. 循环经济建设的产业生态学方法. 产业与环境, 2003, (增刊): 48-52

[55] 樊海林,程远. 产业生态:一个企业竞争的视角, 中国工业经济, 2004, (3): 29-36

[56] 王如松,杨建新. 从褐色工业到绿色文明:产业生态学——生态学前沿ABC. 上海:上海科学技术出版社, 2002

[57] 周文宗,刘金娥,等. 生态产业与产业生态学. 北京:化学工业出版社, 2005

[58] 王寿兵,吴峰,刘晶茹. 产业生态学. 北京:化学工业出版社, 2010

[59] 武春友,邓华,段宁. 产业生态系统稳定性研究述评. 中国人口资源与环境, 2005, (5): 21-25

[60] 陆宏芳,彭少麟,等. 产业生态系统区域能值分析指标体系. 中山大学学报:自然科学版, 2006, 45 (2): 68-72

[61] 董经纬,蒋菊生,等. 产业生态系统健康评价初探. 现代农业科技, 2007, (23): 218-219.

[62] 李爱玉. 健康商业生态系统的评价量化模型. 华北水利水电学院学报, 2011, 32 (1): 139-141

[63] 张洁,陈冬霞. 沪宁线信息产业带生态系统健康评估. 南京师范大学学报, 2010, 10 (3): 88-92

[64] 康懿. 区域产业生态系统健康分析与评价研究. 天津理工大学硕士学位论文, 2012

[65] 颜京松,王如松,等. 产业转型的生态系统工程. 生态与农村环境学报, 2003, 19 (1): 1-7

[66] 袁增伟,毕军. 产业生态学. 北京:科学出版社, 2010

[67] 韩福荣,徐艳梅. 创业与仿生学. 北京:企业管理出版社, 2002

[68] 杨忠直. 企业生态学引论. 北京:科学出版社, 2003

[69] 达庆利. 一种类生物的企业系统模型. 管理工程学报, 2002, (1): 34

[70] 张焱,张锐. 战略生态学:战略理论发展的新方向. 科学学研究, 2003, 3 (2): 35-40

[71] 王纯新,于渤. 工业生态工程的分析方法研究. 中国软科学, 2005, 5 (6): 144-152

[72] 陆玲. 企业群落与企业群落学. 生态科学, 2001, (6): 162-164

[73] 袁政. 产业生态圈理论论纲. 学术探索, 2004, (3): 36-37

[74] 宋雨萌,石磊. 工业共生网络的复杂性度量及案例分析. 清华大学学报, 2008, 48 (9): 61-64

[75] 范建平,梁嘉骅. 企业生态系统及其复杂性探讨. 科研管理, 2002, (3): 13-17

[76] Avery D. Biofuels, Food, or wildlife? The massive land costs of US ethanol. Economy to Ecology, 2006, (5)

[77] Baker A, Zahniser S. Ethanol reshapes the corn market. Amber Waves, 2006, (4): 30-35

[78] Boddiger D. Boosting biofuel crops could threaten food security. European Journal of Cardiovascular Nursing. Lancet, 2007, 370 (9591): 923-924

[79] Holmes B. Brace yourself for the end of cheap oil. N Jones - New Scientist，2003— Reed Business Information，2003

[80] Oxfam. Another inconvenient truth：how biofuel policies are deepening poverty and accelerating climate change. Oxfam Briefing Paper 114，2008

[81] 邱林. 发展燃料乙醇威胁粮食安全并非危言耸听. http：//www.jxnews.com.cn/jxcomment/system/2007/06/11/002498350.shtml

[82] 王建生. 高油价促使生物燃料异军突起. 中国化工报，2005-08-26

[83] Cassman K. Ecological intensification of cereal production systems：yield potential，soil quality，and precision agriculture. Proceedings of the National Academy of Sciences of the United States of America，1999，96（11）：5952

[84] Tiffany D G, Eidman V R. Factors associated with success of fuel ethanol producers. Staff Paper Series，2003，(8)：1-54.

[85] Tyner W E, Taheripour F. Biofuels，energy security，and global warming policy interactions. National Agricultural Biotechnology Council Conference，South Dakota State University，Brookings，SD，USA，2007

[86] Junginger M, Bolkesj T, Bradley D, et al. Developments in international bioenergy trade. Biomass and Bioenergy，2008，32（8）：717-729

[87] Florin M V, Bunting C. Risk governance guidelines for bioenergy policies. Journal of Cleaner Production，2009，17（Supplement）：106-108

[88] Thornley P, Cooper D. The effectiveness of policy instruments in promoting bioenergy. Biomass and Bioenergy，2008，32（10）：903-913

[89] 夏芸，徐萍，等. 巴西生物燃料政策及对我国的启示. 生命科学，2007，19（5）：482-485

[90] Coghlan A. How to kickstart an agricultural revolution. New Sci.，2008，8-9

[91] McKenna P. Corn biofuel 'dangerously oversold'as green energy. http：//www.newscientist.com/article/dn12283-corn-biofuel-dangerously-oversold-as-green-energy.html. 2007-07-18

[92] Fargione J, Hill J, Tilman D, et al. Land clearing and the biofuel carbon debt. Science，2008，(319)：1235-1238.

[93] http://www.euractiv.com/climate-environment/biodiesels-pollute-crude-oil-lea-news-510437. 2007-07-18

[94] 姚向君，王革华，田宜水. 国外生物质能的政策与实践. 北京：化学工业出版社，2006

[95] 崔凯. 战略视角下的生物能源产业. http：//www.ah.xinhua.org/swcl2006/2008-07/17/content 13848496.htm

[96] 方芳，于随然，王成焘. 中国玉米燃料乙醇项目经济性评估. 农业工程学报，2004，20（3）：239-242

[97] 刘笑然. 中国生物燃料发展及原料供给对粮食安全的影响. 粮食加工，2006，31（5）：5-8

[98] 马煜国. 燃料乙醇：朝阳产业. 中国石油企业，2005，（7）：36-37

[99] 石元春，汪燮卿，依伟伦. 中国可再生能源发展战略研究丛书—生物质能卷. 北京：中国电力出版社，2008

[100] 康新凯. 西部地区生物液体能源产业发展研究. 中央民族大学博士学位论文，2012

[101] 景永静. 国际生物能源发展背景下中国生物能源发展研究. 郑州大学硕士学位论文，2009

[102] 葛敏. 金融产业生态系统及其和谐性研究. 河海大学博士学位论文, 2008
[103] 斯潘塞. 国家权力和个人自由. 北京: 华夏出版社, 2000
[104] 马克思. 资本论. 北京: 人民出版社, 2004
[105] Alchiall A A. Uncertainty, evolutionand economic theory. Journal of Political Economy, 1950, 58 (3): 211 - 221
[106] 马歇尔. 经济学原理. 北京: 商务印书馆, 1981
[107] Smith J M. Evolution and the Theory of Games. Cambridge: University Press, Cambridge, 1982
[108] Nelson R R, Winter S G. An Evolutionary Theory of Economic Change. Cambridge: The BeIknap Press of Harvard University Press, 1982
[109] 黄欣荣. 从自然生态到产业生态——论产业生态理论的科学基础. 江淮论坛, 2010, (3): 11 - 17
[110] 李慧明, 朱红伟, 廖卓玲. 论循环经济与产业生态系统之构建. 现代财经: 天津财经学院学报, 2005, (4): 8 - 11
[111] 张文龙, 余锦龙. 熵及耗散结构理论在产业生态研究中的应用初探. 社会科学家, 2009, (2): 118 - 121
[112] 杨建新, 王如松, 刘晶茹. 产业生态学理论框架与主要方法探析. 复合生态与循环经济——全国首届产业生态与循环经济学术讨论会论文集, 2003: 194 - 202
[113] 廖明辉. 生态经济系统演化机制初探: 兼论生态经济耗散结构性. 生态经济, 1990, (2): 40 - 41
[114] 赵林飞, 徐芸青. 基于生态系统的产业生态化研究. 浙江理工大学学报, 2007, (4): 494 - 497
[115] 施晓清, 杨建新, 王如松, 等. 产业生态系统资源代谢分析方法. 生态学报, 2012, (7): 2012 - 2024
[116] 汪中华, 李岩, 彭涌, 等. 产业生态系统管理理论架构研究. 科技与管理, 2011, (4): 6 - 10
[117] 郭伟祥. 生命周期分析方法在通信产业节能减排中的应用. 现代电信科技, 2009, (1): 22 - 25
[118] 田亚峥, 郑泽根. 生命周期影响评价权重系数的确定方法探讨. 重庆建筑大学学报, 2003, 25 (5): 61 - 64
[119] 王薇薇. 区域产业生态指标体系的构建与评价. 河海大学硕士学位论文, 2007
[120] 陆宏芳, 陈飞鹏, 任海, 等. 产业生态系统多尺度能值整合评价方法. 生态环境, 2006, (2): 411 - 415
[121] 李云燕. 产业生态系统的构建途径与管理方法. 生态环境, 2008, (4): 1707 - 1714
[122] 彭璧玉. 组织生态学理论述评. 经济学家, 2006, (5): 111 - 117
[123] Douglas A E. Symbiotic Interactions. Oxford: Oxford University Press, 1994
[124] 胡晓鹏. 产业共生: 理论界定及其内在机理. 中国工业经济, 2008, (9): 118 - 128
[125] Porter M E. Competitive advantage of nations. New York: Free Press, 1990
[126] 李胜. 生物质燃料乙醇企业循环经济模式研究. 中国农业大学博士学位论文, 2005
[127] 贾春蓉, 夏训峰, 席北斗, 等. 基于生态足迹的甘薯燃料乙醇循环产业分析. 安徽农业科学, 2010, 38 (7): 3668 - 3670
[128] 王如松, 欧阳志云. 社会-经济-自然复合生态系统与可持续发展. 中国科学院院刊, 2012, (3): 337 - 345
[129] 金永红, 吴江涛. 生态工业园区建设的理论基础与现实发展研究. 科技管理研究, 2008, (1): 116 - 118

[130] 蓝庆新. 来自丹麦卡伦堡循环经济工业园的启示. 环境经济, 2006, (4): 60-63

[131] 洪璐, 闵连星, 王光玉. 不同组织模式生态工业园区发展的比较研究及启示. 生态经济, 2011, (5): 142-148

[132] 李艳双, 王军花. 基于价值链的生态产业链构建及对策研究. 生态经济: 学术版, 2008, (1): 246-247

[133] 项有建. App Store 模式: 完整的软件产业链生态系统. 软件工程师, 2009, (7): 44-45

[134] 新浪科技. 苹果三星竞争态势扭转: 两大模式之争. http://tech.sina.com.cn/it/2012-12-08/09007868962.shtml. 2012-12-08

[135] 宋涛, 韩良, 佟连军, 等. 生态学范式下的清洁生产、产业生态和循环经济分析. 生态与农村环境学报, 2007, (3): 86-89

[136] 吴建伟, 张英楠, 朱小川. 基于生态产业链原理的园区产业链改进研究——以苏州宏达循环经济产业园为例. 经济论坛, 2009, (23): 88-91

[137] 成娟, 张克让. 产业集群生态化及其发展对策. 经济与社会发展, 2006, (1): 102-105

[138] Von Bertalanffy L. General system theory: foundations, development, applications. New York: George Braziller, 1968

[139] Manuel M. Ecology: Concepts and Applications (影印版). 北京: 科学出版社, 2000

[140] Krebs C J. Ecology (影印版). 北京: 科学出版社, 2003

[141] 北京大学生命科学学院编写组. 生命科学导论. 北京: 高等教育出版社, 2000

[142] 曹凑贵. 生态学概论. 北京: 高等教育出版社, 2002

[143] 夏训峰, 海热提·涂尔逊, 乔琦. 工业生态系统与自然生态系统比较研究. 环境科学与技术, 2006, (4): 61-63

[144] 彭小光, 王敏, 罗登辉. 基于生态位理论的生态工业园竞争力研究. 北方经济, 2011, (6): 7-8

[145] 马驰, 程静跃. 2008. 浙江省高新产业集群效应分析. 北方经济, 2008 (9): 44-45

[146] 徐琳瑜. 城市生态系统复合承载力研究. 北京师范大学博士学位论文, 2003

[147] 聂永有, 费金玲. 产业生态系统演化的动力机制研究. 集团经济研究, 2007, (03X): 186-187

[148] 李元龙, 陆文聪. 国外生物燃料发展政策及其对我国的启示. 现代经济探讨, 2011, (5): 81-85

[149] 曹俐, 吴方卫. 巴西支持生物燃料乙醇发展的经验借鉴. 经济纵横, 2011, (7): 100-102

[150] 李冀新, 尹飞虎, 等. 巴西生物能源考察报告. 新疆农垦科技, 2008, (1): 55-57

[151] 钱维. 巴西将启动植物纤维素乙醇的商业化生产. 中国林业产业, 2008, (10): 69

[152] 赵军. 解读生物能源: 从新能源产业到环境、生态与社会经济发展. 中科院院刊, 2012, 27 (2): 219-225

[153] 王子忠. 美国发展生物燃料的经济后果及政策含义. 中国社会科学院研究生院硕士学位论文, 2010

[154] McPhail L, Westcott P, Lutman H. The Renewable Identification Number System and U.S. Biofuel Mandates. USDA report, 2011

[155] 王亚静, 毕于运, 唐华俊. 中国能源作物制备液体生物燃料现状及发展趋势. 可再生能源, 2009, 27 (2): 100-105

[156] 国家发改委. 中国生物液体燃料规模化发展研究. 研究报告, 2008

[157] 兰肇华. 生物燃料发展及其影响研究. 武汉理工大学博士学位论文, 2009

[158] 乔芳丽, 杨军, 等. 辽宁战略性新兴产业选择评价研究. 沈阳工业大学学报, 2010, 3 (3): 268-273

[159] 樊茗玥, 赵喜仓. 战略型新兴产业评价模型构建及实例分析. 技术经济与管理研究, 2011, (10): 121-124

[160] 王海政, 仝允桓, 徐明强. 面向对象的基于评价要素集成的技术评价体系研究. 科学学与科学技术管理, 2006, 27 (12): 30-36

[161] 肖风劲, 欧阳华. 生态系统健康及其评价指标和方法. 自然资源学报, 2002, 17 (2): 203-209

[162] Leopold A. Wilderness as Land Laboratory. Living Wilderness, 1941, (7): 3-10

[163] Thorpe C, Regier HA. Ecosystem medicine. Bulletin of the Ecological Society of America, 1979

[164] Schaeffer D J, Herricks E E, Kerster H W. Ecosystem health: I. measuring ecosystem health. Environmental Management, 1988, (4): 445-455

[165] Rapport D J. What constitutes ecosystem health. Perspectives in biology and medicine, 1989

[166] Costanza R, Norton B G, Haskell B D. Ecosystem health: new goals for environmental management. Washington DC: Island Press, 1992

[167] 沈佐锐, 沈文君, 等. 生态系统健康的理论和技术研究进展. 生态安全与生态建设——中国科协 2002 年学术年会论文集, 2002

[168] 杜栋等. 现代综合评价方法与案例精选. 北京: 清华大学出版社, 2008

[169] 张丽. 供电企业客户关系管理系统的开发与研究. 华北电力大学硕士学位论文, 2006

[170] 刘华. 新高煤机公司发展战略研究. 西北大学硕士学位论文, 2007

[171] 安尼瓦尔·阿木提. 石油与国家安全. 乌鲁木齐: 新疆人民出版社, 2003

[172] 国家能源局综合司. 中国能源供需预测报告, 2013

[173] Rogelj J, Hare W, Lowe J, et al. Emission pathways consistent with a 2°C global temperature limit. Nature Climate Change, 2011, (1): 413-418

[174] 牛文元. 中国新型城市化的低碳之路. 长沙: 国际都市圈发展论坛, 2008

[175] 肖明松. 我国生物质能产业现况及发展瓶颈. 北京: 第二十七期中华新能源沙龙, 2010

[176] 丁声俊. 生物能源:"三农"发展的新动力. 求是, 2011, (6): 32-33

[177] 郭军. 耕地赤字 6000 万公顷——中国的粮食危机及应对. 中国农学通报, 2012, (28): 206-210

[178] 中国石油公司. http://www.cnpc.com.cn/jfa/gsjs/gsjj/default.shtml

[179] 王学泠, 刘玉辉. 希望之路——吉林燃料乙醇有限责任公司发展绿色新兴能源的实践与思考. 求是, 2004, (21): 41-42

[180] 中国石油公司. 引自网站: http://www.cnpc.com.cn/jfa/rlzy/rcdw/default.shtml

[181] 石元春. 中国可再生能源发展战略研究丛书. 北京: 中国电力出版社, 2008

[182] 赵勇强, 王仲颖, 等. 中国生物燃料发展战略和政策探讨. 国际石油经济, 2011, (7): 24-30

附录

附录 I 巴西、美国和中国生物能源产业发展大事记

附表 1-1 巴西生物能源产业发展大事记

时间	部门	举措	要点
1931 年	巴西政府	颁布 19717 法令	规定汽油中掺混 5%的乙醇
1931 年	巴西政府	颁布 20356 法令	要求发展燃料乙醇汽车发动机
1933 年	巴西政府	颁布 22789 法令	成立糖和乙醇研究所（IAA）
1942 年	巴西政府	颁布 4722 法规	宣布国家扶持燃料乙醇工业发展
1965 年	巴西政府	颁布 4870 法规	监管和调控乙醇和甘蔗的生产
1967 年	巴西政府	颁布 16 号法律法规	监管和调控乙醇生产贸易
1975 年	巴西政府	启动"国家乙醇燃料计划"，并立法推进燃料乙醇的使用	规定在全国所有地区销售的汽油中必须添加 2%～5%的乙醇
1977 年	巴西政府	提高乙醇添加比例	要求乙醇与天然气混合比例达到 4.5%，将上限扩大到 20%
1979 年	汽车生产商	首辆乙醇燃料汽车研制并试验成功	乙醇燃料汽车的发展大大提升了对生物能源的需求
1981 年	巴西政府	与汽车生产商签署协议大规模生产乙醇汽车	发展乙醇燃料汽车
1982 年	巴西政府	对乙醇燃料汽车减征 5%的工业产品税，乙醇燃料的残疾人交通工具和出租车免征工业产品税	促进乙醇燃料汽车的发展
20 世纪 80 年代	巴西政府	推出"生物柴油计划"	生产成本过高导致没有规模化生产
20 世纪 80 年代末	巴西政府	停止对以普通 E95 乙醇作为燃料的经济补助，取消了生产和消费配额	放松对乙醇行业的干预，E95 退出发动机燃料市场

续表

时间	部门	举措	要点
1990 年	巴西政府	糖与乙醇研究所被取消	该机构对巴西糖与乙醇市场影响近 60 年,对国家乙醇计划的整体性支持减弱
1993 年	巴西政府	出台法律规定汽油中掺加乙醇的比例为 20%~25%	作为汽油添加剂的乙醇复苏得到了支持
1997 年	巴西政府	成立糖和乙醇的部长级理事会	有效协调乙醇产业发展
1998 年	巴西政府	成立燃料乙醇市场委员会	有效协调乙醇市场
1999 年	巴西政府	创建巴西乙醇交易所	完善乙醇交易市场机制
1999 年	巴西政府	政府不再干预糖和乙醇市场,不再控制价格	进一步发挥市场机制的作用,糖醇行业对市场需求变化的反应比对政府引导的反应更灵敏
2002 年	巴西政府	颁布 10336 法律,出台"国家可再生能源计划"	进一步强化国家可再生能源的地位
2002 年	巴西政府	进一步提高乙醇添加比例的上限	将上限提高至 25%
2003 年 3 月	汽车生产商	首辆乙醇-汽油灵活燃料汽车进入市场	实际将一部分燃料市场分配给了燃料乙醇,灵活燃料汽车开始产业化
2003 年 7 月	巴西政府	颁布法令重新发起"生物柴油计划"	多样化开发可替代能源
2003 年	巴西政府	建立了由总统府民办协调的生物柴油部际工作组	重新关注生物柴油
2004 年 12 月	巴西政府	提出"国家生物柴油生产和使用计划"	在国家整体能源框架中以可持续的方式引入生物柴油
2005 年 1 月	巴西政府	公布《生物能源政策指令 2006—2011》	强制规定从 2008 年 1 月开始柴油中生物柴油的组成比例为 2%,到 2013 年须提高至 5%
2005 年	巴西政府	加强"家庭农业计划",向种植生物柴油原料农户贷款	推动"国家生物柴油生产和使用计划"
2006 年	巴西政府	制订"巴西农业能源计划"	增加可再生能源在国际能源消耗中份额
2007 年	巴西政府	发起国际生物燃料论坛	期望加强巴西在该行业的领导地位,以及将其他许多国家纳入生物燃料的发展进程中
2009 年	巴西政府	制定生物燃料发展目标	到 2017 年将乙醇产量提高 150%,乙醇出口量提高至 80 亿升
2010 年	巴西政府	给予种植达 10 000 吨的种植户 5 美元/吨的直接补贴	平衡中南部和东北部工厂的生产成本
2011 年	巴西能源公司	修建首座纤维素乙醇工厂	将于 2015~2020 年开始大规模生产以植物纤维素为原料的乙醇

附表 1-2　美国生物能源产业发展大事记

时间	部门	举措	要点
1908 年	福特公司	制造出第一台燃烧纯乙醇的发动机	拉开燃料乙醇发展的帷幕
1978 年	美国政府	颁布《能源税收法案》	第一次对"乙醇-汽油混合燃料"进行了规定：在汽油中至少添加 10％的乙醇
1979 年	美国石油公司	开始生产燃料乙醇	从无到有
1980 年	美国政府	颁布《能源安全法案》	对生产规模低于 100 万加仑的乙醇厂商提供担保，政府与乙醇生产厂商签订购买协议，实行最低收购价格并对进口乙醇征税
1988 年	美国政府	乙醇被规定为汽油添加剂以控制二氧化碳的排放	美国环保政策进一步加强
1992 年	美国政府	确定了交通运输替代燃料（E85，即混合燃料中乙醇比例达到 85％），对购买使用 E85 燃料汽车实行税收优惠	由于石油集团的阻挠，E85 加注站一直没有发展起来，大大限制了生物乙醇的应用范围
1995 年	美国国家环境保护局	要求污染严重的都市区全年使用具有添加剂的汽油，不再生产汽油的主要添加剂甲基叔丁基醚（MTBE）（该添加剂对土地污染严重）	促进环保的考虑
1996 年	美国能源部	启动了"生物燃料原料发展计划"（BFDP）	投入 2.5 亿美元成立 2 个生物能源研究中心研究纤维素乙醇
1998 年	美国政府	通过《21 世纪交通效率法案》，把乙醇补贴时间延长至 2007 年	继续支持生物乙醇生产
1999 年	美国政府	发布开发和推进生物基产品和生物能源总统令	大力推行生物燃料能源替代化石能源
2002 年 12 月	美国能源部	发布《生物质技术路线图》	提高美国开发生物质能和生物基产品的能力
2005 年 8 月	美国国会	通过《能源政策法 2005》，其中可再生能源标准到 2012 年将翻番，提高到 75 亿加仑	加大力度鼓励生物质能的研发、示范和商业应用计划
2006 年 2 月	美国国会	提出"美国竞争力计划"和"先进能源计划"	提出加大投资生物燃料，以减轻交通对石油的依赖，在 2012 年前完成纤维素乙醇商业化开发
2006 年 6 月	美国能源部	发布《纤维素乙醇研究路线图》	提出未来三个五年阶段的纤维素乙醇燃料技术发展战略规划
2006 年	美国能源部	拨款 3.75 亿美元成立 3 个国家生物能源研究中心	加强纤维素乙醇和其他生物能源基础研究

续表

时间	部门	举措	要点
2007年	美国能源部	投资3.85亿美元支持6个纤维素乙醇示范工厂建设	支持纤维素乙醇发展
2007年2月	美国政府	国情咨文提出"10年减20%计划"	提出加大生物燃料生产量和使用量的要求及相应激励措施
2007年7月	美国国会	通过《2007—2012年农业法》	鼓励可再生能源和特殊作物研究,启动新生物能源储备项目等
2007年10月	美国生物质研发技术咨委会	发布《美国生物能源与生物基产品路线图》	提出生物质原料研发战略
2007年10月	美国能源部	发布《2007—2017年生物质发展规划》	规划未来十年美国生物质资源生产、转化与应用等
2007年12月	美国国会	通过《2007能源独立与安全法案》	修改补充可再生燃料标准,提出2022年先进生物燃料发展目标
2008年9月	美国能源部与农业部	发布《国家生物燃料行动计划》	降低纤维素生物燃料成本,促进生物燃料产业及其供应链发展
2008年12月	美国生产厂家	美国第二大乙醇生产商——Verasun公司宣布破产	原油价格大幅度下跌,玉米原料成本过高
2009年5月	美国能源部	发布《生物质多年项目计划2009》	提出生物质项目下一步发展的规划、前景和阶段性技术目标
2009年	美国国会	颁布《美国复苏与再投资法案2009》	规定政府在未来5年为扶持清洁技术研发投入资金进行扶持
2010年6月	美国能源部	发布《藻类生物燃料技术路线图》	推动藻类生物燃料商业化研究
2011年3月	美国政府	发布《未来能源安全蓝图》	美国海军、农业部与能源部签署互谅备忘协议,共同发展可直接使用的生物燃料
2012年4月	美国政府	发布《国家生物经济蓝图》	发展建立在生物资源可持续利用、生物技术基础上的生物经济,加大支持生物学研究

附表1-3 中国生物能源产业发展大事记

时间	事件
2000年9月20日	朱镕基在原国家发展计划委员会给国务院关于吉林燃料乙醇项目的报告上批示:规模要大、要快,技术和设备可以引进,关键在于效益
2001年4月	我国宣布推广使用车用乙醇汽油,并批准了4个产能共为每年102万吨的燃料乙醇试点项目,包括吉林燃料乙醇有限责任公司的30万吨,河南天冠集团的30万吨,安徽丰原生物化学股份有限公司的32万吨,以及黑龙江华润酒精有限公司的10万吨
2001年4月2日	《变性燃料乙醇》和《车用乙醇汽油》两项国家标准公布
2001年4月5日	河南天冠集团年产20万吨变性燃料乙醇项目投产,是我国第一个变性燃料乙醇建成项目,为河南省先行试点推广使用变性燃料乙醇提供基础

续表

时间	事件
2001年	第13届国际乙醇燃料会议在北京召开,中国科学院潘奎润研究员任国际组委会主席
2001年4月8日	原国家发展计划委员会和国家质量监督检验检疫总局宣布我国将全面推广使用汽油乙醇
2001年6月30日起	在河南省郑州、洛阳、南阳和黑龙江哈尔滨、肇东5个城市开展试点,试用汽油乙醇获得成功
2002～2004年	2002年6月到2003年6月,国家组织河南、黑龙江等省(自治区、直辖市)进行车用乙醇汽油试点;2004年试点扩大到包括黑龙江、吉林、辽宁、河南、安徽全省区域,以及河北、山东、江苏、湖北的部分地区
2002年3月24日	国家经济贸易委员会等八部委联合下发《车用乙醇汽油使用试点方案》和《车用乙醇汽油使用试点工作实施细则》
2003年	我国进口石油总量突破1亿吨,同年超过日本成为世界第二大石油消费国
2003年5月26日	中国可持续发展油气战略研究正式启动,温家宝总理听取汇报,明确指出要打破部门、地方界限,一切从国家利益出发,制定油气资源节约和替代等有关政策措施
2004年2月10日	国家发改委继续扩大试点,黑龙江、吉林、河南、安徽四省除在全省范围内扩大试点外,并可以销售到辽宁、河北、山东、江苏
2004年5月	国家发改委发布《汽车产业发展政策》,规定:国家支持研究开发乙醇燃料、混合燃料等新型车用燃料,鼓励汽车生产企业开发生产新型燃料汽车
2004年7月	国务院批准的《国务院关于投资体制改革的决定》出台,明确指出要实现投资主体多元化,为打破行业垄断提供了法律依据
2004年8月	国家发改委历时一年制定的《国家重大产业技术开发专项》全面启动,提出"具备依靠以煤为原料建设大型甲醇、二甲醚、醋酸的技术能力"及"开发燃料油、煤基醇醚燃料高效添加剂技术"、"提高节油率8%以上,改善燃烧和尾气排放,综合成本保持基本不变"等目标
2004年11月	国务院总理温家宝在《关于两大石油集团垄断控制油源导致民企无法生存》的报告上作了重要批示:抓紧时间进行石油体制改革
2004年11月18日	吉林省在全国率先采取全省封闭运行方式推广使用车用乙醇汽油
2004年12月11日	河南宣布在全省范围内推广使用车用乙醇汽油
2004年12月11日	我国成品油零售市场已对外全面开放,同日中华全国工商业联合会石油业商会(CCPI)在人民大会堂宣告成立
2004年12月16日	在国务院有关部委以及中国石油和化学工业联合会、中国汽车工业协会、山西省省政府的大力支持下,依托国家化工行业生产力促进中心,由十几家企、事业单位联合发起组建的"全国醇醚燃料及醇醚清洁汽车专业委员会"在北京宣告成立,首批会员单位72家
2005年	我国生产了102万吨燃料乙醇,成为世界上仅次于巴西、美国的第三大燃料乙醇生产国,2006年增加到132万吨

续表

时间	事件
2005年年底	我国9省上百个地市基本上实现使用车用乙醇汽油
2006年	随着陈化粮食逐步消耗殆尽和玉米价格节节攀升，考虑到玉米生物乙醇的发展可能威胁到国家的粮食安全，国家停止新批玉米燃料乙醇企业，并大力鼓励发展非粮食作物为原料开发燃料乙醇
2006年4月	中粮集团在黑龙江启动建设500吨纤维素乙醇中试装置，着眼突破关键技术
2006年5月30日	财政部制定施行《可再生能源发展专项资金管理暂行办法》，其中，将生物乙醇燃料定位为用甘蔗、木薯、甜高粱等制取的燃料乙醇，没有包括用玉米、小麦、水稻制取的燃料乙醇
2006年9月	《关于发展生物能源和生物化工财税扶持政策的实施意见》发布，提出将建立风险基金制度与弹性亏损补贴机制
2007年6月	随着粮食燃料乙醇的快速发展，原料问题成为产业快速发展的瓶颈。国务院常务会议专门提出，发展燃料乙醇"不得占用耕地，不得大量消耗粮食，不得破坏环境"，坚持发展非粮燃料乙醇
2007年8月	《可再生能源中长期发展规划》发布
2007年12月	中美两国政府在北京签署了共同发展生物燃料产业合作备忘录
2008年	国家再次对燃料乙醇财政补贴政策进行调整，再次实行弹性补贴政策，最终实现燃料乙醇价格完全市场化
2008年4月	中国国家标准化管理委员会下发了《关于成立全国变性燃料乙醇和燃料乙醇标准化技术委员会（SAC/TC349）的批复》，同意成立全国变性燃料乙醇和燃料乙醇标准化技术委员会
2008年8月	中美两国政府在休斯敦签署协议共同建设中美生物燃料联合研究中心
2008年10月	全国变性燃料乙醇和燃料乙醇标准化技术委员会在河南省南阳市成立
2009年	国家投资3200万元组建国家非粮生物质能源工程研究中心，计划3年内将面向全国建立技术支撑、成果孵化中试和综合信息服务平台
2009年6月	《促进生物产业加快发展的若干政策》出台，提出对经批准生产的非粮燃料乙醇、生物柴油等重要生物质能产品，国家给予适当支持
2009年12月	温家宝在119位国家元首和政府首脑出席的联合国气候变化会议上宣布中国到2020年单位国内生产总值二氧化碳排放比2005年下降40%～45%的减排目标，提出要大力发展生物质能等
2009年12月	中粮集团投资的20万吨/年的燃料乙醇试点项目在广西北海投产，成为我国迄今为止最大规模投入生产的非粮燃料乙醇项目
2010年5月	中国国家能源局、美国能源部、美国农业部联合在北京召开了"中美先进生物燃料论坛，诺维信公司、中粮集团及中石化就纤维素乙醇的产业化事宜在北京签订合作备忘录，宣布将合作开发第二代燃料乙醇——纤维素乙醇
2010年9月15日	我国清华大学与美国明尼苏达州农业厅在苏州共同主办了第5届国际生物能源会议（World Bioenergy Symposium，WBS）
2011年5月	"十一五"国家科技支撑计划区域专项"薯类燃料乙醇及生物柴油转化关键技术研究与示范"通过了专家验收
2012年7月	国家发改委正式批复山东龙力生物科技股份有限公司5万吨/年纤维素燃料乙醇项目，山东龙力成为国内唯一能够规模化生产2代纤维素燃料乙醇，并且获得国家定点生产资格的企业

附录 Ⅱ 生物能源产业综合评价

专 家 调 查 问 卷

二〇一二年

专家信息

姓名		何时进入生物能源领域	
文化程度	所学专业		学位
工作单位		职务	职称
目前职业（请选择）	□教学 □商品贸易	□研究开发 □技术推广	□企业管理 □其他
如果您正在从事 生物能源技术研 发，请选择工作 领域	□农业生物技术领域 □环境生物技术 □能源生物技术 □科技政策领域	□工业生物技术领域 □海洋生物技术 □生物资源 □其他生物技术领域	

生物能源产业综合评价权重评估问卷

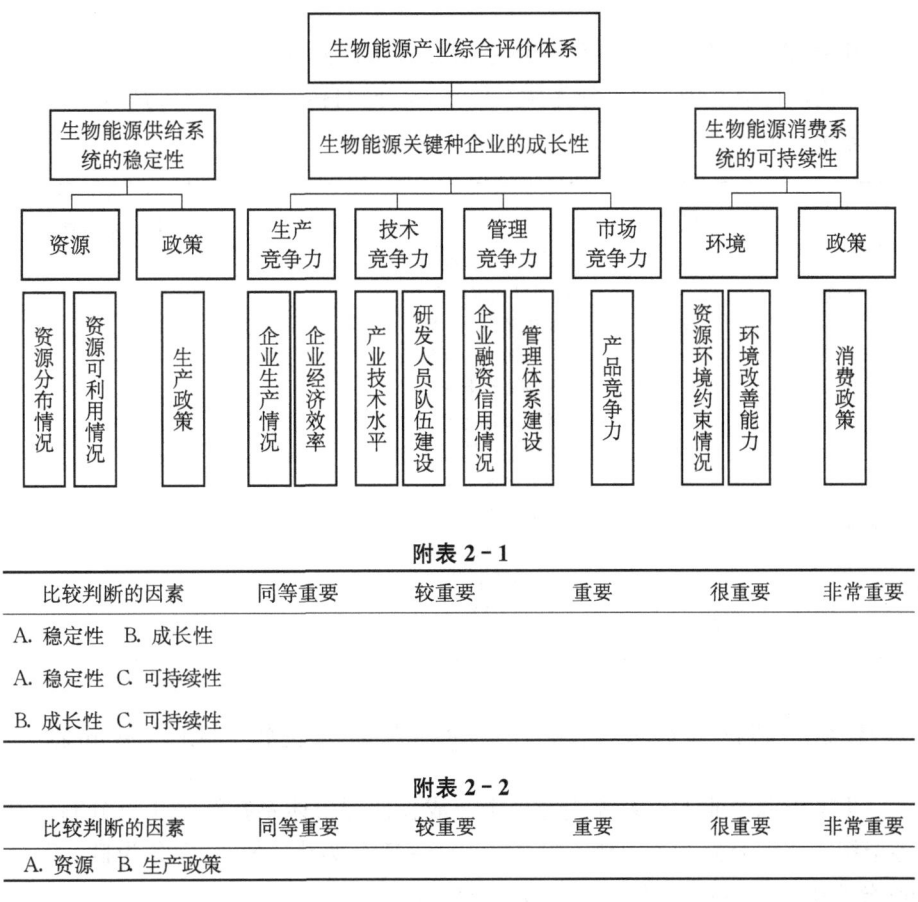

附表 2-1

比较判断的因素	同等重要	较重要	重要	很重要	非常重要
A. 稳定性 B. 成长性					
A. 稳定性 C. 可持续性					
B. 成长性 C. 可持续性					

附表 2-2

比较判断的因素	同等重要	较重要	重要	很重要	非常重要
A. 资源 B. 生产政策					

附表2-3

比较判断的因素	同等重要	较重要	重要	很重要	非常重要
A. 生产竞争力 B. 技术竞争力					
A. 生产竞争力 C. 管理竞争力					
A. 生产竞争力 D. 市场竞争力					
B. 技术竞争力 C. 管理竞争力					
B. 技术竞争力 D. 市场竞争力					
C. 管理竞争力 D. 市场竞争力					

附表2-4

比较判断的因素	同等重要	较重要	重要	很重要	非常重要
A. 环境 B. 消费政策					

生物能源产业生态系统评价打分问卷

生物能源产业生态系统评价体系指标采用百分制，对各指标的测评分为5个等级，其中，100~85分为优，85~75分为良，75~60分为中，60~40分为较差，40~0分为差。

一级指标	二级指标	三级指标	"十五"计划期间平均得分	"十一五"规划期间平均得分
系统稳定性	资源	资源分布情况		
		资源可利用程度		
系统可持续性	政策	生物能源生产政策		
	政策	生物能源消费政策		
	环境	资源环境约束情况		
		环境改善能力		
关键种企业可成长性	生产竞争力	企业生产情况		
		企业经济水平		
	技术竞争力	产业技术水平		
		研发人员队伍建设		
	市场竞争力	产品竞争力		
	管理竞争力	管理体系建设		
		企业融资情况		

生物能源产业生态系统中关键种企业成长性评价打分问卷

生物能源产业生态系统关键种企业成长性评价体系指标采用百分制，对各指标的测评分为5个等级，其中，100~85分为优，85~75分为良，75~60分为中，60~40分为较差，40~0分为差。

一级指标	二级指标	三级指标	"十五"计划期间平均得分	"十一五"规划期间平均得分
生产竞争力	企业生产情况	销售增长率		
		劳动生产率		
	企业经济水平	资产负债率		
		产值利税率		
技术竞争力	产业技术水平	关键技术成熟度		
		能源加工转化能力		
		研发经费比例		
	研发人员队伍建设	研发人员投入情况		
市场竞争力	产品竞争力	产品市场占有率		
		产品的自主知识产权情况		
管理竞争力	管理体系建设	企业管理制度建设		
		企业战略与实施		
	企业融资情况	企业融资渠道及方式		
		企业信用评级情况		

后两个问卷具体指标描述如下：

（1）销售增长率：指企业本年销售增长额与上年销售额之间的比率，反映销售的增减变动情况，是评价企业成长状况和发展能力的重要指标。

（2）劳动生产率：指劳动者在一定时期内创造的劳动成果与其相适应的劳动消耗量的比值。劳动生产率水平可以用同一劳动在单位时间内生产某种产品的数量来表示，单位时间内生产的产品数量越多，劳动生产率就越高；也可以用生产单位产品所耗费的劳动时间来表示，生产单位产品所需要的劳动时间越少，劳动生产率就越高。劳动生产率还可以综合体现企业生产技术水平、经营管理水平、职工技术熟练程度和劳动积极性。劳动生产率［万元/（人·年）］＝产业总产值/全部从业人员平均人数。

（3）资产负债率：指公司年末的负债总额同资产总额的比率，表示公司总资产中有多少是通过负债筹集的，该指标是评价公司负债水平的综合指标，同时也是一项衡量公司利用债权人资金进行经营活动能力的指标，也反映债权人发放贷款的安全程度。

（4）产值利税率：指报告期已实现的利润、税金总额（包括利润总额、产品销售税金及附加和应交增值税）占同期全部工业总产值的百分比，反映产业的生产盈利能力。产值利税率＝（利税总额/产业总产值）×100%。

(5) 产业关键技术成熟度：根据产品的生命周期理论，该周期分为导入期、成长期、成熟期和衰退期四个阶段。产品能够满足顾客对其性能的平均需求就代表着产品技术的成熟。此外，产业关键技术成熟度反映了产业现有技术产业化应用的情况。

(6) 能源加工转化能力：指将能源经过一定的工艺流程生产出新的能源产品的能力。能源加工转化能力反映了生物能源生产技术应用的效率情况，由设备水平和技术水平确定。

(7) 研发经费比例：指生物能源企业在研发上的经费投入占总销售收入的比例。

(8) 研发人员投入情况：人才投入情况反映了生物能源产业人才的培养及人力资源的投入情况。本书人才结构情况反映了生物能源产业R&D人员所占整个产业人员的比例。

(9) 产品市场占有率：指在某一时间，某一个公司的产品（或某一种产品），在同类产品市场销售中占的比例或百分比。产品市场占有率反映燃料乙醇在国内能源市场所占的份额比例。

(10) 企业管理制度建设：是指企业为求得最大效益，在生产管理实践活动中指定的各种带有强制性的义务，并能保障一定权利的各项规定或条例，包括企业的人事制度、生产管理制度、民主管理制度等一切规章制度。

(11) 企业战略与实施：企业战略是对企业各种战略的统称，其中既包括竞争战略，也包括营销战略、发展战略、品牌战略、融资战略、技术开发战略、人才开发战略、资源开发战略等。实际上，企业管理制度建设和企业战略与实施都是反映一个公司管理能力的重要指标，同时也是反映一个关键种企业成长性的重要指标。

(12) 企业融资渠道及方式：企业融资是指企业向外部有关单位和个人以及从企业内部筹措生产经营所需资金的财务活动，企业的融资是企业进行生产经营活动的必要条件。

(13) 资源分布情况：指在一定地区或区域内某种资源的散布状况。在本书中指燃料乙醇作物的区域分布情况。

(14) 资源可利用程度：指在技术与经济条件下，以不影响生态环境为前提，可能合理开发利用的资源。资源可利用程度具体指在技术条件允许的条件下，某种生物能源作物可以被开发的资源储量。

(15) 市场成长能力：市场未来发展趋势与发展速度，包括市场规模的扩大，以及利润和参与者的增加。市场成长能力是指随着市场外环境的变化，市场资产规模和持续增长的能力，反映了市场未来的发展前景。市场成长能力反映了燃料乙醇在国内能源市场所占份额的增长情况。

（16）资源环境约束情况：资源环境约束体现为资源需求不断增长、资源供给能力不足、国家对环境保护要求不断加大，以及人民群众的环境需求不断提高。在本书中，资源环境约束情况反映了燃料乙醇生产对水、土壤等资源环境所带来的影响情况。

（17）环境改善能力：环境改善能力反映了燃料乙醇对减少温室气体排放所起到的作用。

（18）生物能源生产政策：指国家颁布的，以促进生物质原料的多元化与大规模生产、实现产业供应链一体化为目的的相关政策。具体包括：生物能源配比的实施、适宜性原料的适当财税诱因、有利于生物能源发展的投融资政策、采取补贴机制、生物能源产业的支撑政策等。

（19）生物能源消费政策：指国家权衡某一时期生物能源状况和矛盾特点，根据社会主义市场经济原则，为实现经济健康发展，确保城乡居民收入、消费水平稳步提高的经济目标，而做出的决策选择和采取的具体措施。具体表现为：强化绿色能源市场交易机制建设、促进绿色经济消费的相关政策。包括：生物能源标志、能耗标准建立、生物能源市场建设与交易制度安排、关于生物能源的政府采购政策、采用碳税在内的环境税收政策。

附录Ⅲ 我国生物能源现行政策概览表

附表 3-1 战略规划与总体计划类政策表

政策名称	内容提要	发布单位	发布时间
（1）《中华人民共和国国民经济和社会发展"九五"计划和2010年远景目标纲要》	强调因地制宜地开发利用生物质能，开发利用新能源已成为中国能源发展政策的组成部分	八届全国人大第四次会议	1996年
（2）《中华人民共和国国民经济和社会发展第十个五年计划纲要》	第一次明确提出要开发燃料乙醇以替代石油的要求，并将生物燃料产业的发展纳入国民经济计划	第九届全国人大第四次会议	2001年3月
（3）《中华人民共和国国民经济和社会发展第十一个五年规划纲要》	提出加快生物质能的开发利用，扩大生物燃料乙醇和生物柴油的生产能力	第十届全国人民代表大会	2006年3月

续表

政策名称	内容提要	发布单位	发布时间
(4)《高技术产业发展"十一五"规划》	要求积极发展生物能源，重点支持建设以甜高粱、木薯等非粮作物为原料的燃料乙醇示范工程，加快木质纤维素生产乙醇技术研发和产业化，积极推动麻疯树等油料植物为原料的生物柴油规模化生产	国家发改委高技术司	2007年4月
(5)《生物产业发展"十一五"规划》	进一步明确了重点支持领域，包括非粮原料优良品种选育、基地建设、优良品种的推广和应用，以及燃料乙醇和生物柴油先进生产工艺的开发和产业化示范	国家发改委高技术司	2007年4月
(6)《可再生能源中长期发展规划》	明确了近期和中长期生物燃料的发展目标，确定到2010年生物燃料开发利用量要达到200万吨，其中生物柴油20万吨；到2020年生物燃料利用量达到1 000万吨，生物柴油利用量达到200万吨，总计年替代1 000万吨左右成品油。同时还确定了重点发展的地区	国家发改委	2007年8月
(7)《"十二五"国家战略性新兴产业发展规划》	明确了2015年和2020年生物能源发展目标，确定了关键任务，提出对生物能源产业发展的有关指导意见	国务院	2012年5月
(8)《生物质能源科技发展"十二五"重点专项规划》	以传统生物质积贮、新型生物质资源培育以及生物质高效转化气体、液体、固体燃料及热电能源为重点，提出"十二五"期间总体思路、发展目标和主要任务	科技部	2012年10月

附表3-2　法律法规类政策表

政策名称	内容提要	发布单位	发布时间
(1)《中华人民共和国可再生能源法》（直接与生物能源相关的部分）	对什么是能源作物和生物能源作了明确界定。明确了相关部门的职责，确定国务院能源、农业和林业等主管部门负责组织协调全国生物能源原料的调查 国务院能源主管部门负责制定可再生能源开发利用中长期总量及其发展规划，会同各省（自治区、直辖市）政府制定地区的总目标及发展规划 国家标准化主管部门负责制定、公布生物能源的国家标准 明确指出国家鼓励生产和利用生物能源，石油销售企业有责任将符合国家标准的生物能源纳入其燃料销售体系，如果石油销售企业未按照规定将符合国家标准的生物能源纳入其销售体系，造成生物能源生产企业经济损失的，应当承担赔偿责任，并责令限期改正；拒不改正的，处以相当于经济损失一倍以下罚款	第十届全国人大第十四次会议通过	2006年1月

续表

政策名称	内容提要	发布单位	发布时间
(2)《可再生能源产业发展指导目录》	此《可再生能源产业发展指导目录》是配合《中华人民共和国可再生能源法》贯彻实施而制定的,共列举了88个项目,其中生物能源有四大项目被列为重点支持的发展对象:①非粮原料生物能源的技术研发;②非粮生物燃料生产的成套设备制造;③能源植物优良品种的选育;④能源植物的种植	国家能源局	2005年

附表3-3 行政监督与行业管理类政策表

政策名称	内容提要	发布单位	发布时间
(1)《关于加强生物燃料乙醇项目建设管理,促进产业健康发展的通知》	强调要按照系统工程的要求对生物燃料乙醇进行统筹规划,严格生物燃料乙醇市场准入标准和政策,严格项目建设管理与核准,强调在"十一五"期间国家继续实行生物燃料乙醇定点生产、定向流通、市场开放、公平竞争等相关政策。要求要强化组织领导,完善工作体系	国家发改委、财政部	2006年
(2)《非粮生物液体燃料工作会议纪要》	会议商定事项和下一步工作安排是: 高度重视生物能源工作,把生物能源作为重要的能源技术纳入能源管理范畴; 开展生物能源的资源评价工作,对生物燃料乙醇,除已有的粮食乙醇外,今后主要发展甜高粱、木薯、甘薯等非粮作物燃料乙醇; 开展非粮生物能源的产业化示范,并对示范项目主体工程承担单位、配套原料基地建设,以及技术标准、产品加工、储存运输等问题进行布置; 完善生物能源的市场销售体系; 国家发改委负责研究制订非粮生物燃料示范工程实施方案和相应投资补贴、市场销售、价格、原料种植等经济政策	国家发改委办公厅	2006年
(3)《商务部令:成品油市场管理办法》	强调国家对成品油经营实行许可制度。所谓成品油是指汽油、煤油、柴油等及其他符合质量标准、具有相同用途的乙醇汽油和生物柴油等替代燃料 规定批发经营成品油企业必须具备8个条件 规定零售经营成品油企业应具备6个条件 规定成品油仓储有关企业应具备4个条件 强调各级政府相关主管部门应加强对本辖区成品油市场的监督检查,以及对成品油经营的违法行为进行查处	商务部	2006年
(4)《国务院办公厅关于促进油料生产发展的意见》	要求控制油料转化项目,坚持食用优先,严格控制油菜转化生物柴油项目	国务院办公厅	2007年9月

续表

政策名称	内容提要	发布单位	发布时间
(5)《关于促进玉米深加工业健康发展的指导意见》	对玉米燃料乙醇加工业做出如下布局：以黑龙江、吉林、安徽、河南等省现有企业和规模为主，按照国家《生物燃料乙醇及车用乙醇汽油"十一五"发展专项规划》，不再建设新的以玉米为主要原料的燃料乙醇项目；暂时不允许外商投资生物能源乙醇生产项目和兼并、收购、重组国内燃料乙醇生产企业	国家发改委	2007年9月
(6)《变性燃料乙醇》国家标准（GB18350—2001）	规定了变性燃料乙醇的定义、要求、试验方法、检验规则和标志、包装、运输、贮存要求。明确了标准适用范围，包括以淀粉质、糖质为原料，经发酵、蒸馏、脱水、添加变性剂变性的燃料乙醇。提出了包括甲醇、乙醇胶质、无机氯、酸度等质量指标要求	国家标准化管理委员会	2001年
(7)《车用乙醇汽油》国家标准（GB18351—2004）	规定了车用乙醇汽油的技术条件、包括辛烷值（RON），抗爆指数（RON+MON），铅含量，蒸发温度，硫含量，苯含量，烃含量，锰、铁含量，以及残留量等指标的具体数值要求。强调该项标准仅适用于作点燃式车用内燃机燃料	国家标准化管理委员会	2004年
(8)《车用乙醇汽油扩大试点方案》	提出了进一步在东北三省，以及河南、安徽、山东、江苏、河北和湖北开展车用乙醇汽油试点示范的方案和要求	国家发改委、财政部等8部委	2004年
(9)《车用乙醇汽油扩大试点工作实施细则》	进一步明确了扩大试点各项组织工作具体要求，以及与之配套的各项技术和经济政策规定	国家发改委、财政部等8部委	2004年

附表3-4 经济激励类政策表

政策名称	内容提要	发布单位	发布时间
(1)《可再生能源发展专项资金管理办法》	将生物燃料乙醇和生物柴油等生物燃料作为该项资金的重点扶持对象，并指出生物燃料乙醇是指利用甘蔗、木薯、甜高粱等制取的燃料乙醇；生物柴油指的是用油料作物、油料林木果实为原料生产的液体燃料重点支持领域包括上述两类燃料的技术开发、标准制定、工程示范、资源勘查、设备本地化生产及相关信息系统建设等方面 该办法规定，专项资金将通过无偿援助和贷款贴息等方式实现对可再生能源开发利用的支持。贴息资金根据实际到位银行贷款、合同约定利率、实际支付利息数额确定，贴息年限为1~3年，年贴息率最高不超过3%	财政部	2006年
(2)《关于燃料乙醇补贴政策的通知》	提出对于生产和销售变性燃料乙醇的企业（指经过批准的定点试点企业）发生的亏损，国家依据保本微利的原则，由中央财政给予定额补贴，2005年销售每吨燃料乙醇补贴1 883元，2006年补贴1 628元，2007年和2008年均补贴1 373元 同时，规定免征用于调配车用乙醇汽油的变性燃料乙醇消费税5%，增值税实行先征后返	财政部	2005年8月

续表

政策名称	内容提要	发布单位	发布时间
(3)《关于发展生物能源和生物化工财税扶持政策的实施意见》	明确提出制定财税扶持政策应遵循的原则,即不与粮争地,促进能源粮食双(赢)盈;坚持产业发展与财政支持相结合,坚持积极稳妥、健康有序发展的原则。强调必须根据国际石油价格波动情况,对生物燃料油生产企业实行弹性亏损补贴;强调对于利用劣质土地的原料基地建设,对于具有重大示范意义的工程也要给予补贴,同时还强调了对确实需要国家扶持的企业给予税收优惠等政策,但没有具体的政策规定	财政部、国家发改委、农业部、国家税务总局、国家林业局	2006年
(4)《财政部关于印发〈生物能源和生物化工原料基地补助资金管理暂行办法〉的通知》	这是根据第20项政策的规定而制定的 指出:所谓原料基地是指为生物能源和生物化工定点和示范企业提供原料的、利用荒山、荒坡、盐碱地等土地和冬闲地兴建的基地,同时还规定了基地必须具备的四项条件 规定了林业原料和农业原料基地补助标准,分别为200元/亩和180元/亩,并要求这些资金用于优良品种的选育、土地平整、作物种植、抚育、技术指导、工程验收和监督检查等方面的支出 要求原料基地建设采用"龙头企业+基地"的运营模式,并对基地补助资金的申请程序、条件和核准办法做出了明确的规定	财政部	2007年